中国企业文化促进会职工文化专业委员会推荐用书

乔　东　李海燕　◎ 编著

「论语」解读与职工文化

中华工商联合出版社

图书在版编目（CIP）数据

《论语》解读与职工文化 / 乔东, 李海燕编著. --
北京：中华工商联合出版社, 2018.2
　ISBN 978-7-5158-2180-1

　Ⅰ.①论… Ⅱ.①乔… ②李… Ⅲ.①企业－职工－
文化－建设 Ⅳ.①F279.23

　中国版本图书馆CIP数据核字(2018)第004651号

《论语》解读与职工文化

作　　者：乔东　李海燕
责任编辑：付德华　俞芬
封面设计：当代中工文化
责任审读：于建廷
责任印制：迈致红
出版发行：中华工商联合出版社有限责任公司
印　　刷：北京洛平龙业印刷有限责任公司
版　　次：2018年5月第1版
印　　次：2018年5月第1次印刷
开　　本：710mm×1000mm　1/16
字　　数：360千字
印　　张：21.25
书　　号：ISBN 978-7-5158-2180-1
定　　价：39.80元

服务热线：010-58301130
销售热线：010-58302813
地址邮编：北京市西城区西环广场A座
　　　　　19-20层，100044
Http：//www.chgslcbs.cn
E-mail：cicap1202@sina.com（营销中心）
E-mail：gslzbs@sina.com（总编室）

序一

党的十九大报告指出，"深入挖掘中华优秀传统文化蕴含的思想观念、人文精神、道德规范，结合时代要求继承创新，让中华文化展现出永久魅力和时代风采。"因此，深入挖掘儒家文化蕴含的思想观念、人文精神、道德规范，是一项重大的时代课题。《论语》集中体现了儒家文化蕴含的思想观念、人文精神、道德规范。

《论语》一共20篇，核心就是教人如何做人做事。做事先做人，人做不好，事很难做好；人能做多好，事才会做多好。《论语》中的这一核心思想不仅要继承，还要创新；不仅要展现《论语》的永恒魅力，更要展现《论语》的时代风采。在继承和展现《论语》的永恒魅力方面，国内外涌现出很多优秀的学者和学术研究成果。但是，在创新和展现《论语》的时代风采方面，尤其研究《论语》对于全面提升我国职工队伍整体素质方面的学者和学术研究成果比较匮乏。而《〈论语〉解读与职工文化》一书的出版则弥补了这一缺憾。

在我国决胜全面建成小康社会、夺取新时代中国特色社会主义伟大胜利的关键阶段，全面提升我国职工队伍整体素质有着重大的战略意义。党的十九大报告强调，"建设知识型、技能型、创新型劳动者大军，弘扬劳模精神和工匠精神"。而以弘扬劳模精神和工匠精神为使命的职工文化则是新时代全面提升我国职工队伍整体素质的有力抓手。

习近平总书记曾提出的"打造健康文明、昂扬向上的职工文化"先后写进党和国家的两个重要政策文件。一个是《中共中央关于加强和改进党的群团工作的意见》，一个是《新时期产业工人队伍建设改革方案》。《中共中央关于加强和改进党的群团工作的意见》指出，"引导广大职工弘扬劳模精神、劳动精神、工人阶级伟大品格，增强主人翁意识，打造健康文明、昂扬向上的职工文化"。《新时期产业工人队伍建设改革方案》强调，"大力弘扬劳模精神、劳动精神、工匠精神，引导产业工人爱岗敬业、甘于奉献，培育健康文明、昂扬向上的职工文化"。

与企业文化相比，职工文化侧重的是教育职工"做人"的文化，是一种素质文化，提升的是职工的素质水平；企业文化则是侧重引领职工"做事"的文化，是一种管理文化，提高的是企业的管理水平。中国工会十五大报告明确指出，"职工文化建设是职工提高职业技能素质、丰富精神文化生活、激发劳动热情和创造活力的重要载体，企业文化建设是体现企业形象特点、增强凝聚力、提高竞争力的必要手段。"只有建设一流的职工文化和企业文化，才能有一流的职工素质和管理水平，才有可能造就一流的企业。因此，把职工文化等同于职工文体活动或把职工文化当作企业文化一部分的观点和做法都是不妥的。

劳动关系是职工与企业的关系，既是职工与企业的经济关系，也是职工与企业的法律关系，更是职工与企业的文化关系，即职工文化与企业文化的关系。企业文化好比汽车的"方向盘"，指明企业发展的方向；职工文化好比汽车的"发动机"，为企业提供发展动力。对于企业的发展而言，方向与动力同等重要。在当前我国供给侧结构性改革、大力振兴实体经济和全面培育大国工匠的时代背景下，作为"发动机"的职工文化有着更根本的意义。

大国工匠高凤林说过，人的质量决定产品的质量，人品决定产品。职工文化与企业文化不是两种对立的文化，而是一本一末的文化，职工文化为本，企业文化为末。没有一流的职工，难有一流的企业；没有一流的大国工匠，难有一流的大国重器；没有一流的职工文化，难有一流的企业文化。职工文化是党的群众路线在管理实践中的具体应用，高手在民间，智慧在群众当中。

作为教育职工"做人"的文化，职工文化可以从《论语》中汲取大量的智慧和思想财富，大大提升教育职工的效果。《〈论语〉解读与职工文化》一书不仅对于教育广大职工群众，要把事做好，首先就要把人做好，有着重要的指导意义，而且对于领导干部学习中国优秀传统文化，自身先学会"做人"，再教育广大职工群众学会"做人"，也有着较强的启发意义。

中华全国总工会原副主席、书记处书记、党组成员　倪健民
2018 年 2 月 29 日

序二

　　2013年漫山红遍的秋天，在《中国职工教育》杂志社举办的"共筑中国梦·劳动最光荣——用知识和技能托起中国梦"研讨会上，我聆听了中国劳动关系学院乔东教授的精彩报告。乔教授结合当代中国工人运动的实际，深入浅出地阐述了"什么是职工文化？""为什么要建设职工文化？""怎样建设职工文化？"三个时代课题，给人耳目一新的感觉。多年来，乔教授在繁重的教学科研任务之余，深入企业、深入工地、深入职工，与职工群众心贴心，勇做职工文化的倡导者、践行者和传播者，取得一系列工运理论创新的丰硕成果。今天，看到乔东教授、李海燕教授用《论语》解读职工文化的精品力作，感到十分欣喜，把博大精深的国学思想，特别是《论语》关于做人做事的哲学思想引入职工文化研究，乔教授、李教授是先行者和探索者。

　　我认为，职工文化是"做人"的文化，而企业文化是"做事"的文化！人做不好，事很难做好！职工文化做不好，企业文化也很难做好！不忘初心，方得始终。我参加工作三十年，坚守"忠诚、实干、创新、奉献"精神不动摇，在本职岗位上做出了一点成绩，从一名普通农民工成长为国家技能大师，得到了党和政府的高度褒奖。我希望大家能从《论语》中汲取更多的先贤智慧，更好地发挥职工文化的导向与激励作用，凝聚起工人阶级的磅礴力量，为夺取新时代中国特色社会主义的伟大胜利做出新贡献、创造新辉煌。

中华全国总工会兼职副主席　巨晓林

2018 年 2 月 18 日

序三

《论语》是儒家学派的经典著作之一，其中蕴含的思想观念、人文精神、道德规范、人生哲学等，对中华民族的心理素养和道德修为有着极其重要和深远的影响，成为中华文化长河中一颗璀璨的明珠。

古有"半部论语治天下"之说。本书透过《论语》，探寻职工的"修齐"之道，从职工文化视域，启示企业的"治平"之策，既为职工个人的工作生活带来启发和借鉴，也为工会推进职工文化建设、更好服务职工描绘了一幅生动的图景，更为企业坚持以人为本的发展理念，加强职工队伍建设和企业文化建设，推动依法治企与以德治企相结合提供了有益的参考，无论是对职工、对工会干部，还是对企业管理者，都大有裨益。

本书为职工文化研究开辟了一条探索之路。文化是一个国家、一个民族的灵魂。文化兴国运兴，文化强民族强。习近平总书记多次强调，实现中华民族伟大复兴的中国梦，离不开民族文化和民族精神的支撑。弘扬中华优秀传统文化，从中汲取实现中国梦的精神力量，培育社会主义核心价值观，引导广大职工坚定道路自信、理论自信、制度自信、文化自信，走好中国道路、弘扬中国精神、凝聚中国力量，是我们当前面临的重大理论和实践课题。职工文化是社会主义先进文化的重要组成部分，是社会主义核心价值观在职工思想领域的具体展现，也是中国工人伟大品格和劳模精神、工匠精神的集中体现，更是提升职工综合素质的有力抓手。在实现中国梦的伟大征程中，贯彻落实党的全心全意依靠工人阶级的根本方针，打造适应新时代发展要求、堪当新时代历史使命的职工队伍，离不开职工文化的滋养和拱卫。本书从《论语》入手，结合我国工人运动的时代主题，深入挖掘中华优秀传统文化的当代价值与时代意义，在推动中华优秀传统文化创造性转化、创新性发展，推进职工文化建设方面进行了一次大胆尝试，这是本书的一大亮点。书中提出的职工文化是"职工诚实做人"的文化，是"职工'逼'自己优秀"的文化，是"职工学会熬"的文化，是"职工的责任"文化等一系列鲜明观点，对于贯彻落实《新时期产业工人队伍建设改革方案》，培育和践行社会主义核心价值观，全面提高职工综合素质，打造健康文明、昂扬向上的职工文化，弘扬劳模精神和工匠精神，营造劳动光荣的社会风尚和精益求精的敬业风气，具有重要的时代意义；对于党的十九大报告中提出的建设制造强国、科技强国、质量强国、人才强国等强国目标，实现中华民族伟大复兴的中国梦，具有基础性的战略价值和现实价值。

本书为丰富中国企业管理理论提供了一个新的视角。习近平总书记多次强调，工人阶级是我国的领导阶级，必须坚持全心全意依靠工人阶级的方针，把提高职工队伍整体素质作为一项战略任务抓紧抓好，推动建设宏大的知识型、技术型、创新型劳动者大军。中国经济的质量高低取决于中国企业的质量高低，而中国企业的质量高低则取决于中国职工的质量高低。在党领导我国建立完善社会主义市场经济体制、推进改革开放和社会主义现代化建设的进程中，中国企业围绕完善现代企业治理结构，推动企业管理理论本土化，进行了一系列实践和探索。其中，通过职工文化建设，凸显职工主体地位，激发职工创造活力，打造优秀企业的成功案例、成功经验有很多。例如铁人精神、鞍钢宪法等为代表的职工文化，为探索具有中国特色的现代企业管理理论提供了一定的历史借鉴。书中提出，"职工文化与企业文化不是两种对立的文化，而是一本一末的文化。职工文化为本，企业文化为末。没有一流的职工，难有一流的企业；没有一流的大国工匠，难有一流的大国重器；没有一流的职工文化，难有一流的企业文化"，这为丰富中国企业管理理论提供了一个新的视角。职工文化与企业文化如同"车之两轮""鸟之两翼"，二者是统一互补的关系，具体表现为地位上对等、内容上互补和最终战略目标上一致。职工文化的本质是文化，具有文化的"人化"和"化人"功能。"人化"是指职工文化来自于职工，是职工创造的文化；"化人"是指职工文化最终要服务于职工，实现教化、感化和同化，推动职工自我教育、自我管理和自我提升，即由"要我做"转变成"我要做"，由"要我学"转变成"我要学"，由"要我先进"变为"我要先进"。企业如何从满足职工日益增长的美好生活需要出发，为职工文化建设和发展创造良好的环境和土壤；如何从职工文化的视域，进一步完善现代企业制度，推动企业改革发展，成为推动中国企业管理理论创新、制度创新、文化创新、实践创新的一个新课题。

本书为职工学习工作生活描绘了一幅幸福图景。如何学习工作生活，收获幸福的人生，这是一个哲学命题。书中通过新颖的视角和别具一格的创作手法，从职工文化的维度，对《论语》二十篇进行了深入解读，为读者讲述了学习之道、孝悌之道、诚信之道、仁德之道、进取之道、治世之道，语言朴实、贴近职工，并带有网络化的特点，通过小故事阐述大道理，让人能得到文化的熏陶和思想的启迪，收获幸福人生的智慧。其中，"做人的质量决定做事的质量""点亮自己，照亮别人""战胜了自己，就战胜了一切""责任成就未来""学习他人是为了成为更好的自己"等篇章，收录的"智慧人生"和"劳模励志故事"等内容，为职工正确认识和处理职工与职工、职工与企业、职工与社会的关系，树立正确的世界观、人生观、价值观和阳光心态，提供了极具现实借鉴意义的范本，对于推进社会公德、职业道德、家庭美德、个人品德建设，激励人们向上向善、孝老爱亲、忠于祖国、忠于人民，具有积极的促进作用。

收到乔东、李海燕同志的书稿时，正值党的十九大胜利召开之后。习近平总书记在十九大报告中指出，"中国特色社会主义进入了新时代，这是我国发展新的历史方位"，要求全党全社会"深入挖掘中华优秀传统文化蕴含的思想观念、人文精神、道德规范，结合时代要求继承创新，让中华文化展现出永久魅力和时代风采"。作为改革发展的主力军，广大职工在决胜全面建成小康社会、夺取新时代中国特色社会主义伟大胜利的历史进程中肩负着神圣而光荣的使命。愿我们共同携起手来，认真学习贯彻落实党的十九大精神，高举习近平新时代中国特色社会主义思想伟大旗帜，不忘初心，牢记使命，团结动员广大职工，为实现中华民族伟大复兴的中国梦不懈奋斗。

应本书作者之邀，写了自己的一点感想，是为序。

大庆市委常委，大庆油田党委副书记、工会主席　王昆

2018 年 2 月 26 日

序四

　　把职工文化和企业文化区别开来，作为一个相对独立的课题来研究，还是近两年的事儿。那么，作为一个较新的课题，职工文化是什么，职工文化如何来建设，就需要有人来回答。

　　我曾经聆听过乔东老师有关职工文化的讲课，拜读过他发表过的有关文章。这次乔东和李海燕两位老师撰写的《〈论语〉解读与职工文化》一书，应该说又一次比较全面而深刻地回答了这些问题。两位老师汲取古人的智慧，引经据典，透彻论证；讲述名人故事，深入浅出，循循善诱，对职工文化建设的内容和方法进行了深入的思考。这本书既吸取优秀的传统文化，又具有鲜明的时代特色。企业领导和职工读了之后，都会明白自己应该做什么和怎么做，令人耳目一新。因此说，这是一本值得一读的好书！

中国邮政集团工会副主席　廉福臣

2018 年 2 月 16 日

序五

　　党的十九大报告指出："建设知识型、技能型、创新型劳动者大军，弘扬劳模精神和工匠精神，营造劳动光荣的社会风尚和精益求精的敬业精神"。因此，深入挖掘中华几千年的优秀传统文化的思想内核——《论语》堪称典范。

　　《论语》的核心就是教人如何做人。做事要先做人，如果人做不好，那么事也很难做好。我多年来一直以"多付出、多奉献，不求任何回报"的劳模精神来激励自己；一直以"做人要晶莹剔透，做事要水滴石穿"的工匠精神来鼓舞自己；一直以"自强不息、厚德载物"的学子心态来践行自己，让我的人生梦想得到升华和绽放，我从一名打工仔一步步成长为全国劳动模范、党的十九大代表，获得了"十佳优秀外来工""大城工匠""全国五一劳动奖章"等荣誉，取得技术创新三十多项，参与编辑出书、编写培训教材二十多册。

　　职工文化是职工群众自己的文化，是职工长期在工作与生活中逐渐形成的，是新时代劳动者大军的产物。在企业中，除了周末的"广场舞，远足踏青"这类活动让职工的业余文化生活更多姿多彩，并对职工群众产生了强大的凝聚力，体现职工文化无处不在的无限魅力外，职工文化工作还可以深入开展，与《论语》传统文化互相交融，将更好地展现新时代职工的精神风貌和文化内涵，更能树立职工的文化自信和文化自觉，更能激发职工群众干事创业的热情和激情。尤其是习近平总书记系列讲话中对"良知"与"知行合一"的倡导，在职工的工作、生活中得到了更好的践行，这是对中国五千多年文明文化的延续与传承。职工们对劳动创造美、劳动创造财富、在劳动中锻炼和提高自己有了更充分的认识。

新时代构建和谐的劳动关系是职工与企业彼此成全、相互成就、共同进步、实现双赢的合作关系，职工与企业之间犹如鱼与水一样，谁也离不开谁。他们只有相互依靠、同心同德，才能走向辉煌和美好的未来。职工当前对美好生活的向往，就是在 21 世纪中叶建成富强、民主、文明、和谐、美丽的现代化强国的同时，要成为现代化的产业工人。

党的十九大代表、全国劳模　程祖彬

2018 年 2 月 26 日

序六

习近平总书记在党的十九大报告中强调，要建设知识型、技能型、创新型劳动大军，弘扬劳模精神和工匠精神。

2015年4月28日，习近平总书记提出的"打造健康文明、昂然向上的职工文化"，先后写进《中共中央关于加强和改进党的群团工作的意见》和《新时期产业工人队伍建设改革方案》两个党和国家的重要文件。《中共中央关于加强和改进党的群团工作的意见》指出，引导广大职工弘扬劳模精神、劳动精神、工人阶级伟大品格，增强主人翁意识，打造健康文明、昂扬向上的职工文化。《新时期产业工人队伍建设改革方案》强调，大力弘扬劳模精神、劳动精神和工匠精神，引导产业工人爱岗敬业、甘于奉献，培育健康文明、昂扬向上的职工文化。党的十九大报告指出，深入挖掘中华优秀传统文化蕴含的思想观念、人文精神、道德规范，结合时代要求继承创新，让中华文化展现出永久魅力和时代风采。

乔东教授指出，职工文化不同于企业文化，企业文化是教职工做事的文化。而职工文化是教职工做人的文化，引导职工怎样把人做好，做事先做人。优秀的职工成就优秀的企业，只有一流的职工文化才能提高企业的竞争力，只有一流的职工才能成就一流的企业，只有一流的职工才能更好地展示企业的精神风貌，只有一流的职工文化才能成就更多的现代企业。职工文化可以让产业工人有思想、有担当、有责任、有国家情怀，让广大职工群体看到希望，这样，我们的企业、我们的国家才有更加美好的未来。希望千千万万产业工人不忘初心，脚踏实地做好岗位事，干精手中活，用行动助力中华民族的伟大复兴。

劳模精神、工匠精神在中国开好花、结好果，需要一大批敬业爱岗、奉献担当的产业工人，乔教授倡导的职工文化就是为企业职工提供了最好的土壤与养分，职工文化培育的职工践行的是"我成长、我收获"的价值理念。

优秀的职工文化能为广大职工提供"自我发展、自我完善、自我担当、自我成长"的舞台，能让职工在企业里"有奔头、有想头、有盼头"，能使广大职工在岗位上有一种"我工作我快乐，我快乐我工作，我工作我成长"的心态，能"把企业建设成学校，把班组建设成课堂，把岗位建设成讲台"，而职工就成了"老师"，企业不仅是生产优质精良产品的工厂，更是生产一种"劳模精神、工匠精神"的园地。这才是最好的职工文化！

学《论语》修身齐家治国平天下，读《〈论语〉解读与职工文化》成长自我，成就企业，鼓励职工做好事、有情怀、干精活，修心育智。

全国劳模、中华技能大奖获得者　柳祥国

2018 年 3 月 8 日

目录

学而篇

《论语·学而篇》告诉我们很多做人做事的道理。

做人的质量
决定做事的质量

思渊

原文及译文

学 而 篇

1. 子曰："学而时习之，不亦说乎？有朋自远方来，不亦乐乎？人不知而不愠，不亦君子乎？"

孔子说："学了，又时常温习和练习，不是很愉快吗？有志同道合的人从远方来，不是很令人高兴吗？人家不了解我，我也不怨恨、恼怒，不也是一个有德的君子吗？"

2. 有子曰："其为人也孝弟，而好犯上者，鲜矣；不好犯上，而好作乱者，未之有也。君子务本，本立而道生。孝弟也者，其为仁之本与！"

有子说："孝顺父母，顺从兄长，而喜好触犯上层统治者，这样的人是很少见的；不喜好触犯上层统治者，而喜好造反的人是没有的。君子专心致力于根本的事务，根本建立了，治国做人的原则也就有了。孝顺父母、顺从兄长，这就是仁的根本啊！"

3. 子曰："巧言令色，鲜矣仁！"

孔子说："花言巧语，装出和颜悦色的样子，这种人的仁心就很少了！"

4. 曾子曰："吾日三省吾身——为人谋而不忠乎？与朋友交而不信乎？传不习乎？"

曾子说："我每天多次反省自己，为别人办事是不是尽心竭力了呢？同朋友交往是不是做到诚实可信了呢？老师传授给我的学业是不是复习了呢？"

5. 子曰："道千乘之国，敬事而信，节用而爱人，使民以时。"

孔子说："治理一个拥有一千辆兵车的国家，就要严谨认真地办理国家大事，恪守信用，诚实无欺，节约财政开支而又爱护官吏臣僚，役使百姓要在农闲时间。"

6. 子曰："弟子，入则孝，出则悌，谨而信，泛爱众，而亲仁。行有余力，则以学文。"

孔子说："弟子们在父母跟前，就孝顺父母；出门在外，要顺从师长；言行要谨慎，要诚实可信，要广泛地去爱众人，亲近那些有仁德的人。这样躬行实践之后，还有余力的话，就再去学习知识。"

7. 子夏曰："贤贤易色；事父母，能竭其力；事君，能致其身；与朋友交，言而有信。虽曰未学，吾必谓之学矣。"

子夏说："对妻子，重品德，不重容貌；侍奉父母，能够竭尽全力；服侍君主，能够献出自己的生命；同朋友交往，说话诚实、恪守信用。这样的人，尽管他自己说没有学习过，我一定说他已经学习过了。"

8. 子曰："君子不重，则不威；学则不固。主忠信，无友不如己者。过则勿惮改。"

孔子说："君子，不庄重就没有威严；即使学习，所学的也不会牢固；要以忠信为主，不要同与自己不同道的人交朋友；有了过错，就不要害怕改正。"

9. 曾子曰："慎终，追远，民德归厚矣。"

曾子说："谨慎地对待父母的去世，追念久远的祖先，自然会导致老百姓日趋忠厚老实了。"

秋果肥硕枝头挂，
独立奇石赏秋风。

10. 子禽问于子贡曰："夫子至于是邦也，必闻其政，求之与，抑与之与？"子贡曰："夫子温、良、恭、俭、让以得之。夫子之求之也，其诸异乎人之求之与？"

子禽问子贡说："老师到了一个国家，必然听得到这个国家的政事。（这种资格）是他自己求得呢，还是人家国君主动给他的呢？"子贡说："老师温良恭俭让，所以才得到这样的资格，（这种资格也可以说是求得的），但他求的方法，或许与别人的求法不同吧？"

11. 子曰："父在，观其志；父没，观其行；三年无改于父之道，可谓孝矣。"

孔子说："当他父亲在世的时候，（因为他无权独立行动），要观察他的志向；在他父亲死后，要考察他的行为；若是他对他父亲的合理部分长期不加改变，这样的人可以说是尽到孝了。"

12. 有子曰："礼之用，和为贵。先王之道，斯为美；小大由之。有所不行，知和而和，不以礼节之，亦不可行也。"

有子说："礼的应用，以遇事做得恰当为贵。古代君主的治国方法，可宝贵的地方就在这里。他们大事小事都做得恰当。有的时候就行不通，（这是因为）为恰当而求恰当，不用一定的制度来加以节制，也是不可行的。"

13. 有子曰："信近于义，言可复也。恭近于礼，远耻辱也。因不失其亲，亦可宗也。"

有子说："讲信用要符合于义，（符合于义的）话才能实行；恭敬要符合于礼，这样才能远离耻辱；所依靠的都是可靠的人，也就值得尊敬了。"

14. 子曰："君子食无求饱，居无求安，敏于事而慎于言，就有道而正焉，可谓好学也已。"

孔子说："君子，饮食不求饱足，居住不要求舒适，工作勤劳敏捷，说话却小心谨慎，到有道的人那里去匡正自己，这样可以说是好学了。"

15. 子贡曰："贫而无谄，富而无骄，何如？"子曰："可也。未若贫而乐，富而好礼者也。"子贡曰："《诗》云：'如切如磋，如琢如磨'，其斯之谓与？"
子曰："赐也，始可与言《诗》已矣，告诸往而知来者。"

子贡说："贫穷而能不谄媚，富有而能不骄傲自大，怎么样？"孔子说："这也算可以了。但是还不如虽贫穷却乐于道，虽富裕而又好礼之人。"子贡说："《诗》上说，'要像对待骨、角、象牙、玉石一样，先开料，再细刻，然后磨光'，就是讲的这个意思吧？"孔子说："赐呀，你能从我已经讲过的话中领会到我还没有说到的意思，举一反三，我可以同你谈论《诗》了。"

16. 子曰："不患人之不己知，患不知人也。"

孔子说："不怕别人不了解自己，只怕自己不了解别人。"

《论语》解读

职工文化培育出的职工，总是能够做到温故而知新，所以，他们总是很愉快；有志同道合的人从远方来，他们总是很高兴；别人有时不了解他们，他们一般也不会怨恨、恼怒，所以，他们才称得上是君子。

这些职工孝顺父母，尊敬兄长，尊重领导，这是他们做人的根本，也是他们做事的原则，这也是他们"仁爱"的表现。

这些职工对人不会巧言令色，缺乏仁爱之心。他们总是会反省自己，为别人办事总是能尽心竭力，同朋友交往能够做到诚实可信，对学习的知识总是能够复习。

这些职工不管做什么，总是那么严谨认真、恪守信用、诚实无欺，他们高调做事，低调做人，总是与人为善。

他们在家孝敬父母，在外尊敬师长，对人有爱心，喜欢亲近有仁德的人，他们不仅这样做，有时间他们更喜欢学习更多做人做事的道理。

这些职工重视自己的品德修养，不会只追求个人享受。他们侍奉父母，能够竭尽全力；尊敬领导，能够以诚相待；同朋友交往，能够言而有信。所以，他们才称得上是有文化、有修养的人。

这些职工称得上君子，是因为他们庄重有威严，喜欢学习而不闭塞，做人做事以忠信为主，总是与志同道合的人交朋友，他们有了过错，总是能够及时改正。

这些职工不忘祖、不忘本，做人做事忠厚老实。他们总是那么出色，不仅在于他们自己的主动追求和贵人的相助，更在于他们有着温良恭俭让的品格。

他们对人总是以礼相待，追求和谐。他们的恭敬总是符合礼，这样，他们才会远离耻辱，所依靠的人才可靠，所尊敬的人才值得尊敬。

他们总是很勤劳，说话小心谨慎，喜欢到有道的人那里去提升自己，所以，他们才称得上好学的人。

这些职工不仅贫穷不谄媚、富有不骄傲，而且，他们更愿意做贫穷乐于道、富裕好礼之人。这些职工做人做事总是追求精益求精，他们一般不担心别人不了解自己，而是担心自己不了解别人。

智慧人生

妈妈对孩子一生的影响

美国一位犯罪心理学家做实验，他从监狱罪犯和社会精英两个群体中各选了 50 个人，并分别给他们写信，让他们谈谈妈妈对自己的影响。不久，心理学家陆续收到了回信，其中有两封分别来自监狱罪犯群体和社会精英群体的回信，都谈了妈妈小时候分苹果的故事。

监狱罪犯在信中回忆说，有一次过圣诞节，妈妈拿来几个苹果给他和他的弟弟吃。当时，他非常想要其中那个最大的苹果，刚要对妈妈说，他的弟弟抢先告诉妈妈自己想要最大的苹果。结果，弟弟遭到了妈妈的训斥。妈妈教育他的弟弟说：有好东西要学会礼让，要考虑别人，不要老想着自己。见此情景，他就对妈妈说了违心的话：让妈妈把最大的苹果给弟弟，他自己吃小的。他因此得到了妈妈的表扬。妈妈就把最大的苹果给了他，而他的弟弟最后吃了一个小苹果。从此，他为了得到自己想得到的东西，总是想办法说违心的话，办违心的事，经常谎话连篇。为了满足自己不断膨胀的私欲，他到处坑蒙拐骗、敲诈勒索，直至抢劫、杀人，走上了一条不归路。

社会精英人士回忆说，有一次爸爸过生日，妈妈也拿来几个苹果。当时，他和两个弟弟都争着要其中那个最大最红的苹果。妈妈见状，首先表扬大家都说了自己的真心话。但是，妈妈让他们比赛，各自修剪一块草坪，谁做得最快最好，谁就可以得到最大最红的苹果。通过比赛，他得到了最大最红的苹果。他非常感谢妈妈一直这样教育他们：要想得到自己想要的东西，不仅要诚实守信，还要付出努力。

两个分苹果的故事，一位妈妈"鼓励"了孩子的说谎行为，最终孩子走向一条不归路；另一位妈妈及时肯定了孩子的诚实，并教育孩子通过自己的努力获得自己想要的东西，成就了孩子人生的辉煌。

妈妈是孩子的第一任教师，看似不经意的言谈举止，实则会影响甚至改变孩子的一生。俗话讲：孩子是父母的影子，没有不好的孩子，只有不好的父母。因此，教育孩子，父母要先从自我教育开始。

劳模励志故事

汗水铺就成才路

（党的十八大代表、全国劳模　宋殿琛）

宋殿琛在农村长大，1985 年 12 月由辽宁省营口市搬迁至内蒙古包头市。1990 年，他从技工学校毕业后分配到内蒙古第一机械制造集团装具制造公司工作，先后获"全国技术能手""中华技能大奖""中央企业十大杰出青年""中央企业青联委员""全国五一劳动奖章""全国劳动模范"等荣誉称号，并当选党的十八大代表。

1990 年从技校毕业后，满怀抱负的宋殿琛被分配到一机集团装具制造公司车工岗位。放下书本，开动机床，要真正把理论转化为实际的时候，他才发现自己要学的不仅仅是技术，师傅对工作的一丝不苟、严谨认真更让他一生铭记。记得有一次，师傅让宋殿琛去磨刀，自以为已经掌握磨刀技巧的他很快就磨好了，但师傅看后却连连摇头："其他角度都可以，但关键的排屑槽怎么不磨？干工作和做人一样，马虎不得。"在以后的工作中，无论是顺境还是逆境，无论是日常的工作还是参加各种技术比赛，宋殿琛都会想起这句话。

师傅对待技术的痴迷，对待工作的严谨，对待他人的无私和对自己加工的产品近乎苛刻的要求，在宋殿琛心里刻下了深深的烙印，他暗自下定决心，也要做这样的工人——干活就干到最好，当工人就当到最优秀。

师傅常说："车工看起来好干，但是，要当好车工也不容易，够学一辈子的。"为了不断提高自己的理论水平，宋殿琛利用业余时间系统地学习了《机床夹具》《机械制造原理》等有关课程，撰写笔记两万多字。车工是实践性相当强的技术活儿，那些冰冷的铁块不是面团，要想让它们服服帖帖听你的摆布，还真不容易。起先不敢干产品，宋殿琛就收集别人加工后的废料头来练手，从车内孔到挑螺纹，从车台阶到车锥度，从三爪定位到四爪找正，反复练习，直到把这些要领全刻在心里为止。

车工岗位给了宋殿琛大展身手的机会，随着技术水平的提高，他对车工岗位也产生了特殊的感情。1994年11月，车间制造一套夹具，其中的一个零件直径12毫米，长度560毫米，精度要求摆差不大于0.1毫米。俗话说"车工怕车杆"，这是车工最头痛的活，就连经验丰富的老师傅干这种活也是提心吊胆的，稍不注意，不是打刀就是撅活。这不正是锻炼自己的好机会吗？犹豫再三，宋殿琛鼓起勇气，把这项棘手的活"抢"到手。为了按要求完成任务，他预先准备了好几套加工方案，并查阅了有关细长杆加工的理论知识，对加工变形从理论到实践，进行了周密的研究，经过精心操作，保质保量完成了加工任务。这使他在公司初露锋芒，同事们也向他投来钦佩的目光。

多年的锻炼使宋殿琛形成了敢于突破旧框框，大胆采用新工艺、新技术，遇到难题就想方设法去解决的工作作风，尤其是对产品精度要求特别高的产品，在别人看来想都不敢想，在他的手里却总能变成现实。凭着一股韧劲，宋殿琛在一项又一项的技术难题面前从未退缩过，而且总结出很多工作方法，提高了生产效率，确保了生产任务和科研项目的按时完成。

在国家"八五"重点科研项目某车型的试制中，该项目的关键部件阀体，有 19 个轴向位置 132 个尺寸，±0.1 毫米有 36 处，孔径公差为 0.027 毫米，该部件外形简单、型腔复杂，在加工过程中看不见、摸不着，每个尺寸都不能有任何差错，稍有不慎就会造成整体报废。该部件在试制初期，曾在全国各地很多家大企业进行过尝试，都因难度太大而被迫放弃。

1993 年，项目组的同志将这项复杂的工作交给了宋殿琛。刚接到任务时，宋殿琛开始犯嘀咕，自己有没有把握干到最后，但凭着对技术革新永不服输的态度，宋殿琛决定向新的项目发起挑战。首先开始制定加工方案，不管是在工作岗位，还是下班回家，他满脑子想的都是应该怎么加工的问题，有时到凌晨三四点还在想，连做梦都在车床前。经过反复斟酌、科学测试，一套新的加工方案成形了。宋殿琛开始自制专用卡尺，自行设计夹具工装，加班加点盯着车床。经过十几个昼夜的连续奋战，在普通车床上，他出色地完成了该阀体的加工试制任务。该项目的研制成功，使我国在该军事领域同发达国家的差距进一步缩小，得到了领导的充分肯定和高度赞扬。

2004 年元月，宋殿琛接到了一项任务，制作 6 米的长丝杠，型号为 Tr30×10（P5），因加工难度太大，没有单位敢于承揽。宋殿琛接到任务后，通过刀具、辅具的合理设计以及加工方法的较大改进，只用三天就带领组员顺利完成了加工任务，为公司节约费用三万余元，受到公司的嘉奖。

在公司承担的一个军品科研项目中，有一个风扇导圈，该零件外径 φ602 毫米，内径 φ525 毫米，沿 30+1 度有各种圆弧及曲线，整个零件壁厚 3 毫米，属于特大型薄壁复杂零件。原设计为冲压件，需模具三套，费用 52 万元，模具制造周期至少 4 个月。由于时间紧、任务急，只好改为车床加工。对别人来说，这既不现实，也不可能，更不敢冒险，但是作为一名共产党员，在关键时刻一定要顶上去，宋殿琛不顾众人的好意相劝，毅然接受了这项加工任务。他主动与科研人员商量，确定加工工艺，制定加工方案，自己设计了加工样板 5 件，改磨刀具 10 把，连续加班三天三夜，经过精雕细刻，把粗重的毛坯变成了精湛的艺术品。经验收，完全符合图纸要求，创造了车工行业的一个奇迹，不但缩短周期 4 个月，而且节约模具费用 52 万元。

参加工作以来，宋殿琛始终坚持做到工作在前、吃苦在前、学习在前、创新在前，先后提出的 QC 成果、合理化建议、技术革新项目共计 53 项，为工厂创造价值 100 多万元。多年来，在生产中攻破了 40 多项科研和军品难关，为生产解决了众多难题，为工厂创造了巨大价值。

从 1995 年开始，宋殿琛先后被授予兵器工业"青年技术能手""兵器工业十佳车工"、机械部"突出贡献技师"和"全国技术能手"等荣誉称号，荣获全国青年岗位技术能手技能运动会第十名，捧得技术工人最高荣誉"中华技能大奖"，并在国家重点科研项目中荣立"二等功"。

宋殿琛所带班组先后荣获内蒙古自治区"创建学习型班组"优秀班组、集团公司级"信得过班组""模范班组"等荣誉称号。2005 年 8 月，班组被中国邮电工会和兵器集团公司联合以劳模名字命名为"宋殿琛班组"。2008 年，班组被评为"全国工人先锋号"；2010 年，班组荣获国资委 100 个"红旗班组（标杆）"称号。2011 年 11 月，班组被评为"内蒙古自治区模范班组"称号。

宋殿琛是国家首批技能大师工作室——宋殿琛技能大师工作室的负责人，工作室针对社会和公司的技能人员培养方向，进行点菜式的技能培训，力争把技能大师工作室打造成技能人才的摇篮。并利用技能大师工作室成员的技术优势和社会力量，积极开展技术创新活动、精益化生产和精细化管理落实工作，为公司和社会解决现实问题，全力打造技能大师工作室品牌效应。2012 年，宋殿琛的创新项目《小孔径内沟槽加工法》获得集团公司技能创新一等奖。同年，宋殿琛带领学员参加内蒙古自治区技术比赛，获得车工专业前三名的好成绩，并被人力资源和社会保障部授予"国家技能人才培育突出贡献奖"。

荣誉只代表过去，宋殿琛决心在今后的工作中，继续发挥他的技术优势，立足本职岗位，创新工作，把培养技能工人、提高技能水平视为己任，以点带面，全面提高，在本岗位上为一机集团的发展做出更大的贡献。

（文中材料由宋殿琛提供。）

励志语：

1. 干工作和做人一样，马虎不得。
2. 干活就干到最好，当工人就当到最优秀。
3. 荣誉只代表过去。

感悟

职工文化是"职工诚实做人"的文化，企业文化是"企业诚实做事"的文化，职工不诚实做人，企业也很难诚实做事。

职工文化培育出的职工为了得到自己想要的东西，不会伪装自己内心真实的想法，也不会说谎骗人，更不会为了满足自己的私欲而不择手段。相反，这些职工总是能通过自己的诚实劳动和不懈努力得到自己想要的东西，取得比其他职工更大的成就，在平凡中展示自己不平凡的人生，因此，他们总能成为获得卓越成就的成功人士和行业中的精英。

2018年政府工作报告中指出："全面开展质量提升行动，推进与国际先进水平对标达标，弘扬工匠精神，来一场中国制造的品质革命。"所以，要通过弘扬工匠精神和厚植工匠文化推动中国经济发展进入质量时代，必须全面加强和大力推动职工文化建设。

大国工匠高凤林说过："人的质量决定产品质量"，人品决定产品。没有一流的职工队伍，难有一流的产品质量和经济发展的质量。"职工诚实做人"的职工文化对于提高职工群众整体素质和推动中国经济发展进入质量时代有着重大的战略价值和时代意义。

点亮自己，照亮别人

为政篇

《论语·为政篇》告诉我们：做人首先要做一个有道德修养的人。

点亮自己
照亮别人

原文及译文

为政篇

1. 子曰："为政以德，譬如北辰居其所而众星共之。"

孔子说："（周君）以道德教化来治理政事，就会像北极星那样，自己居于一定的方位，而群星都会环绕在它的周围。"

2. 子曰：《诗》三百，一言以蔽之，曰：'思无邪'。"

孔子说："《诗经》三百篇，可以用一句话来概括它，就是'思想纯正'。"

3. 子曰："道之以政，齐之以刑，民免而无耻；道之以德，齐之以礼，有耻且格。"

孔子说："用法制禁令去引导百姓，用刑法来约束他们，老百姓只是求得免于受到惩罚，却失去了廉耻之心；用道德教化引导百姓，使用礼制去统一百姓的言行，百姓不仅会有羞耻之心，而且还守规矩了。"

4. 子曰："吾十有五而志于学，三十而立，四十而不惑，五十而知天命，六十而耳顺，七十而从心所欲，不逾矩。"

孔子说："我十五岁立志于学习；三十岁能够自立；四十岁能不被外界事物所迷惑；五十岁懂得了天命；六十岁能正确对待各种言论；七十岁能随心所欲而不越出规矩。"

5. 孟懿子问孝，子曰："无违。"樊迟御，子告之曰："孟孙问孝于我，我对曰，无违。"樊迟曰："何谓也？"子曰："生，事之以礼；死，葬之以礼，祭之以礼。"

孟懿子问什么是孝，孔子说："孝就是不要违背礼。"后来，樊迟给孔子驾车，孔子告诉他："孟孙问我什么是孝，我回答他说不要违背礼。"樊迟说："不要违背礼是什么意思呢？"孔子说："父母活着的时候，要按礼侍奉他们；父母去世后，要按礼埋葬他们、祭祀他们。"

6. 孟武伯问孝。子曰："父母唯其疾之忧。"

孟武伯向孔子请教孝道。孔子说："对父母，要特别为他们的疾病担忧。（这样做就可以算是尽孝了。）"

7. 子游问孝。子曰："今之孝者，是谓能养。至于犬马，皆能有养；不敬，何以别乎？"

子游问什么是孝，孔子说："如今所谓的孝，只是说能够赡养父母便足够了。然而，就是犬马都能够得到饲养。如果不孝敬父母，那么，赡养父母与饲养犬马又有什么区别呢？"

8. 子夏问孝。子曰："色难。有事，弟子服其劳；有酒食，先生馔，曾是以为孝乎？"

子夏问什么是孝，孔子说："（当子女的要尽到孝），最不容易的就是对父母和颜悦色，仅仅是有了事情，儿女需要替父母去做，有了酒饭，让父母吃，难道能认为这样就可以算是孝了吗？"

9. 子曰："吾与回言终日，不违，如愚。退而省其私，亦足以发，回也不愚。"

孔子说："我整天给颜回讲学，他从来不提反对意见和疑问，像个蠢人。等他退下之后，我考察他私下的言论，发现他对我所讲授的内容有所发挥，可见颜回其实并不蠢。"

10. 子曰："视其所以，观其所由，察其所安。人焉廋哉？人焉廋哉？"

孔子说："（要了解一个人），应看他言行的动机，观察他所走的道路，考察他安心干什么，这样，这个人怎样能隐藏得了呢？这个人怎样能隐藏得了呢？"

11. 子曰："温故而知新，可以为师矣。"

孔子说："在温习旧知识时，能有新体会、新发现，就可以当老师了。"

12. 子曰："君子不器。"

孔子说："君子不像器具那样，（只有某一方面的用途）。"

一壶清茶闲对饮，雅品梅芳胜似仙。

13. 子贡问君子。子曰："先行其言而后从之。"

子贡问怎样做一个君子。孔子说："对于你要说的话，先实行了，再说出来（这就能够说是一个君子了）。"

14. 子曰："君子周而不比，小人比而不周。"

孔子说："君子合群而不与人勾结，小人与人勾结而不合群。

15. 子曰："学而不思则罔，思而不学则殆。"

孔子说："只读书学习，而不思考问题，就会罔然无知而没有收获；只空想而不读书学习，就会疑惑而不能肯定。"

16. 子曰："攻乎异端，斯害也已！"

孔子说："攻击那些不正确的言论，祸害就可以消除了。"

17. 子曰："由，诲女知之乎！知之为知之，不知为不知，是知也。"

孔子说："由，我教给你怎样做的话，你明白了吗？知道就是知道，不知道就是不知道，这就是智慧啊！"

18. 子张学干禄。子曰："多闻阙疑，慎言其余，则寡尤；多见阙殆，慎行其余，则寡悔。言寡尤，行寡悔，禄在其中矣。"

子张要学谋取官职的办法。孔子说："要多听，有怀疑的地方先放在一旁不说，其余有把握的，也要谨慎地说出来，这样就可以少犯错误；要多看，有怀疑的地方先放在一旁不做，其余有握的，也要谨慎地去做，就能减少后悔。说话少过失，做事少后悔，官职俸禄就在这里了。"

19. 哀公问曰："何为则民服？"孔子对曰："举直错诸枉，则民服；举枉错诸直，则民不服。"

鲁哀公问："怎样才能使百姓服从呢？"孔子回答说："把正直无私的人提拔起来，把邪恶不正的人置于一旁，老百姓就会服从了；把邪恶不正的人提拔起来，把正直无私的人置于一旁，老百姓就不会服从统治了。"

20. 季康子问："使民敬、忠以劝，如之何？"子曰："临之以庄，则敬；孝慈，则忠；举善而教不能，则劝。"

季康子问道："要使老百姓对当政的人尊敬、尽忠而努力干活，该怎样去做呢？"孔子说："你用庄重的态度对待老百姓，他们就会尊敬你；你对父母孝顺、对子弟慈祥，百姓就会尽忠于你；你选用善良的人，又教育能力差的人，百姓就会互相勉励，加倍努力了。"

21. 或谓孔子曰："子奚不为政？"子曰："《书》云：'孝乎惟孝，友于兄弟，施于有政。'是亦为政，奚其为为政？"

有人对孔子说："你什么不从事政治呢？"孔子回答说："《尚书》上说，'孝就是孝敬父母，友爱兄弟。'把这孝悌的道理施于政事，也就是从事政治，又要怎样才能算是为政呢？"

22. 子曰："人而无信，不知其可也。大车无輗，小车无軏，其何以行之哉？"

孔子说："一个人不讲信用，是根本不可以的。就好像大车没有輗、小车没有軏一样，它靠什么行走呢？"

23. 子张问："十世可知也？"子曰："殷因于夏礼，所损益，可知也；周因于殷礼，所损益，可知也。其或继周者，虽百世，可知也。"

子张问孔子："今后十世（的礼仪制度）可以预先知道吗？"孔子回答说："商朝继承了夏朝的礼仪制度，所减少和所增加的内容是可以知道的；周朝又继承商朝的礼仪制度，所废除的和所增加的内容也是可以知道的。将来有继承周朝的，就是一百世以后的情况，也是可以预先知道的。"

24. 子曰："非其鬼而祭之，谄也。见义不为，无勇也。"

孔子说："不是你应该祭的鬼神，你却去祭它，这就是谄媚。见到应该挺身而出的事情，却袖手旁观，这就是怯懦。"

《论语》解读

职工文化培育出的职工，都是有道德修养的人。他们有高尚的道德修养，总能把人们吸引到他们的周围。

他们都是思想纯正的人，不能依靠强硬的管理制度控制他们，也不能依靠严厉的处罚约束他们，这样只会让他们求得免于受到惩罚而失去廉耻之心；相反，要用道德教化引导他们，使用礼制去统一他们的言行，这样，他们不仅会有羞耻之心，也会自觉遵守规矩。

这些职工喜欢学习，追求自立自强，他们不会轻易被外界事物迷惑，一切顺其自然；他们能够正确对待人们的言论，不会轻易受到不利言论的影响；他们总能随心所欲，做人做事有度有方。

他们对父母有孝心、懂礼节，一般不会违反礼仪，不管什么时候，他们总是孝顺父母，经常关心父母，不仅在生活上赡养父母，而且总是对父母和颜悦色，心中总是想着父母。

这些职工有时显得大智若愚，但是，他们是有大智慧的人。他们言行的动机和所走过的道路以及他们关心的事情，显示了他们是什么样的人。

他们总能温故而知新，所以，他们总能走在别人的前面，甚至成为指导别人前进的老师。这些职工能成为君子，是因为他们不仅有知识技能，更因为他们有人生境界和道德修养；他们不仅有知识，更有文化。

这些职工能成为君子，还因为他们对于自己要说的话，总是先做，再说出来。这些职工总是做君子不做小人，与人合群而不与人勾结。

他们不仅喜欢读书学习，更喜欢思考问题，所以，他们不会迷惘而没有收获。他们不会只空想而不读书学习，所以，他们就不会疑惑而不能肯定。

这些职工总是批评那些不正确、不健康的言论，所以，一些祸害就可以消除。他们知道的就说知道，不知道的就说不知道，这就是他们的智慧。

他们喜欢多听，有怀疑的地方，他们一般先放在一旁不说，其余有把握的，也总是谨慎地说出来，这样他们就可以少犯错误；他们喜欢多看，有怀疑的地方，他们也是先放在一旁不做，其余有握的，他们也是谨慎地去做，这样，他们就能少做后悔的事。这也是他们的智慧。

这些职工因为正直无私总能被赏识提拔，所以，职工群众都愿意追随他们。相反，如果把邪恶不正的人提拔起来，把这些正直无私的职工置于一旁，职工群众就会不服。

这些职工总是用庄重的态度对待别人，所以，别人总会尊敬他们；他们对父母孝顺、对别人慈祥，所以，别人总会信任他们；他们喜欢与善良的人交往，影响教育能力差的人，这样，职工群众就会互相勉励，加倍努力。

这些职工总是对父母孝敬，对亲朋好友充满爱心，所以，他们做事总是非常顺利。他们对人总是讲信用，这是他们做人做事的根本原则。

他们的成功主要就是因为他们总能不忘过去，所以，他们总能准确预测和把握未来。他们一般不会向谁献媚，见到应该挺身而出的事情，他们也不会袖手旁观做一个懦夫！

智慧人生

善意可以传递

有一天，一对母女在餐馆用餐，一个女服务员在给她们上餐时，不小心把菜汁洒在了妈妈放在椅子上的皮包上。妈妈刚要发作，女儿突然站起来，走到女服务员的身旁，拍了拍她的肩膀说："没关系，别在意。"女服务员惊魂未定地急忙道歉，还说要拿抹布来擦擦。女儿再次安慰女服务员说："你去忙吧，我们回家洗洗就好了，不要放在心上。"

后来，女儿告诉了妈妈这样做的原因。

当年在伦敦留学时，女儿也在餐馆做过服务员。当时，她在清洗酒杯的时候，一不小心把酒杯打碎了。正当她惊慌失措、绝望无助的时候，领班走过来抱住她，安慰道："亲爱的，你没事吧？"领班自始至终没有说一句埋怨女儿的话。

还有一次，女儿在给客人倒酒的时候，不小心将酒洒在了客户的裙子上，本以为客人会大发脾气，谁知，客人站起身来安慰女儿说："没关系，洗洗就好了。"说完，客人拍拍女儿的肩膀，走向了卫生间。

当女儿把这些事情告诉妈妈后，妈妈早已热泪盈眶。女儿还安慰妈妈说："别人能原谅您的女儿，您也可以原谅别人啊！您就把那个服务员当作自己的女儿原谅吧！"

每个人都有犯错的时候，原谅别人的错，就是给别人不犯错的信心。原谅别人，便是放过自己。

劳模励志故事

平凡的岗位也能干出不平凡的业绩

（全国劳模　王海军）

我是内蒙古呼和浩特市公共交通集团公司第四汽车分公司 k2 路 376 号的一名驾驶员，从事驾驶员工作 15 年。在这短暂的 15 年里，通过勤奋努力的工作、视乘客如亲人的服务理念，我一步一步地从基层一线岗位成长起来，成为公交行业的排头兵，先后获得呼和浩特市十佳岗位能手、呼和浩特市劳动模范、内蒙古自治区劳动模范、全国劳动模范等荣誉称号。回想起这么多年来的工作历程及个人的成长经历，我不禁感慨万分。正是有了多年来支持我、鼓励我的各级领导及身边的同事们、朋友们的长期帮助，我才能获得今天的成就。

我出生在呼和浩特市旧城的一个农村普通家庭。我的母亲嫁给父亲时，父亲家一贫如洗。我父亲 9 岁时奶奶就不在了，爷俩相依为命，过着"光棍汉"的日子。母亲的到来给了这个家春天般的"生机"，她用勤劳的双手操持着"家的幸福"。也许，从小到大受妈妈的影响，我一直为自己的未来奋斗着。

记得我刚来公交公司时，心中一万个不愿意，真不希望自己像父母一样束缚在"铁饭碗"上碌碌无为。没办法，既然选择了，就应该去尝试面对。我去公交驾驶培训班学习，头一天教练的示范动作及精湛技术就征服了我。一杯水放在车头，一套操作下来，没撒一滴水，教练还说这只是开客运车辆的基本技术，以后还要学各种技术才能上岗开公交汽车。我收起了"不屑"，带着敬畏认真投入到紧张的驾驶学习中，经过培训考试合格后，我被分配到第四汽车分公司 5 路线上。现在我都能记起自己第一天正式上线运营（独立驾驶）时手忙脚乱的样子，所驾驶的公交车一路上磕磕绊绊，车厢内的乘客东倒西歪，苦不堪言。乘客都很不满，有人冷嘲热讽地调侃我是跟哪个师傅学的技术。有时候，半路车因乱挡坏在路上，不会修车，我只能干着急。（说实话，我实习时所在的线路一天也拉不了十几个人，可是5路线一趟就拉爆满的一车人，加上紧张等一些因素，出丑是难免的。）

等我回到场站后，一看时间，发现我一上午就跑了一趟，还累得够呛。回到家后，我还心有不甘，为什么别的同事都那么熟练，而我自己却这么累呢？经过反复思考，我觉得原因还在我自己身上。于是，我暗下决心，一定要练好实操驾驶技能，掌握好故障排查本领，我不比别人差。我利用休息时间虚心向老师傅请教驾驶实操技能的各种方法，向修理工师傅请教常见故障的排查及维修经验。很快，我就赶上并超越了许多同事，成为一名优秀的驾驶员，再也没有发生一次把车坏在路上的现象。

在工作中发现，我总是停留在一个仅仅"会开车"的状态，就像《摩登时代》里的工人一样总是重复一个动作——开门关门。最重要的是车厢服务不仅仅是开关门，还有许多服务要我们去完善提高。我大胆地把一些商场的迎宾语融入实际工作去，想给广大乘客带来不一样的乘车体验。工作中，我首先坚持用微笑去对待每一位乘客，善待身边的每一个人，用平常心去应对平凡、单调而烦锁的工作，心情保持愉快。很快我就发现，这样工作起来是轻松的、快乐的。

从2005年开始，我在营运服务中坚持使用"迎宾语"服务广大乘客，"您好，欢迎乘坐5路公交车，上车乘客请您往里走，请扶好、站稳，感谢大家配合工作。""下车的乘客请慢走，欢迎再次乘坐。"这是我迎宾语服务的基本内容，有时候根据实际情况，我还会临时多说几句，如"哪位乘客给老人让个座位，376号车组谢谢您。"短短的两句话，我每天要重复说上千次，整整坚持了七年之久。

起初，在我问候之后，乘客有的只是惊奇诧异，没有任何回应，有的甚至会觉得好笑。慢慢地，很多乘客接受了我的服务方式，并和我有了互动，甚至有乘客和我成为朋友。每天有许多乘客慕名来坐车，乘车之后，有人还在意见簿上写上自己的意见，有的甚至把随身的便条、纸壳写上意见放到便民袋中。其中有一位署名叫巴音查干的老人这样写道："语言精美赛歌星，优质服务暖人心"。像这样的小纸条有很多，我一直保留着，这是对我工作的肯定以及鼓励。

最让我感动的是，有许多乘客在站点等我的车，他们给我送来水、胖大海含片，一个大姐在站点等了一个半小时，只为给我送来绿豆汤，我感动得一塌糊涂。直到 2012 年 7 月，因为嗓子出现了严重问题，住院半个月，在医生的叮嘱下，我才逐渐减少了口语服务，加大了报站器的使用频率，做到服务标准不降低，服务功能不能少。我始终认为，乘客既然上了我的车，我就应该让乘客有个好心情，因为这是我的职责和使命，更是我的职业道德。

在工作中，我始终坚持做到"三个不计较"，即"一是对乘客不文明的语言不计较，坚持文明服务，礼貌待客；二是对乘客不友好的态度不计较，坚持诚恳忍让，以情感人；三是对乘客过高要求不计较，坚持有问必答，耐心解释"。这是我干好工作的一个思想基础。

有一次我执行营运任务时，离站点还有 500 米的时候，一位大爷走到前门说要下车。我对大爷说："公司有规定，中途不能停靠，请您老理解我的工作，不行到站点我扶您下车，送您一下好不好？"可这大爷当时就火了，"牛什么，不就是臭开车的，让你停一下车能死呢？就这样还为人民服务呢？"我一听，这老人来火了，如果我当时要再多说一句的话，这老人绝对跟我没完没了，所以我选择沉默。没想到的是，老人边骂边走到我旁边，将一口浓痰吐在我的脸上。当时我正在驾驶，痰液从我的脑门流到鼻子旁，恶心到极点了……我咬着牙坚持把车开到站点，在车停稳后打开车门上下人的功夫，我连忙拿布把恶心的东西擦去，自认倒霉吧。

可事情没结束，后门几位乘客全程给拍照录像了，他们为我打抱不平，不让老人走，还一起谴责他。说实话，我挺欣慰的，但是，营运时间耽误不起，于是，我作为当事人，连忙到后门去劝，好说歹说扶老人下车了，叮嘱了一句"您慢点"后返回车关门走了。路上乘客们说我傻，应该向老人要赔偿。我笑着说"习惯了，相互之间多一些理解，就不会有这样的事情发生了"。

更没想到，这些乘客把我的事情反映给公司，把当时的影像都发给了公司。公司领导第二天就去找我谈话，称赞我做得好、处理得当，给我奖励500元。此次事情以后，公司专门成立了一个"委屈奖"，用于今后职工工作期间受到不公平待遇发的奖项。

这只是我记忆中比较深的一个小故事，像一些小的事情发生过很多就不一一道来了，关键是心态问题。作为服务行业，更是城市的"窗口形象"就更要注重工作期间的心态问题了。我的"三不计较"能有效地改善司乘人员与乘客间的和谐关系，促进文明车厢的进一步推广。

在工作中，我很注重服务时使用的语言，尤其是说话的方式和技巧，例如：在工作中我从不大声地去呵斥乘客，催促他们上下车，农民工在上车时由于携带的行李多，堆放得乱七八糟，造成其他乘客上下车时不便，我总是微笑地提醒他们把行李放好，尽量腾出通道来方便他人乘车。城市的道路一到上下班高峰期就非常拥堵，这直接导致了我们行车中的间隔时间变大了，乘客候车时间变长了，有时他们在上车时不免有抱怨。我在营运服务中，首先做到打开车门，及时地疏导乘客："请大家往里面走，让后面的乘客上车，大家都在赶路，相互理解一下。"当听到"我等了半个小时""我等了几趟车都没上去"等抱怨的话语时，我会微笑着对他们说："对不起，让你们久等了，我会尽快把你们送到目的地，今天的路实在太堵了。"在等待信号灯时，我会跟乘客简单交流一下，或者通过讲笑话等方式博大家一笑，缓和大家的烦躁心情。有一句老话说得好："伸手不打笑脸人"，无论乘客抱怨什么，我们都以微笑去对待，用相互沟通去解决，相信乘客也会理解。就这样，久而久之，服务纠纷避免了，车厢服务也提升一大截。

经过这么多年的努力工作，我受到了广大乘客的赞誉，也受到了各项嘉奖。连续十一年的总公司级服务标兵（每年6000多职工只评3人），在2007年5月拿到人生第一个市一级的奖项，即全市十佳青年岗位能手。这一称号就像是基石一样，激励我不断前行，直到我获得2015年全国劳动模范的殊荣。我的成绩先后被很多家报纸媒体报道过，也作为道德宣讲团一员参加过十几场报告会。再多的荣誉也只能代表过去，只有不断地砥砺前行，才能实现人生的更高目标和价值。

（文中材料由王海军提供。）

励志语：

1. 为自己的未来奋斗。

2. 用微笑去对待每一位乘客，善待身边的每一个人，用平常心去应对平凡、单调而烦锁的工作。

3. 再多的荣誉也只能代表过去，只有不断地砥砺前行，才能实现人生的更高目标和价值。

感悟

职工文化培育出的职工总是笑对人生，总能宽容别人，尤其在别人犯错的时候总能帮助别人，鼓励别人走出困境。这些职工不会总是斤斤计较别人的错，也不会把别人的错误总是放在心上，更不会拿别人的错误来惩罚自己。他们总能原谅别人的错，修养自己的德。

他们明白，原谅别人就是放过自己。他们总是寻求内心的平静，总是时时处处检视自己的言行，所以，他们的人生总有很大的提升空间。

善意总是让他们的人生如此美妙，他们总是不断传递善意，点亮自己，照亮别人。他们总是感动着别人的感动，总是不断完善自己的言行，通过不断地传递善意，让每一天都那么幸福和幸运！他们总能原谅别人的错，总能得到好心情，所以，他们的生活总是那么美好！

八佾篇

《论语·八佾篇》告诉我们：

做人要知礼守礼。

德行天下

原文及译文

八佾篇

1. 孔子谓季氏："八佾舞于庭，是可忍也，孰不可忍也！"

孔子谈到季氏，说："他用六十四人在自己的庭院中奏乐舞蹈，这样的事他都忍心去做，还有什么事情不可狠心做出来呢？"

2. 三家者以《雍》彻。子曰："'相维辟公，天子穆穆'，奚取于三家之堂？"

孟孙氏、叔孙氏、季孙氏三家在祭祖完毕撤去祭品时，也命乐工唱《雍》这篇。孔子说："（《雍》诗上这两句）'助祭的是诸侯，天子严肃静穆地在那里主祭。'这样的意思，怎么能用在你三家的庙堂里呢？"

3. 子曰："人而不仁，如礼何？人而不仁，如乐何？"

孔子说："一个人没有仁德，他怎么能实行礼呢？一个人没有仁德，他怎么能运用乐呢？"

4. 林放问礼之本。子曰："大哉问！礼，与其奢也，宁俭；丧，与其易也，宁戚。"

林放问什么是礼的根本。孔子回答说："你问的问题意义重大，就礼节仪式的一般情况而言，与其奢侈，不如节俭；就丧事而言，与其仪式上治办周备，不如内心真正哀伤。"

5. 子曰："夷狄之有君，不如诸夏之亡也。"

孔子说："夷狄（文化落后）虽然有君主，还不如中原诸国没有君主呢。"

6. 季氏旅于泰山。子谓冉有曰："汝弗能救与？"对曰："不能。"子曰："呜呼！曾谓泰山不若林放乎！"

季孙氏去祭祀泰山。孔子对冉有说："你难道不能劝阻他吗？"冉有说："不能。"孔子说："唉！难道说泰山神还不如林放吗？"

7. 子曰："君子无所争。必也射乎！揖让而升，下而饮。其争也君子。"

孔子说："君子没有什么可与别人争的事情。如果有的话，那就是射箭比赛了。比赛时，先相互作揖谦让，然后上场。射完后，又相互作揖再退下来，然后登堂喝酒。这就是君子之争。"

8. 子夏问曰："'巧笑倩兮，美目盼兮，素以为绚兮。'何谓也？"子曰："绘事后素。"曰："礼后乎？"子曰："起予者商也，始可以言《诗》已矣。"

子夏问孔子："'有酒窝的脸笑得真好看啊，美丽的眼睛真明亮啊，洁白的底子上画着花卉呀。'这几句话是什么意思呢？"孔子说："这是说先有白底然后画花。"子夏又问："那么，是不是说礼也是后起的事呢？"孔子说："商，你真是能启发我的人，现在可以同你讨论《诗经》了。"

9. 子曰："夏礼，吾能言之，杞不足征也；殷礼，吾能言之，宋不足征也。文献不足故也。足，则吾能征之矣。"

孔子说："夏朝的礼，我能说出来，（但是它的后代）杞国不足以证明我的话；殷朝的礼，我能说出来，（但它的后代）宋国不足以证明我的话。这都是由于文字资料和熟悉夏礼和殷礼的人不足的缘故。如果足够的话，我就可以引来作证了。"

10. 子曰："禘自既灌而往者，吾不欲观之矣。"

孔子说："对于行禘礼的仪式，从第一次献酒以后，我就不愿意看了。"

11. 或问禘之说。子曰："不知也；知其说者之于天下也，其如示诸斯乎？"指其掌。

有人问孔子关于举行禘祭的规定。孔子说："我不知道。知道这种规定的人，对治理天下的事，就会像把这东西摆在这里一样（容易）吧！"（一面说一面）指着他的手掌。

12. 祭如在，祭神如神在。子曰："吾不与祭，如不祭。"

祭祀祖先就像祖先真在面前，祭神就像神真在面前。孔子说："我如果不亲

春来漫舞暖风醉，
凌霄微摇翠映红。

自参加祭祀，那就和没有举行祭祀一样。"

13. 王孙贾问曰："与其媚于奥，宁媚于灶，何谓也？"子曰："不然；获罪于天，无所祷也。"

王孙贾问道："（人家都说）与其奉承奥神，不如奉承灶神。这话是什么意思？"孔子说："不是这样的。如果得罪了天，那就没有地方可以祷告了。"

14. 子曰："周监于二代，郁郁乎文哉！吾从周。"

孔子说："周朝的礼仪制度借鉴于夏、商二代，是多么丰富多彩啊。我遵从周朝的制度。"

15. 子入太庙，每事问。或曰："孰谓鄹人之子知礼乎？入太庙，每事问。"子闻之，曰："是礼也。"

孔子到了周公庙，每件事都要问。有人说："谁说此人懂得礼呀，他到了太庙里，什么事都要问别人。"孔子听到此话后说："这就是礼呀！"

16. 子曰："射不主皮，为力不同科，古之道也。"

孔子说："比赛射箭，不在于穿透靶子，因为各人的力气大小不同。自古以来就是这样。"

17. 子贡欲去告朔之饩羊。子曰："赐也，尔爱其羊，我爱其礼。"

子贡提出每月初一告祭祖庙用的活羊去而不用。孔子说："赐，你爱惜那只羊，我却爱惜那种礼。"

18. 子曰："事君尽礼，人以为谄也。"

孔子说："我完完全全按照周礼的规定去侍奉君主，别人却以为这是谄媚呢。"

19. 定公问："君使臣，臣事君，如之何？"孔子对曰："君使臣以礼，臣事君以忠。"

鲁定公问孔子："君主怎样使唤臣下，臣子怎样侍奉君主呢？"孔子回答说："君主应该按照礼的要求去使唤臣子，臣子应该以忠来侍奉君主。"

20. 子曰："《关雎》，乐而不淫，哀而不伤。"

孔子说："《关雎》这篇诗，快乐而不放荡，忧愁而不哀伤。"

21. 哀公问社于宰我。宰我对曰："夏后氏以松，殷人以柏，周人以栗。曰：使民战栗。"子闻之，曰："成事不说，遂事不谏，既往不咎。"

鲁哀公问宰我，土地神的神主应该用什么树木，宰我回答："夏朝用松树，商朝用柏树，周朝用栗子树。用栗子树的意思是说：使老百姓战栗。"孔子听到后说："已经做过的事不用提了，已经完成的事不用再去劝阻了，已经过去的事也不必再追究了。"

22. 子曰："管仲之器小哉！"或曰："管仲俭乎？"曰："管氏有三归，官事不摄。焉得俭？""然则管仲知礼乎？"曰："邦君树塞门，管氏亦树塞门。邦君为两君之好，有反坫，管氏亦有反坫。管氏而知礼，孰不知礼？"

孔子说："管仲这个人的器量真是狭小呀！"有人说："管仲节俭吗？"孔子说："他有三处豪华的藏金府库，他家里的管事也是一人一职而不兼任，怎么谈得上节俭呢？"那人又问："那么管仲知礼吗？"孔子回答："国君大门口设立照壁，管仲在大门口也设立照壁。国君同别国国君举行会见时在堂上有放空酒杯的设备，管仲也有这样的设备。如果说管仲知礼，那么还有谁不知礼呢？"

23. 子语鲁太师乐，曰："乐其可知也：始作，翕如也；从之，纯如也，皦如也，绎如也，以成。"

孔子对鲁国乐官谈论演奏音乐的道理说："奏乐的道理是可以知道的：开始演奏，各种乐器合奏；继续展开下去，悠扬悦耳，音节分明，连续不断，最后完成。"

24. 仪封人请见，曰："君子之至于斯也，吾未尝不得见也。"从者见之。出曰："二三子何患于丧乎？天下之无道也久矣，天将以夫子为木铎。"

仪这个地方的长官请求见孔子，他说："凡是君子到这里来，我从没有不和他见面的。"孔子的随从学生引他去见了孔子。他出来后（对孔子的学生们）说："你们几位何必为没有官位而发愁呢？天下无道已经很久了，上天将以孔夫子为圣人来号令天下。"

25. 子谓《韶》："尽美矣，又尽善也。"谓《武》："尽美矣，未尽善也。"

孔子讲到《韶》这一乐舞时说："艺术形式美极了，内容也很好。"谈到《武》，说："美极了，却还不够好。"

26. 子曰："居上不宽，为礼不敬，临丧不哀，吾何以观之哉！"

孔子说："居于执政地位的人，不能宽厚待人，行礼的时候不严肃，参加丧礼时也不悲哀，这种情况我怎么能看得下去呢？"

《论语》解读

职工文化培育出的职工对于不符合礼的事情，是不会去做的；对于低级趣味的靡靡之音，他们一般也不会去学唱的。

这些职工都是有仁德的人，所以，他们知礼守礼，一般不会去学唱低级趣味、醉生梦死的靡靡之音。

这些职工知礼守礼表现在生活上主要是，他们一般不会单纯追求生活的奢华而不知道节俭；不会只是单纯追求形式而缺乏内心的真诚。

他们不仅知识技能超群，而且文化追求和人生境界高远，对于不符合礼的人和事，他们总是主动加以劝阻。他们输赢的关键，不在于与别人比高低，而是对自己的挑战。即使与别人竞争，他们一般也是做到"先礼后兵"，他们追求的是君子之争。

他们之所以知礼守礼，主要原因在于，他们都是有道德修养的人，他们学习和掌握了很多做人做事的道理。对于不符合礼的场合，他们一般是不愿意去的，知礼守礼已经融入了他们的生命。

他们的人生信仰总是那么坚定。他们清楚：不能坚持自己和坚守初心的人，做什么都会一事无成。这些职工总是喜欢向身边优秀的人学习，更向优秀的自己学习：认识自己、成为自己、成就自己，成为更好的自己。

他们遇到不懂的问题，总是喜欢虚心向别人请教，这也是他们知礼守礼的表现。他们参加各种比赛，不会只是为了追求比赛的结果，因为，他们明白：人的水平有高有低，做更好的自己才是最重要的。

他们不会太在意物质有多么富有，他们更在意内心的丰富，这也是他们知礼守礼的表现。他们尊重领导，只要符合礼的规定，即使有人认为是谄媚，他们也不会去在乎。

他们总是会得到领导的赏识和尊敬，是因为他们总能忠心、忠诚于自己的领导。他们喜欢快乐而不放荡的音乐，也喜欢忧愁而不哀伤的音乐。

他们对于已经做过的事情一般不会再提了，对于已经完成的事情一般也不会再去劝阻了，对于已经过去的事情一般也不会再追究了。他们知礼守礼，一般不会摆阔气、求奢华，而是低调生活，高调工作。

他们喜欢音乐，不仅在于曲调优美，更在于意蕴深长。他们一般不会只单纯追求自己生活上的安逸，他们更有人生的大担当和大追求，他们一般不会只是追求做一个成功的人，他们更愿意做一个有价值的人。

他们欣赏音乐的美，不仅在于形式的美，更在于内容的美和思想的美。

他们总是能够宽厚待人，行礼时总是那么严肃，在越重要的场合，越能体现出他们的知礼守礼。

智慧人生

贪念会吞噬人生

《人民的名义》是一部反贪剧。剧中的最高人民检察院反贪总局侦查处处长侯亮平在查处一位受贿千万的国家部委项目处长的时候，发现他在简陋破败的旧房子里吃炸酱面，这位处长是一副衣着朴素、长相憨厚的"老农民"形象。与这位腐败分子案件牵连甚紧的 H 省副市长丁义珍流亡海外。案件线索定位在 H 省一家国企股权之争上，由此牵连出盘根错节的各派政治势力。H 省政坛，以 H 省委副书记、政法委书记高育良为代表的"政法系"，与以 H 省委常委、市委书记李达康为代表的"秘书帮"相争多年，新任省委书记沙瑞金的到来，打破了这种政治平衡局面。

这部电视剧不仅揭示了腐败，还揭示了教育的缺失。剧中的很多悲剧人物几乎都是因为"钱"造成的！贪污两亿的小官巨贪赵德汉当上了处长，还说"穷怕了……"贪念让他陷入了人生的深渊！

在《人民的名义》中，反贪局局长陈海的儿子，外号"小皮球"，上小学四年级，踢球砸了学校的玻璃。侯亮平问"小皮球"为什么不去球场踢球，"小皮球"说自己也想去球场踢球，但队长不让。他花 15 元钱买了个替补队员，也没有替补上。他说是队长要的，队长要 10 块钱，副队长要 5 块钱。他们班有六个同学都交了钱，都没有轮上，钱白交了。"小皮球"还说了一个事情：他们班学习委员负责监督背课文，只要交 5 块钱就给过。这名学习委员一个学期挣了 600 多块钱。

"有钱能使鬼推磨"，这种花钱能"办事"的不正之风"刮"到学校，已经严重影响了孩子的金钱观和人生观。《人民的名义》揭示的腐败现象让人瞠目结舌，揭示的教育上的缺失才是最让人担忧的。

如果一个孩子问家长："咱家里有钱吗?"美国家长会回答："我有，你没有，你要想有钱，必须靠自己的本事挣。"中国家长会回答："我有的是钱，将来这些钱早晚都是你的。"两种不同的教育理念，形成两种不同的金钱观。尽管这与两个国家的传统有关系，但是，只有通过劳动，才能得到应得的金钱，这在哪个国家都应该是适用的。《人民的名义》中的贪官得到的巨量金钱都是不义之财和非法所得。而"小皮球"反映的事件中金钱的获得也是通过不当的方法和途径，是坚决要杜绝的。

引导孩子树立正确的金钱观非常重要。同时，还要教育孩子不能满足于物质的富有，更要追求精神的高尚。

劳模励志故事

让青春在公交岗位上闪光

（党的十八大、十九大代表，全国劳模 刘美莲）

作为11万北京公交人中的普通一员，我是幸福的，更是幸运的。之所以感到特别幸福，是因为作为一名知青返京子女，我幸福地实现了小时候就憧憬长大后要在北京的大马路上开着长长的公交车，当一名特别神气的女司机的梦想；之所以感到特别的幸运，是因为在我们公交大家庭当中，每个司机、售票员都特别辛苦，每个人为了干好本职工作都特别尽心尽力、无私奉献，优秀的公交人大有人在，而我却超额得到了社会和组织的高度认可，集各种荣誉为一身，先后获得全国建设系统劳动模范、全国五一劳动奖章、全国劳动模范等荣誉。同时，作为一名共产党员，我还特别荣幸地先后当选党的十八大、十九大代表。回想自己的生活、工作、成长经历，我最大的感悟和体会就是"劳动创造幸福，劳动成就梦想"。

我是一名北京知青返城子女，在落实政策回北京之前，我生活在内蒙古的一个偏远农场。小时候，第一次跟随家长到北京探亲，我印象最深的就是北京还有那么长的大公交车，而且还有女司机开车。因此，从那时起，我就非常羡慕女司机，并梦想长大也成为一名在北京大马路上开着公交车满街跑的女司机。1989年，根据当时知青有一名子女可以返京的政策，我回了北京。中专毕业后，我如愿到公交公司工作。在当了三年售票员后，我终于成了一名女公交司机。

可是，当自己真的干上这一行后，我开始慢慢体会到了公交人每天早出晚归、风吹日晒、一年四季没有节假日的辛苦；体会到了我们公交人当遇到个别不讲理的乘客还要忍辱负重，打不还手、骂不还口的委屈；体会到了我们公交人由于保证路上运营时间，不能够像普通人那样正点吃饭、正点喝水、正点上厕所带来的无奈和委屈。特别是随着时间的推移，作为一名女司机，结婚生子后，家庭的负担更让我渐渐遇到了更多的困难。特别是当上了一天班又累又饿，回到家里还要带孩子、干烦琐的家务，我开始怀疑自己当初的选择。

我思想上的波动没有瞒过爱人的眼睛，他除了每天尽量地多照顾我，努力减轻我工作和生活上的压力外，2002年底他和我商量，希望我调到一个离家近、收入高、坐办公室的公司任职。调动的事办得很顺利，接收单位很快就催我取调函。当真要离开自己朝夕相处的车队和同事、离开自己天天驾驶的公交车、离开线路上再也熟悉不过的乘客时，我的心情特别复杂，伤感、犹豫……连着好多天，我都不能好好休息。于是，我决定和车队领导谈一谈。

车队领导当时对我说："我们确实不舍得让你走，因为你的工作做得非常出色，我们希望你留下来，发挥好你的特长，更好地为乘客服务。你要是真想离开，我们即使留下你的人，也留不住你的心，走和留都在你。留，我们欢迎！走，我们欢送！"车队领导的这些话对我的震动很大，经过反复的思想斗争，我还是决定继续留在我熟悉的、热爱的车队。车队领导对我的选择非常支持，高兴地对我说"你的心留下了，人也留下了"，并称赞我是"甘心坐驾驶舱，不愿坐办公椅的公交人"。

经过这次人生的选择，我更加坚定了要做好公交本职工作的信心和决心。从此，我把车队和车厢当成了我的第二个家，把上班的每一分钟，为乘客提供的每一次帮助，都当成我工作最大的乐趣。在全身心的付出并换来巨大快乐和成就感的同时，我也更加爱上了我们的车队、我们的车厢、我们的乘客，更加爱上了我从事的公交岗位。

常言说：不积跬步，无以至千里；不积小流，无以至江海。追求公交服务的标准和目标定得再高，也需要我们首先从热爱本职工作做起，从每天的点滴小事做起。每天上班坚持早到"一点儿"，下班坚持晚走"一点儿"，车辆保养擦拭得精心"一点儿"，上班心情快乐"一点儿"。我感觉，只有日复一日的点滴积累，才能够形成一种良好的职业习惯和职业素养。

2005年以前，我一直在亦庄和婆婆住，主要是考虑即使上班远点，也要尽量分担一下公公、婆婆帮忙我们照顾孩子的负担。那时，从我家到和平里车队一天来回上下班就得跑70里的路，加上我当时上早班，6点多就发车，为此，4点半我就得起床，5点钟从家出发。特别是到了冬天，再赶上下大雪，天寒地冻，当时确实没少受罪。但即使是在那时最困难的时期，不管刮风下雨，还是下雪下雾，我都会每天坚持顶着星星出来，提前半个小时，赶到车队打扫我的爱车，把它擦洗得窗明几净。在天寒地冻、天还没放亮的早晨，拿着湿布擦洗车辆，冻得手僵硬的感觉到现在我还记忆深刻。为了让乘客上我的车时有一种亲切感和回家的感觉，根据不同的节气，我还自费买来小棉垫、小扇子等布置车厢。有付出就会有回报，经常乘坐我车的老乘客都说："104路的98216号车最干净、最温馨、最漂亮，多等会儿也愿意坐这辆。"

公交行业的职工，要吃苦耐劳、扎实肯干，更要立足本职、勤于思考，苦干加巧干，心系社会、心怀大爱，干出我们的特色，这样才能够更好地服务社会、服务乘客，实现自己的人生价值。在北京市备迎2008年奥运会的大背景下，2002年在公交车上为促进乘客英语学习的"英语长廊"在我的车厢内第一个推出，吹响了公交迎接奥运的号角；2003年，"非典"肆虐的特殊时期，北京第一支"千纸鹤"在我的车厢中第一次飞出，千纸鹤送平安成为那场灾难中一个特殊的记忆符号；那些经常在网络上出现的乘客在公交和地铁上因"抢座、不让座"，而出现的"扇耳光、咬耳朵、坐大腿，甚至是持刀相向斗殴致死"的乘车不文明现象，在我的车厢内从来不会发生，因为有"大爷大妈，您坐这儿，文明就这么简单""帮助他人，快乐自己""我们都有老的一天"等这些引起广大乘客"主动让座共鸣"的爱心座套。

自 2006 年就在我的车厢内生根发芽，竞相主动让座成为我的车厢内一道风景；而我创立的"三心三勤三主动"温馨服务工作法以及"站立式服务工作法"也成了我们首都公交人对外展示服务的一张亮丽的名片。2016 年，我所在的电车分公司建立了一个以我名字命名的"美莲创新工作室"。工作室的成立为我搭建了一个把全公司劳模和积极向上的年轻职工凝聚起来、发挥劳模团队集群优势、当好"播种机"、助推企业发展的桥梁和纽带，同时，工作室也成为我发挥更大作用的创新实践平台。

习近平总书记讲过很多关于人生奋斗的经典名句，其中有两句话我印象最为深刻，一句是在第十二届全国人民代表大会第一次会议上的讲话中提到的"功崇惟志，业广惟勤，要实现中国梦，创造全体人民更加美好的生活，需要我们每一个人继续付出辛勤劳动和艰苦努力"；另一句是在 2018 年元旦讲话中提到的"幸福都是奋斗出来的"。我想说，我们伟大的国家已经进入了新时代，新时代召唤着我们每个人都要有新气象和新作为、实现新价值，只要我们每个人都心怀梦想、坚定信念，并脚踏实地地干好我们的本职工作，有付出就会有回报，劳动创造幸福，劳动成就梦想，中国梦和我们个人的梦，就一定会实现。

（文中材料由刘美莲提供。）

励志语：

1. 劳动创造幸福，劳动成就梦想。
2. 为乘客提供的每一次帮助，都成为我工作最大的乐趣。
3. 有付出就会有回报。
4. 帮助他人，快乐自己。

感悟

职工文化培育出的职工对自己的贪念拥有强大的控制力，他们不会因为一念之差就铸成一生的大错。

作为社会中的人，这些职工的德行总是符合社会的利益，他们不会危害他人的利益，所以他们总能生存、生活和发展得很好。这些职工知道，道德品行关乎社会的维持与发展，人之所以有好有坏，十有八九是他们的道德品行决定的。这些职工不会单纯追求物质的富有，更追求心灵的丰富。他们的内心总是充满着自信、理想、从容、自律与百折不挠的精神，而不是自卑、短视、暴戾、松懈与放弃。这些职工不会唯利是图、处处追逐金钱，所以他们总能获得快乐的人生。

里仁篇

《论语·里仁篇》告诉我们：
做人要做仁德之人。

战胜了自己
就战胜了一切

屈渊

原文及译文

里仁篇

1.子曰："里仁为美。择不处仁，焉得知？"

孔子说："跟有仁德的人住在一起，才是好的。如果你选择的住处不是跟有仁德的人在一起，怎么能说你是明智的呢？"

2.子曰："不仁者不可以久处约，不可以长处乐。仁者安仁，知者利仁。"

孔子说："没有仁德的人不能长久地处在贫困中，也不能长久地处在安乐中。仁人是安于仁道的，有智慧的人则是知道仁对自己有利才去行仁的。"

3.子曰："唯仁者能好人，能恶人。"

孔子说："只有那些有仁德的人，才能爱人和恨人。"

4.子曰："苟志于仁矣，无恶也。"

孔子说："如果立志于仁，就不会做坏事了。"

5.子曰："富与贵，是人之所欲也；不以其道得之，不处也。贫与贱，是人之所恶也；不以其道得之，不去也。君子去仁，恶乎成名？君子无终食之间违仁，造次必于是，颠沛必于是。"

孔子说："富裕和显贵是人人都想要得到的，但不用正当的方法得到它，就不会去享受的；贫穷与低贱是人人都厌恶的，但不用正当的方法去摆脱它，就不会摆脱的。君子如果离开了仁德，又怎么能叫君子呢？君子任何时候都不会背离仁德，就是在最紧迫的时刻也必须按照仁德办事，就是在颠沛流离的时候，也一定会按仁德去办事。"

6.子曰："我未见好仁者，恶不仁者。好仁者，无以尚之；恶不仁者，其为仁矣，不使不仁者加乎其身。有能一日用其力于仁矣乎？我未见力不足者。

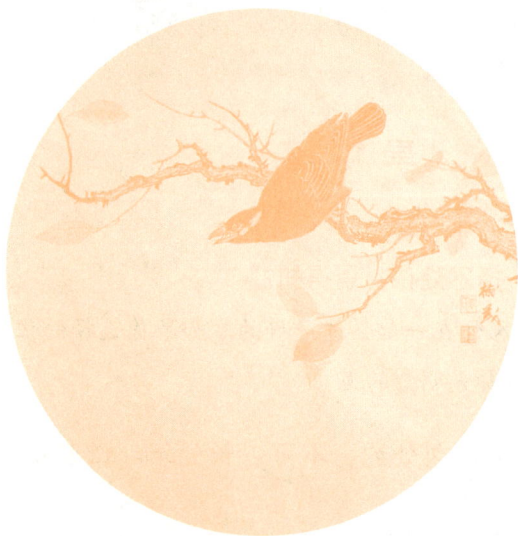

秋风尽扫黄金叶，
翘首倾身欲离枝。

盖有之矣，我未之见也。"

孔子说："我没有见过爱好仁德的人，也没有见过厌恶不仁的人。爱好仁德的人，是不能再好的了；厌恶不仁的人，在实行仁德的时候，不让不仁德的人影响自己。有谁能在某一天把自己的力量用在实行仁德上吗？我还没有看见力量不够的。这种人可能还是有的，但我没见过。"

7. 子曰："人之过也，各于其党。观过，斯知仁矣。"

孔子说："什么样的错误是由什么样的人犯的。所以，考察一个人所犯的错误，就可以知道他是什么样的人了。"

8. 子曰："朝闻道，夕死可矣。"

孔子说："早晨得知真理，就是当天晚上让我死去也心甘。"

9. 子曰："士志于道，而耻恶衣恶食者，未足与议也。"

孔子说："士有志于（学习和实行圣人的）道理，但又以自己吃穿得不好为耻辱，对这种人，是不值得与他谈论道的。"

10. 子曰："君子之于天下也，无适也，无莫也，义之与比。"

孔子说："君子对于天下的人和事，没有固定的厚薄亲疏，只是按照义去做。"

11. 子曰："君子怀德，小人怀土；君子怀刑，小人怀惠。"

孔子说："君子思念的是道德，小人思念的是乡土；君子想的是法制，小人想的是恩惠。"

12. 子曰："放于利而行，多怨。"

孔子说："为追求利益而行动，就会招致更多的怨恨。"

13. 子曰："能以礼让为国乎？何有？不能以礼让为国，如礼何？"

孔子说："能够用礼让原则来治理国家，那还有什么困难呢？不能用礼让原则来治理国家，怎么能实行礼呢？"

14. 子曰："不患无位，患所以立。不患莫己知，求为可知也。"

孔子说："不怕没有官位，就怕自己没有学到赖以站得住脚的东西。不怕没有人知道自己，只求自己成为有真才实学值得为人们知道的人。"

15. 子曰："参乎！吾道一以贯之。"曾子曰："唯。"子出，门人问曰："何谓也？"曾子曰："夫子之道，忠恕而已矣。"

孔子说："参啊，我讲的道是由一个基本的思想贯彻始终的。"曾子说："是。"孔子出去之后，同学便问曾子："这是什么意思？"曾子说："老师的道，就是忠恕罢了。"

16. 子曰："君子喻于义，小人喻于利。"

孔子说："君子明白大义，小人只知道小利。"

17. 子曰："见贤思齐焉，见不贤而内自省也。"

孔子说："见到贤人，就应该向他学习、看齐，见到不贤的人，就应该自我反省（自己有没有与他相类似的错误）。"

18. 子曰："事父母几谏，见志不从，又敬不违，劳而不怨。"

孔子说："侍奉父母，（如果父母有不对的地方），要委婉地劝说他们。（自己的意见表达了，）见父母心里不愿听从，还是要对他们恭恭敬敬，并不违抗，替他们操劳而不怨恨。"

19. 子曰："父母在，不远游，游必有方。"

孔子说："父母在世，不远离家乡；如果不得已要出远门，也必须有一定的去处。"

20. 子曰："三年无改于父之道，可谓孝矣。"

孔子说："如果一个人对他父亲的正道长期坚持而不加改变，这样的人就可以说是尽孝了。"

21. 子曰："父母之年，不可不知也，一则以喜，一则以惧。"

孔子说："父母的年纪不可不知道，并且常常记在心里。一方面为他们的长寿而高兴，一方面又为他们的衰老而恐惧。"

22. 子曰："古者言之不出，耻躬之不逮也。"

孔子说："古代人不轻易把话说出口，因为他们以自己做不到为可耻啊。"

23. 子曰："以约失之者鲜矣。"

孔子说："用礼来约束自己，但还是犯错误，这样的事情就少了。"

24. 子曰："君子欲讷于言而敏于行。"

孔子说："君子说话要谨慎，而行动要敏捷。"

25. 子曰："德不孤，必有邻。"

孔子说："有道德的人是不会孤单的，一定会有思想一致的人与他相处。"

26. 子游曰："事君数，斯辱矣；朋友数，斯疏矣。"

子游说："侍奉君主太过烦琐，就会受到侮辱；对待朋友太烦琐，就会被疏远了。"

《论语》**解读**

职工文化培育出的职工总是喜欢与仁德的人在一起，这是他们的明智之举。他们都是有仁德的人，他们既经得起长久贫困的磨炼，也受得了长久安乐的考验。

他们都是仁人志士，总是安于仁道；他们都是有智慧的人，因为，仁对他们有利，他们才去行仁。他们都是仁者，所以他们会爱人，也会恨人。

他们总是立志于仁，所以，他们就不会做坏事。尽管他们有时想得到富裕和显贵，但是，如果不是用正当的方法得到的，他们不会去享受；尽管他们有时厌恶贫穷与低贱，但是，如果不是用正当的方法摆脱，他们也不会去摆脱。

这些职工都是君子，因为，他们都有仁德。他们每时每刻都不会背离仁德，就是在最紧迫的时刻，或者在颠沛流离的时候，他们也总是按照仁德办事。

这些职工爱好仁德，厌恶不仁。他们都是好人，就是因为他们爱好仁德。他们厌恶不仁的人，所以，他们在实行仁德的时候，不会让不仁德的人影响自己。他们总是把自己的力量用在实行仁德上。

这些职工有时犯的错误，与他们所在群体的人所犯的错误性质是一样的，但是，他们都是仁德之人，有些错误是可以弥补的。

这些职工喜欢追求人生大道，有志于学习和践行圣人之道，他们一般不会因为自己吃穿得不好而感到耻辱。他们对于天下的人和事，没有固定的厚薄亲疏，总是按照义去做。他们思念的总是道德，而不仅仅是乡土之情；他们想得更多的是法制，而不仅仅是所谓的恩惠好处。他们一般不会只是追求利益而行动，所以，他们就不会招致更多的怨恨。

他们总是能够按照礼让原则来为人处世，所以，他们就不会遇到什么大的麻烦。他们一般不会担心所谓的功成名就，而是担心自己有没有学到赖以站得住脚的东西；他们一般不会担心没有人知道自己，而只求自己成为有真才实学的人。

这些职工一般将忠恕之道贯彻到日常生活工作的始终，他们看重大义，不会只追求小利。他们见到贤人，总是喜欢向他们学习，见到不贤的人，总是喜欢自我反省，检查自己是否也有他们身上的不足和缺点。

他们侍奉父母时，如果父母有不对的地方，他们会委婉地劝说他们。如果自己的说法和意见表达了，而父母心里不愿听从，他们还是会对父母恭恭敬敬，并不违抗，替他们操劳而不怨恨。不管什么时候，他们心里总是装着父母，不管去什么地方，他们都记得向父母报平安。他们总会把父母的事情当作最大的事情考虑，为父母健康祈福，为父母不适担忧。

暂时做不到的事情，他们一般不会轻易承诺。他们总是用礼来约束自己，所以，他们犯错就比较少。他们说话总是很谨慎，但行动总是很敏捷。他们都是有道德的人，所以，他们一般不会孤单，因为，总有和他们思想一致的人与他们交朋友。

他们对待领导一般不会太过烦琐，所以，他们一般不会受到领导的责怪；他们对待朋友也不会太烦琐，所以，他们一般不会被朋友疏远。

智慧人生

战胜心魔，成就人生

有人说，《西游记》揭示了世间的所有苦难，反映了人生的真谛，是世间最伟大的成功学，是战胜自己"心魔"的成功学。《西游记》告诉我们，只有不断去战胜"心魔"，最终才会取得"真经"，成就人生。

《西游记》中的孙悟空、唐僧、猪八戒、沙和尚、白龙马师徒五人，分别代表的是人的心、人的身体、人的情欲、人的本性、人的意志力。

孙悟空代表的是人的心，这是一颗骚动不安的心，在天地善恶之间自由穿梭。孙悟空的七十二变，反映了人心非常善变。八卦炉烧不死孙悟空，炼成了他的火眼金睛，象征着他的"心眼"打开了。五行山压住孙悟空，意味着金木水火土的世俗世界压住了那颗上天入地的心。

师徒五人西天取经，一路降魔捉妖，其实就是一个人在人生路上除"心魔"的过程，取经就是修心。真正的灵山，就在心中。

在西天取经路上，孙悟空化斋前经常在地上画一个圈，这是"心"给人设定的界限。但是，人的身体（唐僧）总会被欲望（猪八戒）牵着走，一旦走出圈，便会遇上妖怪（心魔）。孙悟空一路引领着师徒几人前进，不断降妖，意思就是降"心魔"。每一个妖怪都是"心魔"的幻化。例如，红孩儿象征仇恨之火，一个人生活在仇恨中，到头来只会烧伤自己的心（红孩儿烧伤了孙悟空）。七个蜘蛛精代表人的七情六欲，通过蜘蛛网把人困住，就好比世间的情网。蜈蚣精身上的千只眼睛好比人眼，看到的是各种物质欲望。蝎子精代表美色，会勾人，所以师徒几人抵不过她。真假美猴王实际上就是人的两颗"心"互斗，两种思想在斗争。有"二心"必须打消一个，一心一意才能成功。最后假孙悟空被打死，师徒几人才继续上路。

对一个人来讲，只有克服身上的不良习气，"魔障"消除，即见灵山。孙悟空（心）被封为斗战圣佛，意味着只要懂得约束自己的内心，终会成功。唐僧（身体）被封为旃檀功德佛，意味着心身合一，方得真经。猪八戒（情欲）被封为净坛使者，意味着情欲是戒不掉的，只能被封为使者。沙和尚（本性）被封为金身罗汉，意味着本性像金子一样珍贵。白龙马（意志力）被封为八部天龙护法，意味着我们要时刻守护自己的信念，所以被封为护法。

最后，佛祖给他们师徒无字经，是因为无字经才是真经。"经"是"经历"之意。他们一路上的"经历"就是最重要的"经"。一个人若经历世间的千难万苦，仍能保持一颗真心，即使未到西天，人也早已成佛。

劳模励志故事

平凡中铸就辉煌

（全国人大代表、全国劳模　穆合塔拜·沙迪克）

我生长在祖国边陲美丽的新疆，我的父母也是普普通通的新疆人，我从小到大在很普通也很温馨的家庭环境中长大，也一直在少数民族学校学习。

所以，我能将汉语说到今天这个程度，的确是付出了很多努力。

1992 年，刚 19 岁的我，从银行学校金融专业毕业后，以优异的成绩，第一批被自治区分行分配到工商银行吐鲁番地区托克逊县支行工作。人生中第一次离开父母到远方工作，虽然舍不得离开家人，但是，能够加入工商银行这个大团队，我也感到自己很幸福。进入正式的工作单位，我心里在想，做工作仅靠热情和态度是远远不够的，如果没有一身过硬的本领，你就是再热情也是不行。而自己只是专科毕业生，底子并不厚，要学的东西、要掌握的技能还多着呢。

没有看见的总比看见的多，不知道的东西总比知道的多，我就下定决心从最基础学起，从一点一滴做起。在托克逊工作的两年内，为了练就一套过硬的点钞本领，我随身带着练功券，走到哪里就练到那里，甚至吃饭、休息，只要有时间，我随手就练。手指被磨破了，找块胶布贴一贴，接着再练；手腕僵硬了，活动活动继续练，我简直到了着魔的境地。功夫不负有心人，有付出总有回报，行里多次举行业务技能比赛，我都榜上有名。

1995 年，我回到了乌鲁木齐，分配到离我们家比较远的仓房沟分理处，我也很快适应了新环境。分理处领导和同事们见我干活麻利，以及对工作认真负责的态度与爱岗敬业的精神，当年就把一个大单位几百号人在我行存的零存整取每个月手工计息的账本交给了我。由于白天工作量很大，上班时间算不完，我就把账本带回家熬夜加班算利息。我告诉自己，领导给我安排这个工作就是信任我，我要对客户负责，对我的工作负责，账务不能出现一点点差错。每个月月底我连夜计算利息，第二天我又精神抖擞地去上班。1995 年，我们行还没实行叫号办理业务机制，即客户随意选择窗口。因为我的业务熟练，服务态度好，办业务速度快，每天我的窗口排队的客户最多。一年后，我的业务量全行排名第一。作为无差错柜员，我得到了行领导和同事们的认可和鼓励。

1997 年，我被抽调到储蓄事后监督工作。事后监督是重要岗位之一，也是对前台业务操作流程的最后一次把控。当我到事后监督工作时，我女儿才出生 5 个多月，到了新岗位，我忘记一切，全心地投入了工作。我不断加强自身的业务学习，团结同事，多问多学，放弃了每天一个小时的母乳时间，中午连班工作。我艰苦学习，很快就掌握了记账方式、监督模式和装订封包的方法。在同事们的帮助和自己的努力之下，我两年后在事后监督担任了坐班会计职务。实践证明，学习能让我们更加坚强、更加自信! 我在学习中不断成长和进步。每年年度的先进工作者评选，我都是榜上有名。

2004 年，因工作调动，我到了现在的中国工商银行乌鲁木齐明德路支行任大堂经理岗位工作。大堂经理岗位是各方面要求极高的工作，需要业务能力强，并且善于与客户沟通和交流。这对我来说也是一次严峻的挑战。我从事了 7 年的事后监督工作，已经适应了这种安静的工作状态。现在突然要在大堂每天面对不同民族、不同性格的客户和复杂的各种问题，我感觉压力很大。没有压力就没有动力，我还是鼓足勇气站在大堂里，微笑地面对每一位客户。我们支行楼上楼下面积有 1700 平方米，每天 8 个小时的站立服务，楼上楼下地跑，我腿脚肿胀，浑身酸疼，但这并没妨碍我用真挚的笑容去帮助客户解决每一个问题。

但是，我的汉语表达能力不强，在语言表达方面出现了障碍，我就跟我刚上小学一年级的女儿，从汉语拼音开始学起。每天晚上在家学两个小时的汉语拼音、音调，改正发音，两年内，我几乎都没参加过朋友聚会，也没跟家人出去玩过，把所有的精力都放在了学习上。我在工作中处理问题方面的经验不足，我就从别的大堂经理那里"偷师"。"大银行"每天从早到晚客户川流不息，身为大堂经理的我，每天需要不停地进行引导、解释。有时碰到性情急躁和冲动的客户，我总是能春风化雨，缓解许多矛盾冲突。正是因为我善良、耐心、真情，一位位客户满意而来，满意而去。多年来，我都把各民族客户当作自己的亲人来对待，得到了广大客户的信任和赞扬，得到了同事们的尊重。

就这样，我认识的客户越来越多，我的业绩越来越好，我的汉语水平也提高了不少。有很多客户从远处来我们支行办理业务，我就这样用真诚、诚信、认真的态度赢得了广大客户们的赞扬与信任。慢慢地，我就变成了我行的"服务能手"。服务工作普普通通，而我用心去体会，用心去感受，用心去服务！我的言谈举止和温馨的服务感动了客户，凡来过明德路支行办理业务的人，对我的热情、诚恳、周到、细心留下了深刻印象。由于我在服务工作中能切实做到讲文明、讲质量、讲效益，工作中取得了一项项殊荣。

一分耕耘，一分收获，工作以来，我获得了不少荣誉，从县级先进个人、优质文明服务明星，到省级"十佳服务明星""巾帼岗位标兵"、省级"民族团结劳模"，再到"感动工行员工""文明规范服务金牌个人"、中国银行业协会"明星大堂""最佳社会责任管理者""全国劳动模范""全国人大代表"、首届"大行工匠"……每一项荣誉背后都蕴含着我无数的努力和付出。

其实我和大家一样很平凡。26年来，我从初入行的新兵，成为现在的支行副行长，又荣获诸多的荣誉……2014年，我光荣当选第十二届全国人大代表。同年，中华全国总工会为了体现对全国劳模的关爱，给我提供了在中国劳动关系学院上大学本科的机会，终于实现了我的大学梦！

我觉得，人活着，总要有所追求。有人追求安逸，有人希望做事，有人索取，有人奉献。雪莲花再美，也离不开冰山的雪水，哈密瓜再甜，也离不开肥沃的土壤。没有绽放的花朵，便没有生活的芬芳；没有艰辛的耕耘，便没有人生的收获。我从一点一滴做起，将一点一滴做好，一天一根线，十年织成缎，平凡的积累，终将造就辉煌。

（文中材料由穆合塔拜·沙迪克提供。）

励志语：

1. 做工作仅靠热情和态度是远远不够的，如果没有一身过硬的本领，你就是再热情也不行。

2. 没有看见的总比看见的多，不知道的东西总比知道的多。

3. 学习能让我们更加坚强、更加自信！

4. 人活着，总要有所追求。

5. 平凡的积累，终将造就辉煌。

感悟

职工文化培育出的职工的一生就是不断战胜自己的过程。他们总能在人生路上不断战胜"心魔"，所以才总能成就人生传奇。

他们总是不断修炼自己的内心，"心灯"亮了，他们的世界就亮了。他们在人生路上不断去除"心魔"，他们总是不断点亮自己，照亮别人；传播正能量，温暖你我他。

他们总有非常坚强的意志，只要确定了前进的目标，他们总能专心专意。他们总能达到心意合一、志向坚定，所以，几乎没有他们达不到的目标。

他们一般不会被自己的欲望牵着走，他们的自律性非常强。他们看事物时，总能看到事物的真相，不会被事物的假象所蒙蔽；他们总能辨别真假是非，不会被外物所左右。他们总能成大事，因为他们总能控制自己的各种情绪。

他们眼中看到的总是义，无论别人给予了他们多少，他们总是滴水之恩当涌泉相报。他们总是懂得约束自己的内心，所以，他们总能功德圆满。不管经历世间多少事，他们总能保持一颗真心，不会只是追求做一个成功之人，更追求做一个有价值的人。

公冶长篇

《论语·公冶长篇》通过一些具体事例告诉我们：做人要有仁德之心。

责任成就未来

唐渊

原文及译文

公冶长篇

1. 子谓公冶长，"可妻也。虽在缧绁之中，非其罪也！"以其子妻之。

孔子评论公冶长说："可以把女儿嫁给他，他虽然被关在牢狱里，但这并不是他的罪过呀。"于是，孔子就把自己的女儿嫁给了他。

2. 子谓南容，"邦有道，不废；邦无道，免于刑戮。"以其兄之子妻之。

孔子评论南容说："国家有道时，他有官做；国家无道时，他也可以免去刑戮。"于是把自己的侄女嫁给了他。

3. 子谓子贱，"君子哉若人！鲁无君子者，斯焉取斯？"

孔子评论子贱说："这个人真是个君子呀。如果鲁国没有君子的话，他是从哪里学到这种品德的呢？"

4. 子贡问曰："赐也何如？"子曰："女，器也。"曰："何器也？"曰："瑚琏也。"

子贡问孔子："我这个人怎么样？"孔子说："你呀，好比一个器具。"子贡又问："是什么器具呢？"孔子说："是瑚琏。"

5. 或曰："雍也仁而不佞。"子曰："焉用佞？御人以口给，屡憎于人。不知其仁，焉用佞？"

有人说："冉雍这个人有仁德但不善辩。"孔子说："何必要能言善辩呢？靠伶牙俐齿和人辩论，常常招致别人的讨厌，这样的人我不知道他是不是做到仁，但何必要能言善辩呢？"

6. 子使漆雕开仕。对曰："吾斯之未能信。"子说。

孔子让漆雕开去做官。漆雕开回答说："我对做官这件事还没有信心。"孔子听了很高兴。

7. 子曰："道不行，乘桴浮于海，从我者，其由与？"子路闻之喜，子曰："由也好勇过我，无所取材。"

孔子说："如果我的主张行不通，我就乘上木筏子到海外去。能跟从我的大概只有仲由吧！"子路听到这话很高兴。孔子说："仲由啊，好勇超过了我，其他没有什么可取的才能。"

8. 孟武伯问："子路仁乎？"子曰："不知也。"又问，子曰："由也，千乘之国，可使治其赋也，不知其仁也。""求也何如？"子曰："求也，千室之邑，百乘之家，可使为之宰也，不知其仁也。""赤也何如？"子曰："赤也，束带立于朝，可使与宾客言也，不知其仁也。"

孟武伯问孔子："子路做到了仁吧？"孔子说："我不知道。"孟武伯又问。孔子说："仲由嘛，在拥有一千辆兵车的国家里，可以让他管理军事，但我不知道他是不是做到了仁。"孟武伯又问："冉求这个人怎么样？"孔子说："冉求这个人，可以让他在一个有千户人家的公邑或有一百辆兵车的采邑里当总管，但我也不知道他是不是做到了仁。"孟武伯又问："公西赤又怎么样呢？"孔子说："公西赤嘛，可以让他穿着礼服，站在朝廷上，接待贵宾，我也不知道他是不是做到了仁。"

苇杆轻摇金风起，
芦花拂面畅精神。

9. 子谓子贡曰："女与回也孰愈？"对曰："赐也何敢望回？回也闻一以知十，赐也闻一以知二。"子曰："弗如也；吾与女弗如也！"

孔子对子贡说："你和颜回两个相比，谁更好一些呢？"子贡回答说："我怎么敢和颜回相比呢？颜回他听到一件事就可以推知十件事；我呢，知道一件事，只能推知两件事。"孔子说："是不如他呀，我同意你说的，是不如他。"

10. 宰予昼寝，子曰："朽木不可雕也，粪土之墙不可杇也，于予与何诛？"子曰："始吾于人也，听其言而信其行；今吾于人也，听其言而观其行。于予与改是。"

宰予白天睡觉。孔子说："腐朽的木头无法雕刻，粪土垒的墙壁无法粉刷。对于宰予这个人，责备还有什么用呢？"孔子说："起初我对于人，是听了他说的话，便相信了他的行为；现在我对于人，听了他讲的话，还要观察他的行为。在宰予这里我改变了观察人的方法。"

11. 子曰："吾未见刚者。"或对曰："申枨。"子曰："枨也欲，焉得刚？"

孔子说："我没有见过刚强的人。"有人回答说："申枨就是刚强的。"孔子说："申枨这个人欲望太多，怎么能刚强呢？"

12. 子贡曰："我不欲人之加诸我也，吾亦欲无加诸人。"子曰："赐也，非尔所及也。"

子贡说："我不愿别人强加于我的事，我也不愿强加在别人身上。"孔子说："赐呀，这就不是你所能做到的了。"

13. 子贡曰："夫子之文章，可得而闻也；夫子之言性与天道，不可得而闻也。"

子贡说："老师讲授的礼、乐、书的知识，依靠耳闻是能够学到的；老师讲授的人性和天道的理论，依靠耳闻是不能够学到的。"

14. 子路有闻，未之能行，唯恐有闻。

子路在听到一条道理但没有能亲自实行的时候，唯恐又听到新的道理。

15. 子贡问曰："孔文子何以谓之'文'也?"子曰:"敏而好学,不耻下问,是以谓之文也。"

子贡问道:"为什么给孔文子一个'文'的谥号呢?"孔子说:"他聪敏勤勉而好学,不以向他地位卑下的人请教为耻,所以给他谥号叫'文'。"

16. 子谓子产:"有君子之道四焉:其行己也恭,其事上也敬,其养民也惠,其使民也义。"

孔子评论子产说:"他有君子的四种道德:他自己行为庄重,他侍奉君主恭敬,他养护百姓有恩惠,他役使百姓有法度。"

17. 子曰:"晏平仲善与人交,久而敬之。"

孔子说:"晏平仲善于与人交朋友,相识久了,别人越发尊敬他。"

18. 子曰:"臧文仲居蔡,山节藻梲,何如其知也?"

孔子说:"臧文仲藏了一只大龟,藏龟的屋子斗拱雕成山的形状,短柱上画以水草花纹,他这个人怎么能算是有智慧呢?"

19. 子张问曰:"令尹子文三仕为令尹,无喜色;三已之;无愠色。旧令尹之政,必以告新令尹。何如?"子曰:"忠矣。"曰:"仁矣乎?"曰:"未知,焉得仁?""崔子弑齐君,陈文子有马十乘,弃而违之。至于他邦,则曰:'犹吾大夫崔子也。'违之。之一邦,则又曰:'犹吾大夫崔子也。'违之,何如?"子曰:"清矣。"曰:"仁矣乎?"曰:"未知,焉得仁?"

子张问孔子说:"令尹子文几次做楚国宰相,没有显出高兴的样子,几次被免职,也没有显出怨恨的样了。(他每一次被免职)一定把自己的一切政事全部告诉给来接任的新宰相。你看这个人怎么样?"孔子说:"可算得是忠了。"子张问:"算得上仁了吗?"孔子说:"不知道。这怎么能算得仁呢?"(子张又问:)"崔杼杀了他的君主齐庄公,陈文子家有四十匹马,都舍弃不要了,离开了齐国,到了另一个国家,他说,这里的执政者也和我们齐国的大夫崔子差不多,就离开了。到了另一个国家,又说,这里的执政者也和我们的大夫崔子差不多,又离开了。这个人你看怎么样?"孔子说:"可算得上清高了。"子张说:"可说是仁了吗?"

孔子说："不知道。这怎么能算得仁呢？"

20. 季文子三思而后行，子闻之，曰："再，斯可矣。"

季文子每做一件事都要考虑多次。孔子听到了，说："考虑两次也就行了。"

21. 子曰："宁武子，邦有道，则知；邦无道，则愚。其知可及也，其愚不可及也。"

孔子说："宁武子这个人，当国家太平时，他就显得聪明；当国家处于黑暗时，他就装傻。他的那种聪明，别人可以做得到，他的那种装傻，别人就做不到了。"

22. 子在陈，曰："归与！归与！吾党之小子狂简，斐然成章，不知所以裁之。"

孔子在陈国说："回去吧！回去吧！家乡的学生有远大志向，但行为粗率简单；有文采但还不知道怎样来节制自己。"

23. 子曰："伯夷、叔齐不念旧恶，怨是用希。"

孔子说："伯夷、叔齐两个人不记过去的仇恨，（因此，别人对他们的）怨恨因此也就少了。"

24. 子曰："孰谓微生高直？或乞醯焉，乞诸其邻而与之。"

孔子说："谁说微生高这个人直率？有人向他讨点醋，他（不直说没有，却暗地）到他邻居家里讨了点给人家。"

25. 子曰："巧言、令色、足恭，左丘明耻之，丘亦耻之。匿怨而友其人，左丘明耻之，丘亦耻之。"

孔子说："花言巧语，装出好看的脸色，摆出逢迎的姿式，低三下四地过分恭敬，左丘明认为这种人可耻，我也认为可耻。把怨恨装在心里，表面上却装出友好的样子，左丘明认为这种人可耻，我也认为可耻。"

26. 颜渊、季路侍，子曰："盍各言尔志？"子路曰："愿车马、衣轻裘与朋友共，敝之而无憾。"颜渊曰："愿无伐善，无施劳。"子路曰："愿闻子之志。"子曰："老者安之，朋友信之，少者怀之。"

颜渊、子路两人侍立在孔子身边。孔子说："你们何不各自说说自己的志向？"子路说："愿意拿出自己的车马、衣服、皮袍，同我的朋友共同使用，用坏了也不抱怨。"颜渊说："我愿意不夸耀自己的长处，不表白自己的功劳。"子路向孔子说："愿意听听您的志向。"孔子说："（我的志向是）让年老的安心，让朋友们信任我，让年轻的子弟们得到关怀。"

27. 子曰："已矣乎！吾未见能见其过而内自讼者也。"

孔子说："完了，我还没有看见过能够看到自己的错误而又能从内心责备自己的人。"

28. 子曰："十室之邑，必有忠信如丘者焉，不如丘之好学也。"

孔子说："即使只有十户人家的小村子，也一定有像我这样讲忠信的人，只是不如我那样好学罢了。"

《论语》解读

职工文化培育出的职工总是有仁德之心，所以，他们总是得到人们的尊敬和赞赏。这些职工因为有仁德之心，遇到英明的领导他们总会被重用，遇到昏庸的领导，他们也不会受到伤害。他们之所以被人称为君子，也是因为他们有仁德之心。

这些职工不仅拥有高超的知识技能，更有高远的人生追求和思想境界。他们总是有仁德之心，但不轻易善辩。因为他们明白，只靠伶牙俐齿与人辩论，常常会招致别人的讨厌。

这些职工做什么事情总是信心满满，因为，自信是成功的一半。这些职工的先进思想不仅能够照亮自己，让自己走向成功；还能够照亮别人，让别人找到自己的成功之路。这些职工的成功，不仅仅是靠勇敢和才能，更靠毅力和智慧。仁德之心是他们一生最大的财富。

他们善于学习，更善于反思和创新，对于学到的知识总能举一反三，对于领导安排的工作，总是超额完成甚至经常大大超过领导的预期。所以，他们总能成为领导和职工群众心中的榜样职工。

他们对学习总是入迷入痴甚至废寝忘食，他们不仅善于表达自己的思想，更善于采取自己的行动；他们不仅能说，而且能做；他们重视说，更重视做。他们有时表现很刚强，但是，他们不会有太多的欲望。

他们一般不喜欢别人强加于自己做事，也不喜欢强加于别人做事。这些职工不仅重视知识的学习和专业技能的提升，更重视自身思想文化的追求和人生境界的提升。

他们总能身体力行学到做人做事的道理，还不断学习新的做人做事的道理。他们聪敏勤勉而好学，不以向比他地位卑下的人请教为耻，所以，他们才是真正有"文化"的人。

他们总是被人称为君子，是因为他们总是行为庄重，懂得尊敬领导，关心别人，与别人相处和谐融洽。他们善于与人交朋友，所以，与他们相识久了，别人总是对他们很尊敬，因为他们是智慧之人。

这些职工取得成功的时候不会得意忘形，失意的时候也不会灰心丧气甚至怨恨什么，他们总是喜欢与人分享自己的人生感悟。他们总是能够忠诚于自己的事业，对别人仁爱有加，他们有时显得很清高，主要是因为他们一般不会纠缠于世俗的是是非非和小恩小惠，他们不会只满足于物质的富有，他们更追求内心的丰富和充实。他们做事总能够三思而后行。

他们遇到明智的领导，经常会表现得很聪明，遇到昏庸的领导，经常会表现得很糊涂。他们的聪明一般人可以学会，但是，他们的糊涂是一般人学不会的。他们总是志向远大，行为不会粗率简单；他们总是很有文采，但他们更知道怎样节制自己。他们一般不会记住仇恨，所以，别人对他们的怨恨也就比较少。

他们做人做事比较直率，但有时对人也比较慷慨。他们一般对人没有花言巧语，也不会对人装出好看的脸色，也不会对人摆出逢迎的姿式，更不会低三下四地过分恭敬别人，因为，他们认为这是可耻的。他们也不会把怨恨装在心里，却对人表面上装出友好的样子，他们认为这也是可耻的。

这些职工有自己明确的人生志向，喜欢与人分享，他们一般不会夸耀自己的长处，也不会表现自己的功劳。他们尊敬长者，信任朋友，关心爱护年轻人，总是乐意帮助并看到年轻人不断成长、成熟、成功。

他们总是会看到自己的不足和错误，并及时加以改正。他们不仅是忠信之人，更是好学之人。

智慧人生

平凡而伟大的"青春"故事

在 CCTV-1 综合频道《出彩中国人》的舞台上，曾经有一群特殊的老人演唱了一曲《我爱你中国》，他们平均年龄 72.3 岁，年龄最大的是 87 岁的程不时老先生。他于 1951 年从清华大学毕业，他既是 1958 年新中国第一架飞机的总设计，又是中国第一代大飞机运—10 的副总设计师。他们来自清华大学上海校友会艺术团。

这群老人表示，他们的事业决定他们要在大漠奋力拼搏，在戈壁默默生活，干的是惊天动地的事，做的是隐姓埋名的人。他们为了祖国的繁荣富强，奉献了自己的一切，有的在很偏僻的地方默默无闻度过了一生。但是，他们无怨无悔！他们用歌声表达了自己的心声：不需要你知道我，不渴望你记得我，我把青春献给祖国的山河。山知道我，江河知道我，祖国不会忘记我……

这个节目播出后，很多人看了都热泪盈眶。有的人表示，看过这个节目后，才知道今天的中国为什么有这样的成就，中国为什么今天能够昂首挺胸地站在世界的舞台上。这些老人的生命与祖国的命运紧密连在一起。祖国不会忘记他们，人民不会忘记他们，历史不会忘记他们。他们的奉献精神和爱国热情将彪炳史册。

劳模励志故事

从"北漂"到全国劳模

（全国劳模　朱玉华）

朱玉华是全国五一劳动奖章、全国劳动模范称号获得者，北京首资新能源科技有限公司创始人，兼任共青团周口市委驻北京团工委书记、北京市丰台区政协委员、中国女企业家协会理事、北京丰台区女企业家协会副会长。朱玉华从1997年凭着一腔热情闯荡北京到今天，20多年的创业之路，她以柔弱的身躯将步履踩得铿锵。她是一类人的缩影，更是一种精神的写照。她所走过的路，是一条充满希望与力量的路，是一条撒满爱心与责任的路。

"我爱北京天安门，天安门上太阳升。伟大领袖毛主席，指引我们向前进……"小时候，朱玉华就是听着这首脍炙人口的歌曲长大的。爷爷给她讲了许多有关北京的故事。在她心目中，北京很大很漂亮，那时她就有了萌芽状态的"北京梦"。那一代的人对北京、天安门有着特殊的情结，北京，意味着祖国的心脏，那里是所有人的向往。刚开始，朱玉华只能在电视上、广播上才能看到、听到首都北京。为了心中那份梦想，她瞒着父母，辞掉大型国企的正式工作，怀揣3000元钱，追求她的北京梦。

朱玉华到北京的第一天，看着刚满一岁的孩子又冷又饿地哭泣，她心中有些酸楚，有种想哭的感觉。她觉得这座城市太大，大到她仅能看清脚底下的路。所以，她得不停地走，去找一个能安顿一家三口的地方。

朱玉华终于在北京市海淀区二里庄租下了一个6平方米的小房子，80块钱一个月，房间仅能容得下一张床。虽然小，但毕竟可以落下脚来。可心情刚刚平静下来的朱玉华，却遭受着一个又一个厄运的袭击。先是孩子得了肺炎，住院治疗花了近1500元钱，这是她们全家积蓄的一半。怀揣仅剩的1500块钱，朱玉华心里空落落的，狭小的房子里也充满了莫名的寒意。随后，朱玉华的爱人因为想要每天节省下两块蜂窝煤，贸然堵住煤炉的排气口（他认为这样可以使蜂窝煤燃烧得更慢一些）。但就在当天晚上，浓重的一氧化碳弥漫了他们的小房子，女儿剧烈的哭闹声把朱玉华惊醒，此时的她也是头痛欲裂，便急忙大声求助。听到动静的房东急匆匆地推开朱玉华家的门，大声嚷道："你们煤气中毒了！"当房东看到被堵塞排气口的煤炉后，惊慌地说："这是有人要害你们呀。"房东哪里知道，他们那时仅仅是想节省下两毛四分钱呀！

艰难的生活环境，反而激发了朱玉华内在的坚毅顽强。她在北京开起了货车，用一个小女人的坚强撑起了一家三口的"天"。她开着货车往工地送建筑材料，一天得去四五趟……干完一天的活儿，朱玉华回到家就坐在地上哭，她以这样的方式来发泄自己心中的委屈。第二天一大早，她还得照常出工。

有一次，下雨天，一个新客户要求送货，家里只有她自己，她当时还不会骑三轮摩托，不去吧，又怕客户丢失，她就一咬牙，披着雨衣骑上三轮摩托去送货。到了客户工地，她才发现，自己不知道怎么熄火停车。于是，大雨天里，她就在客户的院子里骑着三轮摩托一圈一圈地转，直到三轮摩托没油了，她才敢跳下来去找客户。送货后，把那辆没有油的三轮摩托推回家，进了屋，她就哭了……"我就想立足北京，赚钱养活自己、养活女儿！"

那时，朱玉华的内心是忐忑的，夜晚睡梦中，她会不由自主地惊醒，她最怕的是生意无着，饿着孩子。朱玉华说，那段时间，她觉得自己就像一个空空的酒瓶子被吊在风中左摇右摆，风一吹就可能掉下来。

从1999年到2002年间，朱玉华的事业发生了质的变化。当时她收购了一个濒临倒闭的装饰公司，形成原材料生产、工程设计、建筑施工一条龙的经营链条，公司相继承担了科技部办公大楼、北京大学教学楼等多项重大工程的装饰施工。这是公司从弱小走向强大的第一步。

北京奥运会成功申办，更是给她的事业插上了腾飞的翅膀。2006年开始，大批奥运工程开始建设，朱玉华的公司作为入围建设企业，建筑材料供不应求、装修工程加班加点。只有在北京才能碰到的发展机遇，为今后的大发展奠定了坚实基础。

此期间，她先后荣获"在京豫籍优秀务工创业人员""2005中国女性年度突出成就先进人物""中国杰出创业女性""来京建设者文明之星""首都非公企业奥运先进个人""文明北京新市民""北京市优秀人才"等荣誉称号。2013年、2014年，作为全国五一劳动奖章获得者、丰台区唯一一名外来务工人员代表，她先后出席了中国工会第十六次全国代表大会和北京市工会第十三次代表大会。

因为吃过这么多的苦，所以她知道刚来的人的不容易，她想帮他们，让他们走近北京、融入北京，感受到这座城市的温情和爱！2009年起，她自费创办夜校，为外来务工人员提供法律学习、技能培训、心理辅导和职业帮扶。旨在帮助更多的外来务工人员树立法制观念，提升职业技能，同时积极做好心理疏导和职业规划，引领外来务工人员提升综合素质，服务北京、奉献北京。

"建一个家，帮一群人。"这是朱玉华最朴素的愿望。她想在这座大城市里给家乡来的年轻人营建一个温暖的家，让那些充满理想与激情的年轻人在走进这座大都市时，不至于像她当初那样孤独无助。

北京奥运会期间，北京市委、市政府联合北京新发地农产品批发市场做了一项惠民工程——"便民菜店"，在这项政策引导下，朱玉华帮助北京新发地农产品批发市场在北京设立了300多家"便民菜店"。朱玉华作为北京新发地第二农产品批发市场股东，主动联系周口籍青年，安排他们到300多个"便民菜店"工作，解决了家乡来京青年的就业难题。

2012年朱玉华积极筹备豫菜进京，将家乡的农产品与北京市场进行对接，2012年3月24日，河南特色农产品展销大厅合作项目签约仪式在北京新发地举行。通过这个展销大厅，河南的特色农产品可以直达首都，进入北京市民的餐桌。这将为河南农产品资源开辟首都市场提供重要窗口，也为周口特色农产品走向全国、叫响品牌搭建起重要平台，为首都菜篮子的丰富和成本降低做出贡献，为家乡农业、农产品增值等做出贡献。

朱玉华坦承，这是一个良心的事业，需要耐心、爱心才能做下去。她正以一种女性所特有的爱心与宽广的胸怀，建起了这个温暖的"家"。

跟随朱玉华多年的司机梅师傅说："我是一个老北京人，从前对河南人有些偏见，但是在朱玉华身上，我看到一种让人赞叹的精神，她多次拿出资金支持帮助家乡人发展，而且还乐此不疲地为这些事情四处奔波。"

朱玉华带领的企业积极响应党和政府的新能源推广战略，从传统企业向新能源环保产业转型，投身于新能源产业的推广和发展。2015年她创办的北京首资新能源科技有限公司成为北京市首批新能源电动物流车的推广试点企业，承接了1000台电动物流车的试运营，是北京市电动物流试点的最大规模企业，是北京电动物流节能减排的最大贡献者。同时，致力于首都市民的菜篮子和米袋子的城区配送，解决最后一公里的电动物流和交通拥堵，为北京市电动物流车的推广和菜篮子配送、解决拥堵等积累数据和经验，为首都蓝天做贡献。

平凡之中的伟大追求，平静之中的满腔热血，平常之中的极强烈责任感，体现了朱玉华的人生境界。朱玉华说："在此之前，我只是一个创业者，如果说是获得了一些成功，这些成功大多也是为了自己和家人的生存而不断努力的结果。但获得这些荣誉之后，我内心很不平静，我觉得党和政府包括社会各界都给了我从来没有想过的尊重，我那时就开始想，一个人，除了自己实现经济上的自足自强之外，是不是还可以帮助更多的人，让他们少走弯路，让更多的人走向成功……"

（文中材料由朱玉华提供。）

励志语：

1. 建一个家，帮一群人。

2. 这是一个良心的事业，需要耐心、爱心才能做下去。

3. 平凡之中的伟大追求，平静之中的满腔热血，平常之中的极强烈责任感。

感悟

职工文化是"职工学会奉献"的文化，企业文化是"企业学会奉献"的文化，职工学不会奉献，企业也很难学会奉献。职工文化培育出的职工总是将自己的美好青春与一生无私奉献给热爱的祖国和事业，他们无怨无悔。

这些职工总是会在事业上努力拼搏，但有时会默默地生活；他们总能干成惊天动地的大事，但有时会不声不响。他们为了祖国的繁荣富强和事业的突飞猛进奉献自己的一切，有时会在并不那么起眼的地方度过自己的一生，但是甘心情愿！

他们有时不需要别人知道自己，也不会渴望别人记得自己，他们总会把青春献给自己热爱的祖国和事业。他们总会成为辉煌事业长河里永远奔腾的那一员，总会成为灿烂星河里永远闪光的那一颗。职工文化培育出的职工总是不断点亮自己，照亮世界，奉献自己的人生，体现自己最耀眼的生命之光。

从这个意义上讲，职工文化对于当下我国培育有大担当、有大追求、有大境界、有大奉献的大国工匠有着重大的现实意义。

雍也篇

《论语·雍也篇》告诉我们如何做才能成为一个仁德之人。

快乐自己
幸福他人

张渊

原文及译文

雍也篇

1. 子曰："雍也可使南面。"

孔子说："冉雍这个人，可以让他去做官。"

2. 仲弓问子桑伯。子曰："可也简。"仲弓曰："居敬而行简，以临其民，不亦可乎？居简而行简，无乃太简乎？"子曰："雍之言然。"

仲弓问孔子：子桑伯子这个人怎么样。孔子说："此人还可以，办事简要而不烦琐。"仲弓说："居心恭敬严肃而行事简要，像这样来治理百姓，不是也可以吗？（但是）自己马马虎虎，又以简要的方法办事，这岂不是太简单了吗？"孔子说："冉雍，这话你说得对。"

3. 哀公问："弟子孰为好学？"孔子对曰："有颜回者好学，不迁怒，不贰过，不幸短命死矣！今也则亡，未闻好学者也。"

鲁哀公问孔子："你的学生中谁是最好学的呢？"孔子回答说："有一个叫颜回的学生好学，他从不迁怒于别人，也从不重犯同样的过错。不幸短命死了。现在没有那样的人了，没有听说谁是好学的。"

4. 子华使于齐，冉子为其母请粟。子曰："与之釜。"请益。曰："与之庾。"冉子与之粟五秉，子曰："赤之适齐也，乘肥马，衣轻裘。吾闻之也：君子周急不继富。"

子华出使齐国，冉求替他的母亲向孔子请求补助一些谷米。孔子说："给他六斗四升。"冉求请求再增加一些。孔子说："再给他二斗四升。"冉求却给他八十斛。孔子说："公西赤到齐国去，乘坐着肥马驾的车子，穿着又暖和又轻便的皮袍。我听说过，君子只是周济急需救济的人，而不是周济富人的人。"

5. 原思为之宰，与之粟九百，辞。子曰："毋！以与尔邻里乡党乎？"

原思给孔子家当总管，孔子给他俸米九百，原思推辞不要。孔子说："不要推辞。（如果有多的，）给你的乡亲们吧。"

6. 子谓仲弓，曰："犁牛之子骍且角，虽欲勿用，山川其舍诸？"

孔子在评论仲弓的时候说："耕牛产下的牛犊长着红色的毛，角也长得整齐端正，人们虽想不用它做祭品，但山川之神难道会舍弃它吗？"

7. 子曰："回也，其心三月不违仁，其余则日月至焉而已矣。"

孔子说："颜回这个人，他的心可以在长时间内不离开仁德，其余的学生则只能在短时间内做到仁而已。"

8. 季康子问："仲由可使从政也与？"子曰："由也果，于从政乎何有？"曰："赐也可使从政也与？"曰："赐也达，于从政乎何有？"曰："求也可使从政也与？"曰："求也艺，于从政乎何有？"

季康子问孔子："仲由这个人，可以让他管理国家政事吗？"孔子说："仲由做事果断，对于管理国家政事有什么困难呢？"季康子又问："端木赐这个人，可以让他管理国家政事吗？"孔子说："端木赐通达事理，对于管理政事有什么困难呢？"又问："冉求这个人，可以让他管理国家政事吗？"孔子说："冉求有才能，对于管理国家政事有什么困难呢？"

9. 季氏使闵子骞为费宰。闵子骞曰："善为我辞焉！如有复我者，则吾必在汶上矣。"

季氏派人请闵子骞去做费邑的长官，闵子骞（对来请他的人）说："请你好好替我推辞吧！如果再来召我，那我一定跑到汶水之北去了。"

10. 伯牛有疾，子问之，自牖执其手，曰："亡之，命矣夫！斯人也而有斯疾也！斯人也而有斯疾也！"

伯牛病了，孔子前去探望他，从窗户外面握着他的手说："丧失了这个人，这是命里注定的吧！这样的人竟会得这样的病啊，这样的人竟会得这样的病啊！"

三春美景莫如此，
雏羽新芽沐暖阳。

11. 子曰："贤哉，回也！一箪食，一瓢饮，在陋巷，人不堪其忧，回也不改其乐。贤哉，回也！"

孔子说："颜回的品质是多么高尚啊！一箪饭，一瓢水，住在简陋的小屋里，别人都忍受不了这种穷困清苦，颜回却没有改变他好学的乐趣。颜回的品质是多么高尚啊！"

12. 冉求曰："非不说子之道，力不足也。"子曰："力不足者，中道而废。今汝画。"

冉求说："我不是不喜欢老师您所讲的道，而是我的能力不够呀。"孔子说："能力不够是到半路才停下来，现在你是自己给自己划了界限不想前进。"

13. 子谓子夏曰："汝为君子儒，无为小人儒。"

孔子对子夏说："你要做一个君子式的儒者，不要做小人式的儒者。"

14. 子游为武城宰。子曰："汝得人焉耳乎？"曰："有澹台灭明者，行不由径，非公事，未尝至于偃之室也。"

子游做了武城的长官。孔子说："你在那里得到了人才没有？"子游回答说："有一个叫澹台灭明的人，从来不走邪路，没有公事从不到我屋子里来。"

15. 子曰："孟之反不伐，奔而殿，将入门，策其马，曰：'非敢后也，马不进也。'"

孔子说："孟之反不喜欢夸耀自己。败退的时候，他留在最后掩护全军。快进城门的时候，他鞭打着自己的马说，'不是我敢于殿后，是马跑得不快。'"

16. 子曰："不有祝鮀之佞，而有宋朝之美，难乎免于今之世矣。"

孔子说："如果没有祝鮀那样的口才，也没有宋朝的美貌，那在今天的社会上处世立足就比较艰难了。"

17. 子曰："谁能出不由户，何莫由斯道也？"

孔子说："谁能不经过屋门而走出去呢？为什么没有人走（我所指出的）这条道路呢？"

18. 子曰："质胜文则野，文胜质则史，文质彬彬，然后君子。"

孔子说："质朴多于文采，就像个乡下人，流于粗俗：文采多于质朴，就流于虚伪、浮夸。只有质朴和文采配合恰当，才是个君子。"

19. 子曰："人之生也直，罔之生也幸而免。"

孔子说："一个人的生存是由于正直，而不正直的人也能生存，那是他侥幸地避免了灾祸。"

20. 子曰："知之者不如好之者，好之者不如乐之者。"

孔子说："懂得它的人，不如爱好它的人；爱好它的人，又不如以它为乐的人。"

21. 子曰："中人以上，可以语上也，中人以下，不可以语上也。"

孔子说："具有中等以上才智的人，可以给他讲授高深的学问，在中等水平以下的人，不可以给他讲高深的学问。"

22. 樊迟问知。子曰："务民之义，敬鬼神而远之，可谓知矣。"问仁。曰："仁者先难而后获，可谓仁矣。"

樊迟问孔子怎样才算是智，孔子说："专心致力于（提倡）老百姓应该遵从的道德，尊敬鬼神但要远离它，就可以说是智了。"樊迟又问怎样才是仁，孔子说：

"仁人对难做的事，做在人前面，有收获的结果，他得在人后，这可以说是仁了。"

23. 子曰："知者乐水，仁者乐山。知者动，仁者静。知者乐，仁者寿。"

孔子说："聪明人喜爱水，有仁德者喜爱山。聪明人活动，仁德者沉静。聪明人快乐，有仁德者长寿。"

24. 子曰："齐一变，至于鲁；鲁一变，至于道。"

孔子说："齐国一改变，可以达到鲁国这个样子；鲁国一改变，就可以达到先王之道了。"

25. 子曰："觚不觚，觚哉！觚哉！"

孔子说："觚不像个觚了，这也算是觚吗？这也算是觚吗？"

26. 宰我问曰："仁者，虽告之曰，'井有仁焉。'其从之也？"子曰："何为其然也？君子可逝也，不可陷也；可欺也，不可罔也。"

宰我问道："有仁德的人，别人告诉他井里掉下去一位仁人啦，他会跟着下去吗？"孔子说："为什么要这样做呢？君子可以到井边去救，却不可以陷入井中；君子可能被欺骗，但不可能被迷惑。"

27. 子曰："君子博学于文，约之以礼，亦可以弗畔矣夫。"

孔子说："君子广泛地学习古代的文化典籍，又以礼来约束自己，也就可以不离经叛道了。"

28. 子见南子，子路不说。夫子矢之曰："予所否者，天厌之，天厌之！"

孔子去见南子，子路不高兴。孔子发誓说："如果我做什么不正当的事，让上天谴责我吧！让上天谴责我吧！"

29. 子曰："中庸之为德也，其至矣乎！民鲜久矣。"

孔子说："中庸作为一种道德，该是最高的了吧！人们缺少这种道德已经很久了。"

30. 子贡曰："如有博施于民而能济众，何如？可谓仁乎？"子曰："何事于仁，必也圣乎！尧舜其犹病诸！夫仁者，己欲立而立人，己欲达而达人。

能近取譬，可谓仁之方也已。"

　　子贡说："假若有一个人，他能给老百姓很多好处，又能周济大众，怎么样？可以算是仁人了吗？"孔子说："岂止是仁人，简直是圣人了！就连尧、舜尚且难以做到呢。至于仁人，就是要想自己站得住，也要帮助人家一同站得住；要想自己过得好，也要帮助人家一同过得好。凡事能就近以自己作比，而推己及人，可以说就是实行仁的方法了。"

《论语》解读

　　职工文化培育出的职工能做成很多事情的关键，在于他们知道如何做一个仁德之人。这些职工办事简要而不烦琐，他们对人总是态度恭敬，他们自己做事不会马马虎虎。他们总是很好学，一般不会迁怒于别人，也不会重复犯同样的过错。

　　当朋友遇到困难的时候，他们总是愿意伸出援助之手，甚至给予超过预期的资助。他们一般都是帮助那些急需帮助的人，而不是帮助一些不需要帮助的人。他们因为总是行仁德之事，所以，他们总会受到人们的赞赏。

　　他们一般做事果断，通达事理，拥有非凡才能。他们对于不愿意做的事情一般不会勉强。因为他们总是行仁德之事，所以，他们总是受到人们的肯定。

　　他们的品质非常高尚，即使在简陋的环境中生活，他们也能忍受别人忍受不了的穷困清苦，但这不会影响他们好学。他们不仅能力超群，而且坚定自己的信仰和追求，在前进的道路上永不停步。

　　他们愿意做君子，不愿意做小人。他们是真正的人才，从来不会走邪路。他们一般不喜欢夸耀自己，懂得吃亏是福的人生哲理，愿意帮助更多人。

　　他们之所以能够在社会上处世立足，不仅在于他们的好口才和好形象，更在于他们的好品行。所以，他们才被人们称为君子。

　　他们能够在各种环境中生存下来在于他们的正直，所以，他们才会避免一些灾祸。他们总是能取得非凡的成就，关键在于他们不只是满足于会做事情，更在于他们喜欢做事情，并在做事的过程中自得其乐。

他们都是才智超群的人，所以，他们才会掌握高深的学问。他们的智，体现在他们总是以仁德之心行事，尊重领导，但不会与领导走得太近，因为他们懂得伴君如伴虎的道理。

他们的仁德主要体现在，难做的事，他们总是做在别人的前面，但是，收获的时候，他们又不抢功。他们都是聪明之人，所以他们喜爱水，喜欢运动，乐观向上；他们都是仁德之人，所以他们喜爱山，喜欢沉静，容易长寿。

他们总是喜欢创新，总是尊重自然，总是坚持做自己，做更好的自己。他们都是仁德之人，喜欢帮助人，但是，他们不会轻易受到别人的欺骗，也不会轻易被别人迷惑。

他们喜欢学习先进人物的先进事迹和先进思想，总是以礼来约束自己，所以，他们就不会离经叛道。他们有时也会犯错误，但是，他们内心会自责，并及时改正。

他们总是遵循中庸之道，总是喜欢给该帮助之人很多好处，总是持续不断地帮助别人，所以，他们总是被称作仁人志士，甚至被称作圣人。

他们能成为仁人志士，是因为他们自己想自己站得住的时候，也会帮助别人一同站得住；想要自己过得好的时候，也会帮助别人一同过得好。他们凡事总能推己及人。

智慧人生

小故事，大哲理

1. 心静不动

有一位老先生常去一个报亭买报，但那里的服务员态度冷漠。有人劝他到别的报亭去买，他却说：为了不看这个服务员的脸色，就要多走好多路，这样既费时间，又很麻烦。再说了，态度不好，是他的问题。需要改变的不是我，而是他，我不会因为他影响我的心情。

这个故事告诉我们：自己的心情要自己做主，不要因为别人的不好影响了自己，也不要因为环境的不好而影响自己的心情。

2. 放下才能坦然

如果你在外面丢失了 10 块钱，你愿意花 100 块钱的路费去寻找吗？类似的事情会时有发生：因为别人责备了自己一句，自己生了好长时间的气；为了鸡毛蒜皮的小事大发雷霆，损人不利己；明知感情已不可挽回，还是不能自拔……

这些事情告诉我们：放下，才能轻装上阵，为不值得的事情付出，只能是竹篮打水一场空。

3. 看清根本

狗问狼："你有车和房吗？"狼说没有。狗又问："你有定制的食物吗？"狼说没有。狗继续问："有人逗你玩、带你遛弯吗？"狼说没有。狗傲慢地说："你真可怜，啥也没有啊！"

这个故事告诉我们：不要以自己的判断来评价别人；自己看重的不一定是别人想要的。

4. 有容乃大

一滴墨汁滴在一杯清水里，水几乎全变墨汁颜色了，这杯水就无法喝了；如果滴在大海里，大海几乎不会受到影响。原因在于二者有不同的肚量。麦穗不熟的时候会直挺挺的，成熟之后会垂下头来。原因在于两个时期有不同的分量。

这些事情启示我们：自己的肚量大，才不会受到外界的影响。

5. 取长补短

鸡会下蛋，也会拉屎，但是，你肯定吃的是鸡蛋。同理，一个人有优点，也会有缺点。你肯定要学的是优点。

这些事情告诉我们：任何事情都有两面性，有积极的，也有消极的；有正能量的，也有负能量的。做一个积极的和正能量的人，才是最重要的。

6. 苦尽甘来

小壁虎被蛇咬断尾巴后逃走了。一位农夫看到了，对小壁虎说："你的尾巴断了，一定很痛，我帮你包扎上。"小壁虎拒绝后说："谢谢你，有痛我才知道自己没有死，如果你帮我包扎上，新的尾巴怎么长啊？"说完，小壁虎忍着痛爬走了。

这个故事告诉我们：有痛苦不一定是坏事，说明内心还有希望。痛苦有时会转化成巨大的动力，促使我们早日实现梦想。

劳模励志故事

用快乐点亮人生的旅途

（全国铁路劳模　赵侦峰）

我出生在山东宁阳县一个偏远的小山村，村名叫"乱石崖"，听到村名就可想而知，我们村是建在石崖上的村子。父辈们常年与石头抢空间，不断扩大种植农作物的面积，父亲讲："只要种下一粒种子，就有一份收获。"记忆中，母亲是村里唯一的裁缝，整天忙忙碌碌。特别是春秋季节或阴天下雨时，奶、婶、姑姑等都围着我母亲，让我母亲给他们裁剪衣物或是孩子的书包。我母亲给奶奶、婶们裁剪衣服后，有的拿了几个鸡蛋或几毛钱给我母亲，都被母亲一一拒绝。母亲讲："自己力所能及，为他人做点事，心里就是图个高兴。"

1991年12月，我收到红红的入伍通知书，成了一名光荣的北京卫戍区警卫战士。当时，我暗下决心，自己一定要目标明确，就有了前进的方向和动力。工作中，我不怕苦、不怕累，积极主动，努力学习技能和业务知识，全身心地投入工作中去。部队是个大熔炉，能打造坚强，赋予勇敢，给我拼搏的力量……1993 年，我学习了汽车驾驶，取得了汽车驾驶证。1994 年 12 月，我因工作成绩突出，被授予"三等功"军功章。1995 年 6 月，我加入中国共产党。

2003 年，我从部队转业，分配到济南铁路局济南客运段工作，我感到无比荣幸和自豪。此后，我一直在段运行里程最长和运行时间最长的济南到乌鲁木齐"金桥号"列车上工作。

一开始，我对客运工作也感到烦躁，有换工作的想法。此时，父亲的教导声在我耳边响起："人始终站在地上，不要这山看着那山高；要干一行，爱一行，专一行，精一行，就要把一行做到极致。"这时，我的浮躁心又落地了。逐渐，我对客运工作的态度有了转变，由开始的不适应到适应；由适应到对工作产生兴趣；由有兴趣到喜欢，由喜欢到热爱。

穿上铁路制服，我就时刻提醒自己，我的一举一动都代表着铁路形象，要做一名称职的列车乘务员。这些年来，我把对旅客的真诚，通过许多小事体现出来。比如旅客上车时，我会主动帮着递一下行李；旅客下车时，我会轻轻扶一把；旅客换票时，我会顺便问一下旅客还有什么需求；旅客放行李时，我会提醒一句把茶杯拿出来。

有一次，我在巡视车厢时，发现一位 70 多岁的老大爷坐立不安、神情焦虑，他的旁边还散发出股股臭味。我便主动询问老人是否身体不舒服，老人很难为情，声音很低地说："肚子不舒服。"我赶紧扶老人去厕所，这时老人又说："已经拉裤子里了。"我马上拿了块毛布，拿了自己的内裤，在厕所里帮老人脱掉内裤，用水帮他擦干净，最后换上了准备好的内裤。老人掏出50 元，说："用了你的内裤，我应报答。"我说："谁没点难事，这是我应该做的。"我谢绝了老人。回到车厢后，老人很激动地对周围旅客讲："我有多年肠炎，又做过肛瘘手术，刚才大便失禁，是这位乘务员帮我洗的，还给我一条衬裤。这事让我很感动，我也很对不起人家。"有一位旅客说："你看他的胸前挂着党徽呢！肯定是位好党员。"这些事情让我感受到，只要你在服务中付出了爱，你就会收获到爱！同时，我也对我段"博爱、包容、诚信、团结、敬业"的理念有了更深的理解。

2005年，一次班组座谈会上，大家探讨服务的技巧和方法，谈体会、谈心得，各抒己见。当我谈服务的方法时，无意中提到"顺向服务和逆向服务"。会后领导对我说："侦峰讲得不错，回去把顺向服务、逆向服务总结下，交给我。"真是说者无意，听者有心。在书记的指令下，我只好硬着头皮总结"顺向服务、逆向服务"工作法。经过半个月的努力，服务法总结完成。所谓顺向服务，即满足旅客在旅途中的需求，是旅客所期望的服务。逆向服务是指为旅客提供的服务，使旅客感到受约束，需要旅客配合完成，而且，这种服务往往涉及旅客自身和列车的安全，是容易被忽略的细节工作。在乘务工作中，顺向服务和逆向服务两者相辅相成，缺一不可。我把顺向服务和逆向服务和谐地融合在一起，提升了服务质量，产生了良好的社会效应，得到段领导的鼓励和认可。领导叮嘱我，今后工作中有什么体会和感想，及时地记录。从那以后，我开始有了写笔记的习惯。在服务中学习，讲方法、讲选择、讲效率，学好了，心中自然升起一股乐趣，"学而优则乐"。

2010年，我根据多年的服务经验，总结了"快乐工作法"。我怀着愉悦的心情投入工作，在内心根植快乐的种子。我秉持"服务他人，快乐自己"的理念，设身处地地为他人着想，不断完善服务技能，努力提升服务质量，总能让旅客满意。一句真诚的问候，一张亲切的笑脸，一个优雅的手势，都能让每一位旅客感到铁路人的温暖和殷勤，也体现了乘务员岗位的职业价值。把乘务岗位当作自己快乐工作的舞台，变被动、机械的服务，为主动、快乐、专心、用情、用智的服务，形成独具特色的"快乐工作法"，赢得了旅客的高度赞誉，在社会上产生了强烈反响。

我始终认为，列车乘务工作是一个高尚的职业。我热爱这个职业，我也理解"乘务"二字的含义，乘务就是为乘客服务。服务旅客的水平高低是乘客评价铁路服务工作优劣的标准。工作中我体会到了四个字，这也是我的工作理念，那就是"知、行、遵、融"，知就是知乘客之需求，行就是行乘客之方便，遵就是遵领导之重托和纪律之规范，融就是融入朋友之真诚。多年来，我努力用好、用实这四个字，遇到任何挫折和困难我都能克服，再苦再累都能快乐工作。

服务没有最好，只有更好。为了让不同层次、不同年龄的旅客满意，我学会"角色转换"，总结并熟练掌握了对老人要"捧"、对女人要"宠"、对小孩要"哄"的服务技能。以"让旅客满意"作为衡量工作成败的标准，千方百计为旅客解决困难。当有旅客问我：这样的工作有意思吗？我回答：我追求的是"意义"，而不是"意思"。我始终以快乐心情、快乐工作状态服务旅客，让车厢成为旅客的"快乐之家"。我总结出的"快乐服务法"已成为我们济南客运段、路局推广的工作法之一，"侦峰服务示范岗"被评为全路段内优质品牌。

2013年，在各级领导的关爱之下，以我为原型的微电影《遥远的乌鲁木齐》和专题片《心和跟爱一起走》拍摄成功，产生了很大的反响。有很多同志怀疑，侦峰是不是真的能像电影里那样全心全意为旅客服务，帮旅客之所需，急旅客之所急，想旅客之所想，饱含舍小家顾大家的爱岗敬业精神？有的同志带着怀疑的心态乘坐我所值乘的列车，最终，我消除了大家的疑虑，他们纷纷投来赞许的目光。我珍惜每次与旅客相遇的机会，也许，有好多旅客就是我一生中只能见一次的亲人。有时工作之余，我也会聊些工作上的情况，有人问我："来回五天累吗？"我说："任何事情都完全取决于对人、对事、对物的看法，就像书上的那句话'人变了，世界就变了'。"我们只要喜欢这份工作，就会充满热情，就能带着愉悦的心情投入到工作中去，"快乐工作，快乐生活"。后来，大家说："侦峰十年如一日，我们真的很难做到，他的敬业、乐业精神、这种快乐工作的态度是我们必须学习的，因为这会让我们的生活更加幸福、快乐。"

2013年11月，以我的名字命名的"赵侦峰劳模（创新）工作室"被济南局首批挂牌命名。自工作室成立以来，在上级组织和领导的关心和帮助下，我始终坚信"一枝独放不是春，百花争艳春满园"。侦峰劳模工作室苦练团队内功，集体攻克了客运服务中的多个疑难问题，工作室攻关团队成果"消除高站台安全渡板隐患"及"消除旅客列车突发精神异常隐患"获得总公司QC成果优胜奖，被命名为2013年、2014年和2015年度全国优秀质量管理小组。侦峰工作室成为传承"快乐服务"、聚才育人的基地。

2015年4月25日下午，得知我被评为"全国铁路劳模"，我的心情无比激动，心中感慨万千，感谢各级领导多年的培养和厚爱，感谢同事们的大力支持帮助，感谢家人的给力。

我是幸运的，我是幸福的，我更是快乐的。我要带着爱的情怀永远奔走在欢快的快车上，当好服务员。用青春和热血，"服务他人，快乐自己"。时刻牢记"交通强国，铁路先行"。我要让自己的服务过程，成为旅客的快乐旅程。铁路是国民经济的运输线，是服务旅客的感情线，更是连接铁路与乘客的生命线，我要做一枚纽扣，在这条纽带上发光发热，直到永远！

（文中材料由赵侦峰提供。）

励志语：

1. 只要你在服务中付出了爱，你就会收获到爱！
2. 服务他人，快乐自己。
3. 服务没有最好，只有更好。
4. 人变了，世界就变了。

感悟

李克强总理在2018年政府工作报告中指出："全面开展质量提升行动，推进与国际先进水平对标达标，弘扬工匠精神，来一场中国制造的品质革命。"中国经济的质量高低取决于中国企业的质量高低，而中国企业的质量高低则取决于中国职工的质量高低。

从这个意义上讲，职工文化有着重大的现实意义和战略价值。职工文化培育出的职工不会因为别人的不好而影响自己做事情的心情，也不会因为外界的不如人意而影响自己一生的幸福和快乐。

这些职工总是看到人生美好的一面，所以，他们的心情总是快乐的。他们有自己的个性和人生目标，他们能够宽容别人，显示了自己的肚量；能够谦卑自己，显示了自己的分量；能够点亮自己、照亮别人，显示了自己的质量。这些职工都是非常出色的人，他们能够做到"见贤思齐、见不贤而内自省"，不断完善自己，提升自己，壮大自己。他们不会把痛苦仅仅看作是负面的，而是在痛苦中寻找新的希望。

述而篇

《论语·述而篇》告诉
我们：做人的态度
很重要。

态度决定高度

张渊

原文及译文

述而篇

1. 子曰："述而不作，信而好古，窃比于我老彭。"

孔子说："只阐述而不创作，相信而且喜好古代的东西，我私下把自己比做老彭。"

2. 子曰："默而识之，学而不厌，诲人不倦，何有于我哉?"

孔子说："默默地记住（所学的知识），学习不觉得厌烦，教人不知道疲倦，这些事情我做到了哪些?"

3. 子曰："德之不修，学之不讲，闻义不能徙，不善不能改，是吾忧也。"

孔子说："（许多人）对品德不去修养，学问不去讲求，听到义不能去做，有了不善的事不能改正，这些都是我所忧虑的事情。"

4. 子之燕居，申申如也，夭夭如也。

孔子闲居在家里的时候，衣冠楚楚，仪态温和舒畅，悠闲自在。

5. 子曰："甚矣吾衰也! 久矣吾不复梦见周公。"

孔子说："我衰老得很厉害了，我好久没有梦见周公了。"

6. 子曰："志于道，据于德，依于仁，游于艺。"

孔子说："以道为志向，以德为根据，以仁为依靠，活动于（礼、乐等）六艺的范围之中。"

7. 子曰："自行束脩以上，吾未尝无诲焉。"

孔子说："只要自愿拿着十余干肉为礼来见我的人，我从来没有不给他教诲的。"

8. 子曰："不愤不启，不悱不发。举一隅不以三隅反，则不复也。"

孔子说："教导学生，不到他想弄明白而不得的时候，不去开导他；不到他想出来却说不出来的时候，不去启发他。教给他一个方面的东西，他却不能由此而推知其他三个方面的东西，那就不再教他了。"

9. 子食于有丧者之侧，未尝饱也。

孔子在死了亲属的人旁边吃饭，不曾吃饱过。

10. 子于是日哭，则不歌。

孔子在这一天为吊丧而哭泣，就不再唱歌。

11. 子谓颜渊曰："用之则行，舍之则藏，惟我与尔有是夫！"子路曰："子行三军，则谁与？"子曰："暴虎冯河，死而无悔者，吾不与也。必也临事而惧，好谋而成者也。"

孔子对颜渊说："用我呢，我就去干；不用我，我就隐藏起来，只有我和你才能做到这样吧！"子路问孔子说："老师您如果统帅三军，那么，您和谁在一起共事呢？"孔子说："赤手空拳和老虎搏斗，徒步涉水过河，死了都不会后悔的人，我是不会和他在一起共事的。我要找的，一定要是遇事小心谨慎，善于谋划而能完成任务的人。"

12. 子曰："富而可求也，虽执鞭之士，吾亦为之。如不可求，从吾所好。"

孔子说："如果富贵合乎于道就可以去追求，虽然是给人执鞭的下等差事，我也愿意去做。如果富贵不合于道就不必去追求，那就还是按我的爱好去干事。"

13. 子之所慎：齐，战，疾。

孔子所谨慎小心对待的是斋戒、战争和疾病这三件事。

14. 子在齐闻《韶》，三月不知肉味，曰："不图为乐之至于斯也。"

孔子在齐国听到了《韶》乐，有很长时间尝不出肉的滋味，他说，"想不到《韶》乐的美达到了这样迷人的地步。"

15. 冉有曰："夫子为卫君乎？"子贡曰："诺，吾将问之。"入，曰："伯夷、叔齐何人也？"曰："古之贤人也。"曰："怨乎？"曰："求仁而得仁，又何怨？"出，曰："夫子不为也。"

冉有（问子贡）说："老师会帮助卫国的国君吗？"子贡说："嗯，我去问他。"于是就进去问孔子："伯夷、叔齐是什么样的人呢？"（孔子）说："古代的贤人。"（子贡又）问："他们有怨恨吗？"（孔子）说："他们求仁而得到了仁，为什么又怨恨呢？"（子贡）出来（对冉有）说："老师不会帮助卫君。"

16. 子曰："饭疏食饮水，曲肱而枕之，乐亦在其中矣。不义而富且贵，于我如浮云。"

孔子说："吃粗粮，喝白水，弯着胳膊当枕头，乐趣也就在这中间了。用不正当的手段得来的富贵，对于我来讲就像是天上的浮云一样。"

17. 子曰："加我数年，五十以学《易》，可以无大过矣。"

孔子说："再给我几年时间，到五十岁学习《易》，我便可以没有大的过错了。"

18. 子所雅言，《诗》《书》、执礼，皆雅言也。

孔子有时讲雅言，读《诗》、念《书》、赞礼时，用的都是雅言。

幽居山林观云雾，
小渡舟横客自留。

19. 叶公问孔子于子路，子路不对。子曰："女奚不曰，其为人也，发愤忘食，乐以忘忧，不知老之将至云尔。"

叶公向子路问孔子是个什么样的人，子路不答。孔子（对子路）说："你为什么不这样说，他这个人，发愤用功，连吃饭都忘了，快乐得把一切忧虑都忘了，连自己快要老了都不知道，如此而已。"

20. 子曰："我非生而知之者，好古，敏以求之者也。"

孔子说："我不是生来就有知识的人，而是爱好古代的东西，勤奋敏捷地去求得知识的人。"

21. 子不语怪、力、乱、神。

孔子不谈论怪异、暴力、叛乱、鬼神。

22. 子曰："三人行，必有我师焉。择其善者而从之，其不善者而改之。"

孔子说："三个人一起走路，其中必定有人可以做我的老师。我选择他善的品德向他学习，看到他不善的地方就作为借鉴，改掉自己的缺点。"

23. 子曰："天生德于予，桓魋其如予何？"

孔子说："上天把德赋予了我，桓魋能把我怎么样？"

24. 子曰："二三子以我为隐乎？吾无隐乎尔！吾无行而不与二三子者，是丘也。"

孔子说："学生们，你们以为我对你们有什么隐瞒的吗？我是丝毫没有隐瞒的。我没有什么事不是和你们一起干的。我孔丘就是这样的人。"

25. 子以四教：文，行，忠，信。

孔子以文、行、忠、信四项内容教授学生。

26. 子曰："圣人，吾不得而见之矣；得见君子者，斯可矣。"子曰："善人，吾不得而见之矣，得见有恒者，斯可矣。亡而为有，虚而为盈，约而为泰，难乎有恒乎。"

孔子说："圣人我是不可能看到了，能看到君子，这就可以了。"孔子又说：

"善人我不可能看到了，能见到始终如一（保持好的品德的）人，这也就可以了。没有却装作有，空虚却装作充实，穷困却装作富足，这样的人是难于有恒心（保持好的品德）的。"

27. 子钓而不纲，弋不射宿。

孔子只用（有一个鱼钩的）钓竿钓鱼，而不用（有许多鱼钩的）大绳钓鱼。只射飞鸟，不射巢中歇宿的鸟。

28. 子曰："盖有不知而作之者，我无是也。多闻，择其善者而从之；多见而识之，知之次也。"

孔子说："有这样一种人，可能他什么都不懂却在那里凭空创造，我却没有这样做过。多听，选择其中好的来学习；多看，然后记在心里，这是次一等的智慧。"

29. 互乡难与言，童子见，门人惑。子曰："与其进也，不与其退也，唯何甚？人洁己以进，与其洁也，不保其往也。"

（孔子认为）很难与互乡那个地方的人谈话，但互乡的一个童子却受到了孔子的接见，学生们都感到迷惑不解。孔子说："我是肯定他的进步，不是肯定他的倒退。何必做得太过分呢？人家改正了错误以求进步，我们肯定他改正错误，不要死抓住他的过去不放。"

30. 子曰："仁远乎哉？我欲仁，斯仁至矣。"

孔子说："仁难道离我们很远吗？只要我想达到仁，仁就来了。"

31. 陈司败问昭公知礼乎，孔子曰："知礼。"孔子退，揖巫马期而进之，曰："吾闻君子不党，君子亦党乎？君取于吴，为同姓，谓之吴孟子。君而知礼，孰不知礼？"巫马期以告。子曰："丘也幸，苟有过，人必知之。"

陈司败问："鲁昭公懂得礼吗？"孔子说："懂得礼。"孔子出来后，陈司败向巫马期作了个揖，请他走近自己，对他说："我听说，君子是没有偏私的，难道君子还包庇别人吗？鲁君在吴国娶了一个同姓的女子做夫人，是国君的同姓，称她为吴孟子。如果鲁君算是知礼，还有谁不知礼呢？"巫马期把这句话告诉了孔子。孔子说："我真是幸运。如果有错，人家一定会知道。"

32. 子与人歌而善，必使反之，而后和之。

孔子与别人一起唱歌，如果唱得好，一定要请他再唱一遍，然后和他一起唱。

33. 子曰："文，莫吾犹人也。躬行君子，则吾未之有得。"

孔子说："就书本知识来说，大约我和别人差不多，做一个身体力行的君子，那我还没有做到。"

34. 子曰："若圣与仁，则吾岂敢？抑为之不厌，诲人不倦，则可谓云尔已矣。"公西华曰："正唯弟子不能学也。"

孔子说："如果说到圣与仁，那我怎么敢当！不过（向圣与仁的方向）努力而不感厌烦地做，教诲别人也从不感觉疲倦，则可以这样说的。"公西华说："这正是我们学不到的。"

35. 子疾病，子路请祷。子曰："有诸？"子路对曰："有之。《诔》曰：'祷尔于上下神祇。'"子曰："丘之祷久矣。"

孔子病情严重，子路向鬼神祈祷。孔子说："有这回事吗？"子路说："有的。《诔》文上说：'为你向天地神灵祈祷。'"孔子说："我很久以来就在祈祷了。"

36. 子曰："奢则不孙，俭则固。与其不孙也，宁固。"

孔子说："奢侈了就会越礼，节俭了就会寒酸。与其越礼，宁可寒酸。"

37. 子曰："君子坦荡荡，小人长戚戚。"

孔子说："君子心胸宽广，小人经常忧愁。"

38. 子温而厉，威而不猛，恭而安。

孔子温和而又严厉，威严而不凶猛，庄重而又安详。

《论语》**解读**

职工文化培育出的职工总是喜欢向先进人物学习，所以，他们总是那么优秀。因为，只有不断向优秀的人学习，自己才有可能变得优秀。

这些职工总是默默地记住学过的知识，他们会反复学习而不觉得厌烦，他们指导别人的时候不会觉得疲倦。

他们有自己的人生信仰和理想追求，总是践行仁德之道，对人充满爱心，总是喜欢参加有思想性和教育性的各类活动。

他们总是喜欢与别人分享自己的成功经验和人生感悟，总是不厌其烦地指导需要进步的人，指导年轻人学习的时候，总是爱心满满地不断启发年轻人，激发年轻人学习的热情，鼓励年轻人在学习上要举一反三。

这些职工总是知礼守礼，他们受到重用的时候就会全身心地去做事情，没有受到重用的时候，他们会认为自己还有不足，所以，他们总会加强学习，不断提升自己。

他们做事不会鲁莽，遇事小心谨慎，精心谋划后才去完成任务。如果符合道义，他们就愿意去追求，即使是一些比较辛苦的工作，他们也乐意去做；如果不符合道义，他们一般不会去追求，这时候他们就会按照自己的爱好去做事情。

他们对于非常正式的仪式和重大的事件都是小心谨慎地对待。他们对于有思想品位和高尚情操的文艺文学作品都会痴迷到忘我的地步。

他们喜欢欣赏贤人志士，总是喜欢帮助有贤德的人。即使生活贫困潦倒，他们也总是热爱生活，对于用不正当手段得到的富贵，他们一般是不屑一顾的。

他们喜欢学习，有时甚至到了废寝忘食的地步，学习会让他们忘记一切忧虑，有时开心得连什么日子都忘了。

他们不是生而知之的人，而是喜欢学习先进人物和先进思想。他们一般不谈论怪异、暴力、鬼神的事情，他们总是喜欢向周围的人学习，对于别人的好的品德，他们会虚心学习，对于别人不好的地方，他们就会找找自己是否也有这样的不善，如果有，他们就会马上改掉自己的缺点和不足。

他们是仁德之人，所以，人们都会尊重他们。他们不会对人隐瞒什么，总是喜欢和大家一起合作做事情，有团队精神。

他们学习做人的道理，践行做人的规范，忠诚自己的事业，对人诚信。他们向往圣人，努力做君子；他们尊重大善人，努力做一个始终如一、保持好品德的人。他们不会没有却装作有，空虚却装作充实，穷困却装作富足，这样的人他们是不屑与之为伍的。他们对人有爱心，对大自然也有爱心。他们一般不会不懂就凭空创造，他们总是选择先多听，然后选择其中好的来学习；先多看，然后记在心里。这就是他们的智慧。

他们总是肯定别人的进步，喜欢给别人改正不足的机会，喜欢看到别人改正不足后取得的进步，他们不是老抓住别人的过去不放的人。他们不仅心里总是想着做仁德之人，行动上也总是在行仁德之事。他们对人没有偏私，一般也不会包庇别人，他们自己有了错误会自责，并及时改正。

他们喜欢与人一起分享快乐人生，喜欢学习书本知识，更喜欢身体力行、践行书本上的知识，学以致用，因为知识是死的，人是活的。他们向往圣人、尊重贤德，即使自己一时做不到这些，他们也会努力而不厌其烦地做，指导别人也从不感觉厌倦。

他们总是心胸宽广而不是经常忧愁，他们总是温和而又严厉，威严而不凶猛，庄重而又安详。

智慧人生

愿你成为最好的自己

北京四中有一位同学写了一篇《愿你》的作文，她的老师在网上分享，很快引起网络热议。

这篇作文的大致意思是：把一些愿望送给未来的自己——你，愿你的世界天天都是好天气，愿你的成熟不是被迫，愿你拥有好运气，愿你有盔甲也有软肋，愿你一切后果独自承担，别找理由，愿你一生努力，愿你活成自己想成为的模样，愿你不甘平庸，愿你在最无趣无力的日子仍对世界保持好奇，愿你走出半生，归来仍是少年。

作者的语文老师用"美好"这个词评价这篇作文。老师说，这个学生是一个特别热爱生活的阳光女孩，善于观察生活，对生活有着细腻而敏感的感悟力。当老师第一次读到这篇作文时，感觉是"如同汩汩泉水淌过心灵"。这篇作文也触动了一些人的内心。

这篇作文能走红网络，在于契合了中青年群体的情绪，作者说出了很多人心中想说却没有说清楚或者来不及说的话。学生的父母除了肯定写法新颖外，还指出了一些不足。比如，文中的好词好句多是引用和摘录，虽不是抄袭，但创造性不够。

劳模励志故事

梦想让我创造无限可能

（全国五一劳动奖章获得者　许玉英）

1998 年，刚满 18 岁的我，从广东信宜一个偏远的小山村，跟随老乡来到了东莞，进入塘厦一家电子厂工作。那时，青春年少的我以为能够找到一份称心如意的工作，谁知道自己居然成了流水线上的一名普普通通的女工，迎接我的除了微薄的薪水，就是机械般的流水线生活，还有班组长对我高压般的态势和严厉的要求。我的心理产生严重落差，我曾经想过放弃。但生性好强的我转念一想："自己初来乍到，路费都没赚回来，回去以后如何面对父母？自己选择的路，就是跪着也要把它走完。"后来，我选择了留下。

车间没有空调，特别是在高温的季节里，我在流水线一站就是 6 个小时，每天工作都是汗流浃背，让人喘不过气来。除了中午半个钟头的吃饭时间和上洗手间十分钟的时间外，全天几乎都没有休息时间。流水线上的工序是连贯性的，自己稍有疏忽，就有可能造成后段工序生产出来的产品全部成为废品。那时我是负责插电子线路板，初学的时候，我丝毫不敢放松，目不转睛地盯着线路板插孔，只要机器在不停地转，我的十个手指头就是不停地插，不敢稍停片刻。没有一刻休息，每天长时间、超负荷的工作，我的双手也被插破，血流不止，钻心地痛。我的十个手指经常贴满了创可贴，那时，我虽然觉得工作很辛苦，也忘了自己不知多少次默默哭过，但我从没感到这份工作卑微。相反，对于我来说，能从乡村走出来到这里找到这份来之不易的工作，我很珍惜。

半年后，为了学到更多的知识提升自己，我拿出平时省吃俭用积攒的钱，还从老乡那里借来450元，参加电脑培训。由于白天上班很忙很累，没有休息时间，我就利用晚上到电脑培训班埋头学习。半年后，我熟练掌握了一系列电脑操作技能，并成功考取了电脑操作资格证书。

由于我在平常的工作中勤学、苦干、苦练，得到了车间组长和领导的一致肯定，几个月后，公司内部招聘人事行政部文员，我尝试去竞聘，没想到终于圆了我想成为办公室文员的梦想。那一年，是我出来打工的第2年，从上班的第一天起，我既没有轻轻松松地休过一天假，也没有为自己买过一件新衣服。说实话，想到工作时受苦受累，心里委屈，甚至后悔当初选择了出来打工，但是时至今日，我十分坦然地说："我不后悔，甚至庆幸自己做了这样的选择，如果没有这些历练，我绝对不会有今天的成绩。"

为了让自己将来有更多可以施展才华的舞台，我并没有满足仅仅做一名文员，我给自己定了一个更高的目标，那就是通过参加成人高考和自学考试，圆自己的大学梦。那时，我一边工作，一边利用业余休息的时间复习中学的知识。由于离开学校已多年，大部分中学知识都忘掉了，我只有一边自行复习，一边参加成人高考辅导班学习。上辅导班课时，我经常听不懂老师讲的知识要点，于是，课后我便找老师求助。那时我每天早早起床，利用上班前的一个小时苦背数学公式和抄写、默写英语单词、句子。就这样，我终于顺利通过了成人高考，取得了专科学历，后来又经过近三年孜孜不倦的自学，完成了17门科目的考试，取得了本科学历，那一年，是我出来打工的第

6年。

2004年7月，我找到了一个更加广阔的舞台——东莞大岭山镇新洲印刷厂。刚去时，我初任人事部的薪酬助理，不到两年，因为对薪酬业务熟练，我又被提升为人事部主管，负责厂里的薪酬管理工作。自参加工作以来，对于公司的事情，我从来不挑不拣，哪怕不是我分内的工作，只要领导安排我做，我从不推诿，任劳任怨，满腔热情，始终把它当作自己的事情去做好。同事们评价我："具有主人翁精神，是责任心极强的一个人。"这种对工作的执着，让我很快就得到领导的赏识，经过4年的工作历练和辛勤付出，随后我又被提升为人事部经理、工会主席、团支部书记，身兼数职。

2011年2月，公司为了壮大规模，选择去湖南郴州市宜章县投资建厂。当时企业派我前往，我知道去后人生地不熟，自己是广东人，水土不服，饮食生活都不习惯，地方方言也不懂，这意味着我将要承受更大的工作压力，但我抛家不顾，毅然前往。去后，我一方面负责招工，另一方面协助新厂筹建，另外，我还得兼顾东莞总厂自己主管的部门日常事务。当时，我患胃痛、坐骨神经痛等多种疾病，住的是农村的民房，别说空调，甚至连电风扇都没有，生活条件和工作环境极其艰苦，非一般人所能想象。为了能尽快招到工人，天蒙蒙亮，我就下乡宣传招工。出门时，我包里就带一瓶水、几瓶药、几块饼干，犯病了，我就服几粒止痛药，饿了就吃几块饼干，有时实在支持不住了，我才去医院就诊。医生强烈建议我住院治疗，但是因放不下手头的工作，我恳求医生为我做临时性注射点滴治疗。有时，因为输液时间长，担心影响当天下乡招工效率，到了9点半还没有注射完，我拔掉针头就走。每天晚上下乡回来就是9点多钟了，回到宿舍我自己煮稀饭吃，吃了后，又要接着开当天的总结会议及布置第二天的工作，还要在电子邮件里了解东莞总厂当天部门的工作情况，每天忙到凌晨，我才能躺下休息，实在疲惫不堪。我就这样走遍了那里的山山水水，走遍了那里的22个乡镇，招到了800多名员工，为工厂从筹建到投产不到2个月打下了坚实的基础，赢得了时间，争得了效益。因为筹备时间之短、效率之高，在当地所有落户园区的企业中一时传为佳话，我受到了当地政府官员的高度赞誉和企业领导高度好评。

不满足于现状，是我一直以来对自己的不断追求。为了在不同的行业锻炼自己，2012年7月，我开始了人生中又一次崭新的历程。我离开了新洲印刷厂，进入了金融行业，到华夏人寿保险东莞中心支公司（三级机构）负责筹建工作。公司开始筹建的时候仅仅只有两个人，我全身心参与到公司筹建的每一个环节，积极配合领导工作，短短不到三个月的时间，就低投入、高质量地完成了选址、装修、招聘、培训等所有开业的准备工作，确保了公司顺利开业。开业之初，人事行政部工作重、人手缺，我克服重重困难，一方面自己承担了大部分工作，另一方面，手把手指导新入职的人员，使分部门的工作迅速进入正常运转状态。尤其公司起步初期费用紧张，我想方设法开源节流，一边创保费收入，一边严把支出，为领导分忧解难。为使公司健康、规范有序发展，我完善了公司的各项管理制度。2013年6月，公司开业后，公司高层领导安排我分管银行保险业务工作。为了保证计划目标的顺利完成，这一年里我每天都是围着目标转，跑网点、想办法、找重点、沟通关系，制定了相关网点和业务员行之有效的激励措施和考核办法，力促银行保险的业务上规模。公司由筹备期时仅仅3、5个职员扩展到了如今的2500多名职员，4个支公司的分公司（二级机构）业务成交量也由最初的一个月三五十万元飞速猛增到现在的数亿万元。公司业务逐渐上规模，一步一个阶梯，一年一个辉煌。开业最初的三年来，我基本上没有按时下过班。目前我负责了公司的办公室工作，任办公室负责人，同时兼公司工会、党支部工作，任工会主席、党支部委员。现在我的担子更重了，责任更大了。

从1998年到2018年，风雨兼程20年，无论在任何岗位上，我始终忠于内心深处的梦想，在本职的岗位上甘于吃苦，乐于奉献，尽心尽力，以严谨的工作作风，做好每一天的工作。组织的培养和领导的关心帮助，使我在前进的道路上充满动力，20年来，我先后荣获"东莞市第十届十大杰出青年""东莞市第三届道德模范"提名奖、"全国优秀农民工""广东省劳动模范"等荣誉称号。最引以为豪的是，2011年我荣获了全国五一劳动奖章荣誉称号，并受到了党和国家领导人的亲切接见。所有这些荣誉都是我人生成功的起点，我丝毫没有陶醉在今天的鲜花和掌声中，我更视它为未来奋斗的希望和动力，一步一步向前，永不止步。

（文中材料由许玉英提供。）

励志语：

1. 自己选择的路，就是跪着也要把它走完。
2. 不满足于现状，是我一直以来对自己人生的不断追求。
3. 梦想让我创造无限可能。
4. 所有荣誉都是我人生成功的起点。

感悟

　　职工文化培育出的职工希望自己的每一天都有好"天气"，而驱赶阴霾的"太阳"则是明媚的自己；希望自己拥有好运气，对一切充满感激，喜欢美好，也喜欢自己；希望自己活成自己想成为的模样，不必取悦任何人，也不无故讨厌某个人；希望自己付出甘之如饴，所得归于欢喜，始终做不甘平庸的自己；希望自己在最无趣无力的日子仍对世界保持好奇；希望自己善于观察生活，对生活有着细腻而敏锐的感悟力；希望自己敢于面对人生的挫折，不回避生活的沉重，总是不失对生活的热爱。

　　职工文化培育出的职工就是敢于追梦、勇于筑梦、乐于圆梦的不断追求理想的人。

泰伯篇第八与职工文化

学习他人是为了成为更好的自己

泰伯篇

《论语·泰伯篇》告诉我们：做人要多向贤德之人学习。

学习他人是为了
成为更好的自己

鹿�

原文及译文

泰伯篇

1. 子曰："泰伯，其可谓至德也已矣。三以天下让，民无得而称焉。"

孔子说："泰伯可以说是品德最高尚的人了，几次把王位让给季历，老百姓都找不到合适的词句来称赞他。"

2. 子曰："恭而无礼则劳；慎而无礼则葸；勇而无礼则乱；直而无礼则绞。君子笃于亲，则民兴于仁；故旧不遗，则民不偷。"

孔子说："只是恭敬而不以礼来指导，就会徒劳无功；只是谨慎而不以礼来指导，就会畏缩拘谨；只是勇猛而不以礼来指导，就会说话尖刻。在上位的人如果厚待自己的亲属，老百姓当中就会兴起仁的风气；君子如果不遗弃老朋友，老百姓就不会对人冷漠无情了。"

3. 曾子有疾，召门弟子曰："启予足，启予手。《诗》云：'战战兢兢，如临深渊，如履薄冰。'而今而后，吾知免夫，小子！"

曾子有病，把他的学生召集到身边来，说道："看看我的脚！看看我的手（看看有没有损伤）！《诗》上说：'小心谨慎呀，好像站在深渊旁边，好像踩在薄冰上面。'从今以后，我知道我的身体是不再会受到损伤了，弟子们！"

4. 曾子有疾，孟敬子问之。曾子言曰："鸟之将死，其鸣也哀；人之将死，其言也善。君子所贵乎道者三：动容貌，斯远暴慢矣；正颜色，斯近信矣；出辞气，斯远鄙倍矣。笾豆之事，则有司存。"

曾子有病，孟敬子去看望他。曾子对他说："鸟快死了，它的叫声是悲哀的；人快死了，他说的话是善意的。君子应当重视的道有三个方面：使自己的容貌庄重严肃，这样可以避免粗暴、放肆；使自己的脸色一本正经，这样就接近于诚信；使自己说话的言辞和语气谨慎小心，这样就可以避免粗野。至于祭祀和礼节仪式，自有主管这些事务的官吏来负责。"

山间春色翠，
禽鸟哺雏欢。

5. 曾子曰："以能问于不能；以多问于寡；有若无，实若虚，犯而不校——昔者吾友尝从事于斯矣。"

曾子说："自己有才能却向没有才能的人请教，自己知识多却向知识少的人请教，有学问却像没学问一样；知识很充实却好像很空虚；被人侵犯却也不计较——从前我的朋友就这样做过了。"

6. 曾子曰："可以托六尺之孤，可以寄百里之命，临大节而不可夺也——君子人与？君子人也。"

曾子说："可以把年幼的君主托付给他，可以把国家的政权托付给他，面临生死存亡的紧急关头而不动摇屈服——这样的人是君子吗？是君子啊！"

7. 曾子曰："士不可以不弘毅，任重而道远。仁以为己任，不亦重乎？死而后已，不亦远乎？"

曾子说："士不可以不弘大刚强而有毅力，因为他责任重大，道路遥远。把实现仁作为自己的责任，难道还不重大吗？奋斗终身，死而后已，难道路程还不遥远吗？"

8. 子曰："兴于《诗》，立于礼，成于乐。"

孔子说："（人的修养）开始于学《诗》，自立于学礼，完成于学乐。"

9. 子曰："民可使由之，不可使知之。"

孔子说："对于老百姓，只能使他们按照我们的意志去做，不能使他们懂得为什么要这样做。"

10. 子曰："好勇疾贫，乱也。人而不仁，疾之已甚，乱也。"

孔子说："喜好勇敢而又恨自己太穷困，就会犯上作乱。对于不仁德的人或事逼迫得太厉害，也会出乱子。"

11. 子曰："如有周公之才之美，使骄且吝，其余不足观也已。"

孔子说："（一个在上位的君主）即使有周公那样美好的才能，如果骄傲自大而又吝啬小气，那其他方面也就不值得一看了。"

12. 子曰："三年学，不至于谷，不易得也。"

孔子说："学了三年，还做不了官的，是不易找到的。"

13. 子曰："笃信好学，守死善道。危邦不入，乱邦不居。天下有道则见，无道则隐。邦有道，贫且贱焉，耻也；邦无道，富且贵焉，耻也。"

孔子说："坚定信念并努力学习，誓死守卫并完善治国与为人的大道。不进入政局不稳的国家，不居住在动乱的国家。天下有道就出来做官；天下无道就隐居不出。国家有道而自己贫贱，是耻辱；国家无道而自己富贵，也是耻辱。"

14. 子曰："不在其位，不谋其政。"

孔子说："不在那个职位上，就不考虑那个职位上的事。"

15. 子曰："师挚之始，《关雎》之乱，洋洋乎盈耳哉！"

孔子说："从太师挚演奏的序曲开始，到最后演奏《关雎》的结尾，丰富而优美的音乐在我耳边回荡。"

16. 子曰："狂而不直，侗而不愿，悾悾而不信，吾不知之矣。"

孔子说："狂妄而不正直，无知而不谨慎，表面上诚恳而不守信用，我真不知道有的人为什么会是这个样子。"

17. 子曰："学如不及，犹恐失之。"

孔子说："学习知识就像追赶不上那样，又担心会丢掉什么。"

18. 子曰："巍巍乎！舜禹之有天下也而不与焉。"

孔子说："多么崇高啊！舜和禹贵为天子，富有四海，却从不为自己谋利。"

19. 子曰："大哉尧之为君也！巍巍乎，唯天为大，唯尧则之。荡荡乎，民无能名焉。巍巍乎其有成功也，焕乎其有文章！"

孔子说："真伟大啊！尧这样的君主。多么崇高啊！只有天最高大，只有尧才能效法天的高大。（他的恩德）多么广大啊，百姓们真不知道该用什么语言来表达对它的称赞。他的功绩多么崇高，他制定的礼仪制度多么光辉啊！"

20. 舜有臣五人而天下治。武王曰："予有乱臣十人。"孔子曰："才难，不其然乎？唐虞之际，于斯为盛。有妇人焉，九人而已。三分天下有其二，以服事殷。周之德，其可谓至德也已矣。"

舜有五位贤臣，就能治理好天下。周武王也说过："我有十个帮助我治理国家的臣子。"孔子说："人才难得，难道不是这样吗？唐尧和虞舜之间及周武王这个时期，人才是最盛了。但十个大臣当中有一个是妇女，实际上只有九个人而已。周文王得了天下的三分之二，仍然侍奉殷朝，周朝的德，可以说是最高的了。"

21. 子曰："禹，吾无间然矣。菲饮食而致孝乎鬼神，恶衣服而致美乎黻冕，卑宫室而尽力乎沟洫。禹，吾无间然矣。"

孔子说："对于禹，我没有什么可以挑剔的了；他的饮食很简单而尽力去孝敬鬼神；他平时穿的衣服很简朴，而祭祀时尽量穿得华美，他自己住的宫室很低矮，而致力于修治水利事宜。对于禹，我确实没有什么挑剔的了。"

《论语》**解读**

职工文化培育出的职工几乎都是品德最高尚的人，所以，他们总是受到人们的交相称赞。

他们总是会厚待自己的亲朋好友，所以，亲朋好友中就会兴起仁的风气；他们一般不会遗弃老朋友，所以，朋友之间就不会冷漠无情了。他们非常爱惜生命，做事总是非常谨慎。

他们很善良，总是会使自己的容貌庄重严肃，因为，这样就可以避免粗暴、放肆；他们总是会使自己的脸色一本正经，因为，这样就会接近于诚信；他们总是使自己说话的言辞和语气谨慎小心，因为，这样就可以避免粗野。

他们自己有才能，却总是向没有才能的人请教；他们自己知识多，却总是向知识少的人请教；他们有学问，却总是像没学问一样；他们的知识很充实，却总是好像很空虚；有时他们被人侵犯，他们也从不计较。

他们总是关心和关爱年轻人的成长，总是对社会有担当，为了正义，即使面临生死存亡的紧急关头，他们一般也不会动摇屈服。所以，他们总被人称为君子。

他们总是刚强而有毅力，他们总把实现仁作为自己的重大责任，他们为了正义而奋斗终身，而不在乎路程有多遥远。

他们很有修养，因为，他们喜欢学习智慧之学，知礼守礼，喜欢有品位的文学文艺作品。

他们不仅学会如何做事，更明白为什么做事。他们有时很勇敢，不会恨自己太穷困，他们总能忠诚于自己的事业。他们不会对不仁德的人或事逼迫得太厉害，因为那样会出乱子。

他们有才能，但是，他们不会骄傲自大而又吝啬小气，因为，那样会被人看不起。他们总会学有所成，总会坚守人生之大道。

他们一般不会到发展不稳定的单位谋职，也不会在管理混乱的单位就职。遇到明智的领导，他们会积极做事；遇到昏庸的领导，他们一般会无所事事。

他们认为，遇到英明的领导而自己贫贱，是耻辱；遇到昏庸的领导而自己富贵，也是耻辱。他们不在职位上，一般不会考虑职位上的事。

他们总是喜欢丰富而优美的音乐，陶冶自己的情操。他们一般不会狂妄，但很正直，一般不会无知，但很谨慎，一般不会表面上诚恳，但很守信用，他们总是会受到人们的尊重。

他们总是那么崇高，对人懂得谦让。因为他们总是向贤德之人学习，所以，人们总是对他们称赞有加。

他们的品行几乎无可挑剔，他们的饮食总是很简单，但是，他们会尽力尊敬长者；他们平时穿的衣服很简朴，但是，他们在正式场合总会尽量穿得体面。他们不会追求自己生活多么安逸，但是，他们总会关心别人的生活是否舒服。所以，他们总能成为人们心目中无可挑剔的人。

智慧人生

吃得苦中苦，方为人上人

故事的主人翁叫薛其坤，现任清华大学副校长，2016 年获得有中国诺奖之称的"未来科学大奖"。杨振宁评价说："这是中国本土首次诺奖级的实验，也是第一次在本土实验的基础上，发表出诺奖级的科学论文。"

薛其坤小时候家里很穷，他做过放牛娃，通过自己的努力，考上了山东大学，毕业后分配到曲阜师范大学教书。他连续 3 次考研才考上中科院，前两次考研，他的数学、物理先后都考了 39 分。人家读博士一般 5 年，他 7 年才毕业，他还曾经一度想放弃科研生涯。

后来，由导师的同学推荐，他到日本留学，每天吃饭、睡觉、搞科研，异常孤单。他每天早上 7 点来实验室，晚上 11 点前没有离开过实验室，一周工作 6 天，有时困得坐在马桶上就会睡着。有一次他受日本导师鼓励，去美国做一个 20 分钟的学术报告。因为英语口语非常差，他就把演讲稿一字一句抄下来，一个单词一个单词地训练，从头到尾模拟了 80 多遍。最终，他的报告在现场赢得雷鸣般的掌声。

薛其坤 20 年间没有休息过一个完整的周末，每年平均工作时间 330 天以上，每天工作时间 15 小时左右……吃得苦中苦，方为人上人，35 岁的他晋升教授，41 岁时，他成为中科院最年轻的院士之一。

薛其坤的吃苦精神也影响到他的科研团队。很多人比他还早到实验室，夜里 12 点之后才会离开实验室。薛其坤带出的 17 位博士后、72 位博士中，很多学生走上教育战线，有的成为清华、北大等高校的教授。

已做出杰出成就的薛其坤，在科研的道路上没有停下脚步，还一如既往追求极致。他说："我想解决高温超导机理，想在有生之年突破它，这是一个世界性的大难题，很难，不知道能不能圆梦，但我会用剩下的日子，不断朝这个梦想努力！"真正的成功不一定是最后的结果，而是在追梦过程中的坚定、坚信和坚持。从事自己热爱的事业，付出常人难以想象的努力，苦中作乐，也不失人生的一种快乐和幸福。

劳模励志故事

我的工人梦

（全国劳模、中华技能大奖获得者　柳祥国）

小时候，我生长在农村。我的父亲是株洲冶炼厂的一名工人，有着一份稳定的收入，虽说工资不高，但还是可以养活一大家人。读书时，我基本上可以不拖欠学费，为此我感到非常的自豪。从那时起，"能端上铁饭碗，当一名工人"就成了我最大的梦想。

高中毕业后，我参加了株冶技校的铅锌冶炼培训，为了实现儿时的工人梦，我迈出了第一步。我是家里的老大，为了减轻家里的负担，1991 年 7 月，我成了株冶锌成品厂铸型工段的一名临时工。一进现场，热浪扑面而来，有四五百度的高温，工人们厚厚的工装上被烧穿了一个又一个洞。看到这些，当场就有人打起了退堂鼓，一年之后，一起来的三十多名同事，只剩下了我一个人。而在这一年中，我从来没有迟到、早退过。我想，就算是临时工，也要对自己有要求。

1993 年 11 月，株冶终于招工了，早在做临时工的时候，我就听说株冶有一个厂，一年四季都只要穿一件衣服，冬天胶鞋里面都能够倒出汗水来，没想到，我被分到了最苦最累的锌电解厂。虽然辛苦，但我终于实现了我的工人梦，这让我兴奋不已。师傅对我说："要想学技术，就要到电解槽上去。"为了尽快学到真功夫，我在电解槽上摸爬滚打了近五十天。虽说辛苦，但我学到了电解操作的精髓，由衷地感到高兴。1994 年 5 月，我提出了第一条关于改进电解槽槽间板的建议，当时获得了一等奖，并在全厂推广。从此，我对看似枯燥的工作充满了激情，我想这只是我成长的开始。后来的二十年中，我坚持天天工作在电解槽上，而电解槽圆了我一个又一个的梦想。

从进厂起，我就养成了写工作日记的习惯。我每天花上 1 小时来思考自己的工作，就像回放电影，然后将重点记在本子上。通过不断的观察积累，不久，我就发现有些操作是可以改进的，于是，我立马着手试验起来。

为了测试一个小项的效果，在 40 多度高温的电解槽上，我独自将 1360片阳极全部平整了一遍，然后把各种数据一遍又一遍地进行记录、核对、校正。由于每天泡在电解槽上，我的脸、鼻子被酸雾、汗水腐蚀溃烂，两只手也磨出了血泡，至今鼻子两边还留下了两道疤痕。终于，以我个人名字命名的"平、清、紧、看""四一"先进操作法出台了，一举打破了电解工艺操作几十年来的传统方式。这个操作法推广实施后，可为工厂每年创造经济效益7600 万元以上。后来，该操作法还获得了全国职工第二届科技创新成果奖。我没想到，我一个高中毕业的工人，经过不断的积累、思考、学习，也能成为技术创新的倡导者和推动者。近几年，我提出来的"阴阳极操作方法""阴阳两极增面搭接方法"又被公司命名为先进操作法，并推广至全厂。22 年来，我和我的班组先后总结了三十多项创新成果，为公司创效 1.2 亿元以上。

我深深体会到，梦想的花朵必须开在实干的泥土上才能争芳吐艳，创新的灵感也来自于千百次不厌其烦的细节磨炼。

为了进一步发挥我的带动作用，2000 年，工段安排我到一个完全陌生的班组当班长。当时，这个班产量月月落后，综合排名总是垫底，班员人心涣散，是出了名的"麻烦班"。在技术创新上小有心得的我，这次要面对一个个活生生的人，我不止一次地问自己，我能行吗？

刚开始安排工作的时候，有人唱反调，有人设障碍，还有人风言风语说："柳祥国，厂子又不是你的，何苦那么认真，图表现也不要连累我们。"个别人甚至指着我的鼻子骂。面对这些刁难和不理解，我委屈极了，甚至想，我不干了！

但是，我柳祥国从来就不服输。"世上无难事，只怕有心人。"为此，我还是以"实"字为先，以"实"字立脚，首先从自己做起，带头揽起重、脏、累的活，凡事带着感情做。别人不愿干的活，我来干；别人不愿加的班，我来加；别人认为"傻子"才会做的事，我来做！

每天早上，我比别人提前一个小时上槽，大家下午四点下班，我干到晚上八点。一个月下来，我变得又黑又瘦，还犯上了胃病，但可喜的是，班里也在悄然地发生变化，脏活、累活有人抢着干了，班里的气氛也慢慢融洽起来了。每天开晨会，我都会表扬、鼓励那些干得好的班员。面对班员的不良情绪，我会想方设法去沟通、化解。班里每一位工友每年都能格外享受一天的"生日假"。很快，班里的产量上来了，每个月比原来多生产二十多吨，由最差的班组到稳居第一。收入提高了，班员的心就更贴近了。后来，那个曾经骂我的班员对我说："柳班长，在电解厂，这一辈子我就只服你一个！"我知道，这是对我的肯定，更是鞭策，我还愿意理解为这是一种光荣！

此后，我常被调往落后班组，2008年，工段就先后安排我带了四个后进班，最后他们都成为了明星班。由"最差"到"最好"，为此，我带班还带出了"救火队长"的名号。为了带好队伍，我不仅注意发挥自身的导向功能，更注重团队建设，搞好对班员的传帮带，充分发挥全体班员的力量和智慧。

2010年，9、10列因管理不善，每月析出锌产量少40吨左右，各项工作排名最末。大家都认为是码头不好，换了两任班长，起色不大。关键时刻，我听从组织安排，带领着原班人马临危受命，来到9、10列。面对困难，班员都有畏难情绪，发脾气、不理解的都有，我也感到难度特别大。第一个月，我和班员做了很多工作，但析出锌产量还是少了 30 多吨，当时我就想，这下完了。因为这是当班长以来从没有遇到过的事情，怎么办？在弃与舍之间，我与班员达成共识：每天多干两个小时处理阴阳两极。那段时间，兄弟们每天都是两点甚至是三点才能吃上中饭，付出就有回报。到第三个月的时候，析出锌产量由原来的少 40 吨左右到多生产 11 吨，这件事真正让我柳祥国学会了如何面对困难、如何解决困难，也从心底感受到"人心齐，泰山移"的真正含义。三个月后，在工段综合评比中，9、10 列从一个默默无闻的班组跻身令人瞩目的"明星班"、先进班、模范班。

厂领导对我说："你不能只影响一个班组、一个工段，你应该影响一个厂。"2012 年 12 月，分厂新整合了一个工段，让我去当副工段长，主管生产。这个工段的人大部分是被分流整合下来的，身体素质不好、操作技能薄弱、责任感不强。我记得德鲁克讲过，管理的核心就是实践。为了改变现状，尽快把生产带上正轨，我花了三个月的时间，天天和兄弟们一起泡在工作现场，不断改良操作方法，强化他们的责任意识。三个月的时间，我们的工段电效越来越好，创下了分厂历史最好的水平。

2015 年，厂部又把我调到了指标最差的五工段，为了打破这一局面，我亲自带头深入现场检查搭接情况，每天几万次的弯腰，几个月的时间，锤断了三把铁锤，锤掉了五工段十多年"倒数第一"的帽子，锤破了部分员工安于落后的思想，也锤出了自己对管理更高的认识和自信。我认为，管理要有制度，要有引导，更要有良心。有人对我说："你都有这么多成绩荣誉，不要这么拼了！"其实我拼的只是一个工人的信念、一份坚持、一份责任。

2017 年 3 月，我调任电解厂工会主席。这个月我们厂的单耗累计攀升至历史最高水平，人人头疼，面对这只电老虎，很多技术专家都束手无策，找不到原因。在面对困难的时候，我柳祥国从来都不会退缩，如何在新的岗位上发挥作用，将生产搞好，降本增效成了我上任后的头等大事。不久，我发现单耗的上升不仅仅是员工操作的问题，更多的则是责任心不强。于是，经过深思熟虑之后，我针对性地提出开展"百千万"攻关活动，即百片无错牙、千片无接触、万片无接触，并亲自牵头调度室、技术室及相关生产单位定期检查并及时通报情况，针对性地对暴露出的问题采取措施。终于，经过三个月的技术攻关，我们的单耗又由历史最高水平降至了2965kwh/t，这也是我厂历史上的最好水平。

许多人都会问我，为什么总有这么多好点子？为什么总能带出先进班，让最差的变为最好？有没有什么"独门秘诀"？我也一直在思考着这些问题。坦率地讲，我没有别的本事，我只是比别人更认真一点。我认为，世上无难事，只怕有心人。不管在什么岗位，只要你心中有职工，心中有企业，心中有责任，你就一定会做得更好。

从班员到班长，从班长成长为省市劳动模范，享受国务院政府津贴，又获得全国五一劳动奖章、全国劳动模范、中华技能大奖这么高的荣誉，还当选了湖南省株洲市委委员。一步步走来，正是因为不忘初心，我才能一步步成长，从电解槽上走进人民大会堂，也成为第一个走进中南海的株洲职工。我要感谢株冶，也感谢株洲这片沃土，正是株冶给了我梦想的舞台，为我的梦想插上了翅膀，我才能飞翔在梦想的世界里。

（文中材料由柳祥国提供。）

励志语：

1. 梦想的花朵必须开在实干的泥土上才能争芳吐艳。
2. 管理要有制度，要有引导，更要有良心。
3. 我拼的只是一个工人的信念、一份坚持、一份责任。
4. 我只是比别人更认真一点。

感悟

职工文化培育出的职工成就自己的人生辉煌，不是靠别人"逼"自己，而是自己"逼"自己。这些职工一般不会满足于已有的成就，更不会老是

"躺"在自己过去的"功劳簿"上享受，而总是凭借自己对梦想的向往激发内心的斗志，做事总是表现坚定不移的决心，不断磨炼自己的意志和毅力。他们总能看到别人的长处，增强自己的实力，总能对生活充满希望和热情，总能发现生活的美好和工作的快乐。

他们浑身总是充满正能量，不仅全力打造独一无二的有实力的自己，还总会让自身的正能量影响更多的人。他们追求的不仅仅是知识技能的精湛和做事的质量，更追求做人的境界。他们心中总是充满大爱，珍惜一切可以珍惜的人和事。他们不会总是和别人比高低，而是不断挑战自己和超越自己。

他们总能不断自我唤醒，唤醒自己的人生，唤醒自己的内心。他们的不懈斗志、极致精神、坚强品格、激情状态总能让他们"美梦"成真。他们总能感受到人生的充实和幸福的滋味，因为他们对世界充满了无限的爱，所以他们才能收获到他们想要的爱和幸福。

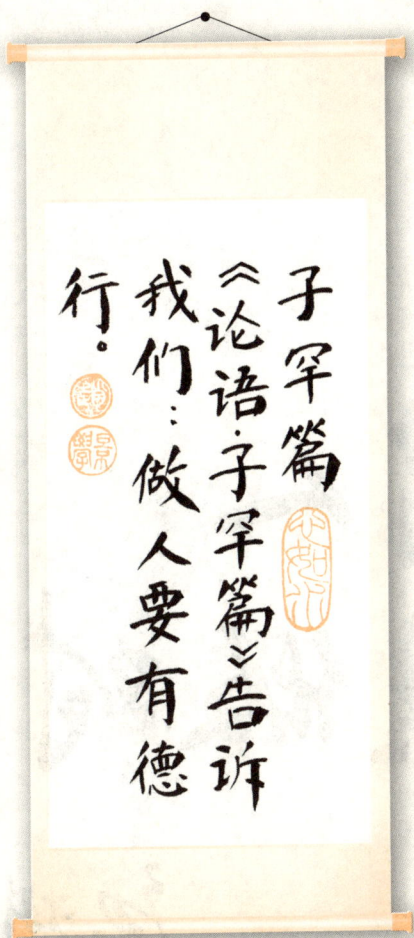

子罕篇

《论语·子罕篇》告诉我们：做人要有德行。

文对人
才能做对事

思渊

原文及译文

子罕篇

1. 子罕言利与命与仁。

孔子很少谈到利益、天命和仁德。

2. 达巷党人曰："大哉孔子！博学而无所成名。"子闻之，谓门弟子曰："吾何执？执御乎，执射乎？吾执御矣。"

达巷党这个地方有人说："孔子真伟大啊！他学问渊博，因而不能以某一方面的专长来称赞他。"孔子听说了，对他的学生说："我要专长于哪个方面呢？驾车呢？还是射箭呢？我还是驾车吧。"

3. 子曰："麻冕，礼也；今也纯，俭，吾从众。拜下，礼也；今拜乎上，泰也。虽违众，吾从下。"

孔子说："用麻布制成的礼帽，符合于礼的规定。现在大家都用黑丝绸制作，这样比过去节省了，我赞成大家的做法。（臣见国君）首先要在堂下跪拜，这也是符合于礼的。现在大家都到堂上跪拜，这是骄纵的表现。虽然与大家的做法不一样，我还是主张先在堂下跪拜。"

4. 子绝四：毋意，毋必，毋固，毋我。

孔子杜绝了四种弊病：没有主观猜疑，没有定要实现的期望，没有固执己见之举，没有自私之心。

5. 子畏于匡，曰："文王既没，文不在兹乎？天之将丧斯文也，后死者不得与于斯文也；天之未丧斯文也，匡人其如予何？"

孔子被匡地的人们所围困时，他说："周文王死了以后，周代的礼乐文化不都体现在我的身上吗？上天如果想要消灭这种文化，那我就不可能掌握这种文化了；上天如果不消灭这种文化，那么匡人又能把我怎么样呢？"

6. 太宰问于子贡曰："夫子圣者与，何其多能也？"子贡曰："固天纵之将圣，又多能也。"子闻之，曰："太宰知我乎！吾少也贱，故多能鄙事。君子多乎哉？不多也。"

太宰问子贡说："孔夫子是位圣人吧？为什么这样多才多艺呢？"子贡说："这本是上天让他成为圣人，而且使他多才多艺。"孔子听到后说："太宰怎么会了解我呢？我因为少年时地位低贱，所以会许多卑贱的技艺。君子会有这么多的技艺吗？不会多的。"

7. 牢曰："子云：'吾不试，故艺。'"

子牢说："孔子说过，'我（年轻时）没有去做官，所以会许多技艺'。"

8. 子曰："吾有知乎哉？无知也。有鄙夫问于我，空空如也。我叩其两端而竭焉。"

孔子说："我有知识吗？其实没有知识。有一个乡下人问我，我对他谈的问题本来一点也不知道。我只是从问题的两端去问，这样对此问题就可以全部搞清楚了。"

9. 子曰："凤鸟不至，河不出图，吾已矣夫！"

孔子说："凤鸟不来了，黄河中也不出现八卦图了。我这一生也就完了吧！"

10. 子见齐衰者、冕衣裳者与瞽者，见之，虽少，必作；过之，必趋。

孔子遇见穿丧服的人、当官的人和盲人时，虽然他们年轻，也一定要站起来，从他们面前经过时，一定要快步走过。

11. 颜渊喟然叹曰："仰之弥高，钻之弥坚。瞻之在前，忽焉在后。夫子循循然善诱人，博我以文，约我以礼，欲罢不能。既竭吾才，如有所立卓尔，虽欲从之，末由也已。"

颜渊感叹地说："（对于老师的学问与道德），我抬头仰望，越望越觉得高；我努力钻研，越钻研越觉得不可穷尽。看着它好像在前面，忽然又像在后面。老师善于一步一步地诱导我，用各种典籍来丰富我的知识，又用各种礼节来约束我的言行，使我想停止学习都不可能，直到我用尽了我的全力。好像有一个十分高大的东西立在我前面，虽然我想要追随上去，却没有前进的路径了。"

12. 子疾病，子路使门人为臣。病间，曰："久矣哉，由之行诈也！无臣而为有臣。吾谁欺？欺天乎！且予与其死于臣之手也，无宁死于二三子之手乎！且予纵不得大葬，予死于道路乎？"

孔子患了重病，子路派了（孔子的）门徒去作孔子的家臣，（负责料理后事，）后来，孔子的病好了一些，他说："仲由很久以来就干这种弄虚作假的事情。我明明没有家臣，却偏偏要装作有家臣，我骗谁呢？我骗上天吧？与其在家臣的侍候下死去，我宁可在你们这些学生的侍候下死去，这样不是更好吗？而且即使我不能以大夫之礼来安葬，难道就会被丢在路边没人埋吗？"

13. 子贡曰："有美玉于斯，韫椟而藏诸？求善贾而沽诸？"子曰："沽之哉，沽之哉！我待贾者也。"

子贡说："这里有一块美玉，是把它收藏在柜子里呢？还是找一个识货的商人卖掉呢？"孔子说："卖掉吧，卖掉吧！我正在等着识货的人呢。"

14. 子欲居九夷。或曰："陋，如之何？"子曰："君子居之，何陋之有！"

孔子想要搬到九夷去居住。有人说："那里非常落后闭塞，不开化，怎么能住呢？"孔子说："有君子去住，就不闭塞落后了。"

15. 子曰："吾自卫反鲁，然后乐正，《雅》《颂》各得其所。"

孔子说："我从卫国返回到鲁国以后，乐才得到整理，使雅乐和颂乐各有适当的安排。"

16. 子曰："出则事公卿，入则事父兄，丧事不敢不勉，不为酒困，何有于我哉？"

孔子说："在外侍奉公卿，在家孝敬父兄，有丧事不敢不尽力去办，不被酒所困，这些事对我来说有什么困难呢？"

17. 子在川上，曰："逝者如斯夫！不舍昼夜。"

孔子在河边说："消逝的时光就像这河水一样啊，不分昼夜地向前流去。"

18. 子曰："吾未见好德如好色者也。"

孔子说："我没有见过喜爱道德赛过喜爱美貌的人。"

19. 子曰："譬如为山，未成一篑，止，吾止也；譬如平地，虽覆一篑，进，吾往也。"

孔子说："譬如用土堆山，只差一筐土就完成了，这时停下来，那是我自己要停下来的；譬如在平地上堆山，虽然只倒下一筐，这时继续前进，那是我自己要前进的。"

20. 子曰："语之而不惰者，其回也与！"

孔子说："听我说话而能毫不懈怠的，只有颜回一个人吧！"

21. 子谓颜渊，曰："惜乎！吾见其进也，未见其止也。"

孔子对颜渊说："可惜呀！我只见他不断前进，从来没有看见他停止过。"

22. 子曰："苗而不秀者有矣夫，秀而不实者有矣夫。"

孔子说："庄稼出了苗而不能吐穗扬花的情况是有的；吐穗扬花而不结果实的情况也有。"

23. 子曰："后生可畏，焉知来者之不如今也？四十、五十而无闻焉，斯

腊梅怒放冬日暖，
劲羽挥动觅食忙。

亦不足畏也已。"

孔子说："年轻人是值得敬畏的，怎么就知道后一代不如前一代呢？如果到了四五十岁时还默默无闻，那他就没有什么可以敬畏的了。"

24. 子曰："法语之言，能无从乎？改之为贵。巽与之言，能无说乎？绎之为贵。说而不绎，从而不改，吾末如之何也已矣。"

孔子说："符合礼法的正言规劝，谁能不听从呢？但（只有按它来）改正自己的错误才是可贵的。恭顺赞许的话，谁能听了不高兴呢？但只有认真推究它（的真伪是非），才是可贵的。只是高兴而不去分析，只是表示听从而不改正错误，（对这样的人）我拿他实在是没有办法了。"

25. 子曰："主忠信。毋友不如己者，过则勿惮改。"

孔子说："一切要以忠信为本，不要结交不如自己的朋友，有错误不要怕改正。"

26. 子曰："三军可夺帅也，匹夫不可夺志也。"

孔子说："一国军队，可以夺去它的主帅；但一个男子汉，是不能强迫改变他的志向的。"

27. 子曰："衣敝缊袍，与衣狐貉者立，而不耻者，其由也与？'不忮不求，何用不臧？'"子路终身诵之，子曰："是道也，何足以臧？"

孔子说："穿着破旧的丝棉袍子与穿着狐貉皮袍的人站在一起，而不认为是可耻的，大概只有仲由吧。（《诗经》上说：）'不嫉妒，不贪求，为什么说不好呢？'"子路听后，反复背诵这句诗。孔子又说："只做到这样，怎么能说够好了呢？"

28. 子曰："岁寒，然后知松柏之后凋也。"

孔子说："到了寒冷的季节，才知道松柏是最后凋谢的。"

29. 子曰："知者不惑，仁者不忧，勇者不惧。"

孔子说："聪明人不会迷惑，有仁德的人不会忧愁，勇敢的人无所畏惧。"

30. 子曰："可与共学，未可与适道；可与适道，未可与立；可与立，未可与权。"

孔子说："可以一起学习的人，未必都能学到道；能够学到道的人，未必能够坚守道；能够坚守道的人，未必能够随机应变。"

31. "唐棣之华，偏其反而。岂不尔思？室是远尔。"子曰："未之思也，夫何远之有？"

古代有一首诗这样写道："唐棣的花朵啊，翩翩地摇摆。我能不想念你吗？只是由于家住的地方太远了。"孔子说："他还是没有真的想念，如果真的想念，有什么遥远呢？"

《论语》解读

职工文化培育出的职工很少谈利益，他们总是信奉仁德。他们学问渊博，不会只是满足于掌握某一个方面的技能，尽管他们有自己的专长。他们知礼守礼，一般不会猜疑，不会有过多的欲望，不会固执己见，不会自私自利。

他们总是自觉践行礼仪，坚定自己的人生信仰，所以他们才是真正有文化的人。他们有时被人称为圣人，不仅在于他们多才多艺，更在于他们信奉仁德，这些都来源于他们脚踏实地日积月累的付出。

他们总是不断提高自己的素质，他们对问题的追问和探寻总是没有止境。

他们的人生总是充满神奇，对人总是以礼相待，他们的学问与道德修养，总是让人们仰望和敬佩。他们总是不断努力钻研。

他们善于一步一步地引导年轻人，用各种先进文化经典来丰富年轻人的知识，还会用各种礼节来规范年轻人的言行，使年轻人想停止学习都不可能，直到年轻人用尽了自己的全力。

他们一般不会欺骗人，总是那么诚实忠厚，他们有超人的才华，总是被贤明的领导赏识和重用。他们总是喜欢在文化浓厚的地方生活工作，并不断传播正能量，点亮生命，照亮世界。

他们总是致力于先进文化的学习和践行。他们总是尊敬领导，孝敬长者，他们珍惜人生的每分每秒，始终做时间的主人，而不是当时间的奴隶。

他们都是好德之人，他们做什么事情总是善始善终，不到最后绝不会罢休。他们善于听取别人的建议，不断提升自己。他们总是不懈地追求自己的理想。

他们不会事事追求所谓的功成名就和所谓的"好结果"，他们更看重过程。他们总是鼓励年轻人，希望年轻人有出息。他们对于符合礼法的正言规劝总会听从，并及时改正自己的不足，所以，他们的品质很可贵；对于恭顺赞许的话，他们听了会高兴，但是，他们会认真辨别这些话的真伪，所以，他们的行为很可贵。

他们宁愿丢掉自己的职位，也不会放弃自己的人生志向。他们有时穿着破旧的衣服，与穿着华丽的衣服的人站在一起，他们也不会觉得丢人。他们不会妒忌什么，也不会贪求什么，他们总是做真实的自己。

智慧人生

你的"圈子"决定你的人生

网上曾经流传很火的一个视频，展示的是频率完全不同的 32 个钟摆，仅仅经过几分钟之后，钟摆的频率就自然调成一致。万事万物都是相通的。有科学家说过，人也是容易接受暗示的动物。

世界潜能大师博恩·崔西说过，习惯与你相处的人，会对你的目标有极大影响。美国加利福尼亚大学研究员霍华德·弗里德曼和罗纳德·雷吉奥发现，如果你与有焦虑感的人接触，你也会受到他的负面情绪影响。大卫·马克特兰德博士在哈佛大学做的一个实验发现，你选择的"参考团体"是决定你未来的最大因素。

你成长过程中的第一个参考团体是家庭。俗话讲，有什么样的父母，就会有什么样的孩子。父母对子女的影响非常大。当你上学和工作的时候，老师、同学和领导、同事就会成为参考团队的成员，他们也会对你产生很大的影响。有人说，人生有三大幸运：上学遇到好老师，工作遇到好领导，成家遇到好伴侣。人生有两大幸事：读好书、交高人。一个人水平的高低，在一定程度上取决于他所在的圈子。圈子里的人层次越高，对你的帮助越大，你的价值也就越大。

积极的圈子会激发你的潜能，让你发挥超常的水平。消极的圈子会消磨你的意志，有时会降低你的斗志，甚至让你渐渐颓废。因此，你一定要远离消极的圈子，因为他们经常牢骚满腹，几乎每天都在浪费时间。如果你的身边都是消极颓废的人，那么，你就缺乏向上的动力，也缺少进取的压力，更匮乏竞争的实力。选择与什么人在一起，决定了你的生命质量和人生高度。

劳模励志故事

我的纺织梦

（全国劳模　姜玲）

1990年，我怀着对纺织业的向往，到青岛国棉六厂工作。青岛是中国纺织工业的重要基地，而"郝建秀小组"就诞生在国棉六厂，是新中国纺织业的一面旗帜。从那时起，我就立志要进入这个优秀的团队，要成为郝建秀小组带头人。

记得小时候母亲曾讲过"黄道婆"的故事，我立志要在这个行业有所作为。所以，在新工人培训时，我全神贯注，认真听讲，做好笔记。一有时间就请教师傅，练习接头、换纱，并仔细观察老工人的单项操作。回到家里，我边背郝建秀工作法理论知识，边练习单项掐头，食指被纱线勒出一道道血口子，钻心地疼；为了达到接头动作的"稳、准、快"，练习过程中需要不停地拔管、接头，每分钟上万转的锭子用手一遍一遍地拔，偶尔握不住就被木管烫伤，我都咬牙坚持练，不到半年就能独立挡车；平时工作我都早来晚走，下班后在车挡练一至两个小时。我的操作技术很快达到优级，并多次在操作比武中名列前茅。凭着这股韧劲和操作技术的优秀成绩，功夫不负有心人，三个月后，我成为当时进入细纱车间145个人中唯一被选进"郝建秀小组"的成员。

等到真正进入这个团队之后，我才发现"理想很丰满，现实很骨感"。纺织厂的工作非常辛苦，车间内温度高、湿度大、花毛乱飞、噪音巨大，同事之间说话基本靠喊，还在青春年华的我很快练就了大嗓门，失去了女人该有的矜持与娇羞。二十世纪九十年代中期，随着人们择业观念的转变，与我一起进厂的姐妹们先后离开了车间，有的调到轻松岗位，有的调出单位。具有一定音乐、舞蹈天赋的我思想上一度产生了动摇，舒适的工作环境、诱人的工资待遇都那么令人羡慕。看看自己一天到晚与机器、噪音打交道，多出力，待遇低，工作枯燥乏味，没有激情，越想越感到前途暗淡，父母亲也劝我"干不了就辞了吧"。

我的师傅是全国操作能手，也是郝建秀小组的一员。师傅知道我的想法之后，及时找我谈心，并带我去郝建秀小组展厅给我讲小组的发展史和老前辈无私奉献、爱岗敬业的故事。当看到郝建秀同志代表全国人民向毛主席敬酒等照片，看到挂满墙壁的荣誉奖牌奖章时，我无比震撼，被深深地感动了，就是这一代代爱纺织、多奉献的纺织人的责任担当，才有了郝建秀小组的今天。思想通了，信念坚定了，我感到浑身是劲，从此决心献身纺织事业。

1998年，经过民主选举，我当选为工会小组长，我积极配合组长，为小组各项工作的开展做出了积极的贡献。走访谈心、帮助组员解决实际困难几乎占用了我所有休息时间，接送女儿上学、开家长会都有爸爸去做，女儿的老师一直把她当成单亲家庭的孩子来对待。协助组长，围绕生产难点开展"一高、两好、三少""双接无白点""优质大箍"竞赛，在竞赛中，我不仅是组织者，更是参赛者，小组的成绩始终在全车间名列前茅。在技术练兵中，我和骨干们以身作则，刻苦练习，建立了"一帮一、一对红"。开展了一天四练兵活动，全组操作优级率连续近十年保持100%，我也连续5年获六棉公司岗位明星。遇到组长参加社会活动或外出开会，我代理组长职责，加强小组的管理，不放过一个质量问题，圆满完成任务，平均每年超产棉纱 11 吨，减少白花 5600 公斤，抓大疵点 3 万多个，自制工具 200 多件，缝补纱包 100 余只。

我从大局出发，在不断提高自身水平的同时，还主动承担了带徒弟的任务，有时一天带 7 个徒弟，把自己的技术毫无保留地传授给她们。近几年来，由于纺织行业出现了"招不进、留不住"的现象，给企业生产带来了很大的困难，小组也增加了不少外来务工者，由于她们文化素质低，接受能力差，加上方言的影响，她们的技术就不太好。我就不厌其烦，一次次讲解示范，并且用本子详细记录，始终做好"传、帮、带"，使很多外来务工人员很快成为优级手，受到公司和车间的好评。我还是抓疵能手，根据不同纱疵的特点，我摸索出一套新的方法，根据粗纱的平整起凸程度，就能分析出纱层里面是否有纱疵。由于我的勤动脑、多摸索，我所看管的机台全年质量 100%。

"郝建秀小组"的火车头精神引领中国纺织六十余年，经历了不同的发展时期，在此期间，设备更新了一批又一批，组长换了一茬又一茬，但不变的是"工匠精神"。2007 年，经职工民主选举，我当选为郝建秀小组第九任组长，面对领导和职工的信任，我选择了传承和担当。

首先是继承和发扬优良传统。在担任组长的五年间，我带领小组的姐妹们继承和发扬火车头精神，不断创新开拓班组建设的新路子。我以身作则，积极担负新品种的试纺任务，带领职工积极开展劳动竞赛，各项生产指标始终名列前茅，为集团赢得国家"多组份、差别化生产基地"和"中国多组份纱布精品基地"等荣誉做出了突出的贡献。近年来，小组先后获得"全国五一劳动奖状""全国工人先锋号""社会主义劳动竞赛先进班组"等荣誉称号，小组成员王建华、王冬梅等获得市级劳模称号，李金英获得全国纺织劳动模范。

第二，勇于创新，不断提高劳动技能。近几年来，生产发展突飞猛进，新的科学管理方法广泛应用于生产领域。为使小组工作由拼搏型向智力型转变，我带领小组员工锐意改革，大胆创新。针对生产、质量、管理等方面出现的问题，组织开展技术攻关，提合理化建议，有效地提高了产品质量。

例如：为发挥群体作用，我组织成立了由保全技术人员、小组保养员和落纱工"三位一体"的操作技术攻关小组，从实际出发，严格操作规程，按照新品种上机的要求，调整清洁进度，增加清洁次数，加强巡回操作，取得了显著成效，小组先后成功进行了十几项技术革新，并取得了五项 QC 攻关成果；根据多年的落纱生产经验，我总结创立的"三自动落纱法"，每月可增加产量 105 公斤／台，为企业增加经济效益创造了条件；2012 年，公司引进了先进的 JWF1520 细纱机，自动落纱、无级变速，这些新名词对我和小组都是一个巨大的挑战。"我们不仅要做试纺的尖兵，更要做新技术的领跑者"，我向小组成员发起号召，主动请缨到长车区域，利用业余时间向技术人员请教新设备的机械性能、工艺设定，对设备说明书进行仔细认真地研究，一步步熟悉设备操作技能，通过对纺纱锭速曲线的研究和优化，使车速有了明显的提高。一位纺织专家曾说过："知纺织技术者，必先知其机械，方能人机一体；知纺织机械者，常要与机器相亲，做到以人为本，才能不断提高效率"。

在创新意识的驱使下，班组成员驾驭新设备的能力大幅度提高。在承担天丝、木代尔、包芯纱等高端产品试纺任务中，我迎刃有余，一次成功。有人问我成功的秘诀，我觉得自己是一个平凡人，以劳动为乐趣，以进取为主旋律，把挫折当低音，让成绩做节拍，拼搏进取，这就是"工匠精神"的真谛。目前，我们操作新式细纱机，犹如琴师抚琴，可奏出华美的乐章。

第三，提高理论水平，促进知识更新。2012 年，我被推荐赴中国劳动关系学院深造。我特别珍惜这次学习的机会。把学习当作完善自身的需求，把学习当成促进工作的动力。在校期间，我认真阅读教学材料，仔细领会每门课程所讲述的内容，做到课前预习了解，遇到问题及时向老师请教，课后复习巩固。为做到学以致用，我还攻读了"棉纺学、机织学"等纺织专业课程，并注重理论联系实际，经常运用学到的理论知识研究分析工作中遇到的问题和矛盾，寻求解决矛盾的方法。有时候在工作中遇到难题，我也会及时请教任课老师，并和同学们交流，获得了非常宝贵的实践经验和解决方法。利用在校的休息时间，我参加社会培训，考取了高级劳动关系协调师，为管理好一支优秀的团队打下了坚实的基础。

寒暑假，我放弃休息和与家人团聚的时间，回到小组继续三班倒的工作，关心小组的产量、质量，关心小组翻改品种，关心小组管理和姐妹们的工作与生活。在我的带领下，小组其他三位组员也正在大专学校继续学习，小组的整体学习氛围非常浓厚，水平也在不断提升。我先后获得"全国劳动模范""全国五一劳动奖章""全国纺织工业劳动模范""青岛市劳动模范"等荣誉称号；并当选为青岛市第十一、十二届政协委员、省妇联第十二、十三次代表大会执委、中共山东省第十次党代会代表和中国财贸轻纺烟草工会第三、四届全国委员会常委。

（文中材料由姜玲提供。）

励志语：

1. 理想很丰满，现实很骨感。
2. 以劳动为乐趣，以进取为主旋律，把挫折当低音，让成绩做节拍。
3. 把学习当作完善自身的需求，把学习当成促进工作的动力。

感悟

在现实生活中，和谁在一起非常重要，甚至能改变一个人的成长轨迹，决定一个人的人生成败。积极的人像太阳，照到哪里哪里亮；积极的暗示，会对人的情绪和生理状态产生良好的影响，激发人的内在潜能，发挥人的超常水平，使人进取，催人奋进。

职工文化培育出的职工一定会和消极的人保持距离，并且蓄意避开那些他们不尊敬、不羡慕，尤其他们不想成为的人。他们一定会远离那些消极暴躁、自暴自弃、天天想不劳而获的人。因为，这些人在生活中不仅没有很大的成就，而且几乎每天都在浪费时间，牢骚不断，并且一逮到机会就抱怨个没完。如果和这种人在一起时间久了，他们有可能也变得像这种人。这种人会在不知不觉中偷走人们的梦想，使人们渐渐颓废、变得平庸。

职工文化培育出的职工原本很优秀，如果周围消极的人过多地影响了他们，就有可能使他们缺乏向上的压力，丧失前进的动力，从而变得俗不可耐，甚至平庸。

乡党篇

《论语·乡党篇》告诉我们：做人要重视个人的行为修养。

做自己

尊重的人

毕渊

原文及译文

乡党篇

1. 孔子于乡党，恂恂如也，似不能言者。其在宗庙朝廷，便便言，唯谨尔。

孔子在本乡的地方上显得很温和恭敬，像是不会说话的样子。但他在宗庙里、朝廷上，却很善于言辞，只是说得比较谨慎而已。

2. 朝，与下大夫言，侃侃如也；与上大夫言，訚訚如也。君在，踧踖如也，与与如也。

孔子在上朝的时候，（国君还没有到来，）同下大夫说话，温和而快乐的样子；同上大夫说话，正直而公正的样子；国君已经来了，恭敬而心中不安的样子，但又行步安详。

3. 君召使摈，色勃如也，足躩如也。揖所与立，左右手，衣前后，襜如也。趋进，翼如也。宾退，必复命曰："宾不顾矣。"

国君召孔子去接待宾客，孔子脸色立即庄重起来，脚步也快起来，他向和他站在一起的人作揖，手向左或向右作揖，衣服前后摆动，却整齐不乱。快步走的时候，像鸟儿展开双翅一样。宾客走后，必定向君主回报说："客人已经不回头张望了。"

4. 入公门，鞠躬如也，如不容。立不中门，行不履阈。过位，色勃如也，足躩如也，其言似不足者。摄齐升堂，鞠躬如也，屏气似不息者。出，降一等，逞颜色，怡怡如也。没阶，趋进，翼如也。复其位，踧踖如也。

孔子走进朝廷的大门，谨慎而恭敬的样子，好像没有他的容身之地。站，他不站在门的中间；走，也不踩门坎。经过国君的座位时，他脸色立刻庄重起来，脚步也加快起来，说话也好像中气不足一样。提起衣服下摆向堂上走的时候，恭敬谨慎的样子，憋住气好像不呼吸一样。退出来，走下台阶，脸色便舒展开了，

133

竹
韵
雏
声

怡然自得的样子。走完了台阶，快快地向前走几步，姿态像鸟儿展翅一样。回到自己的位置，是恭敬而不安的样子。

5. 执圭，鞠躬如也，如不胜。上如揖，下如授。勃如战色，足蹜蹜如有循。享礼，有容色。私觌，愉愉如也。

（孔子出使别的诸侯国，）拿着圭，恭敬谨慎，像是举不起来的样子。向上举时好像在作揖，放在下面时好像是给人递东西。脸色庄重得像战栗的样子，步子很小，好像沿着一条直线往前走。在举行赠送礼物的仪式时，显得和颜悦色。和国君私下会见的时候，更轻松愉快了。

6. 君子不以绀緅饰，红紫不以为亵服。当暑，袗绤绤，必表而出之。缁衣，羔裘；素衣，麑裘；黄衣，狐裘。亵裘长，短右袂。必有寝衣，长一身有半。狐貉之厚以居。去丧，无所不佩。非帷裳，必杀之。羔裘玄冠不以吊。吉月，必朝服而朝。

君子不用深青透红或黑中透红的布镶边，不用红色或紫色的布做平常在家穿的衣服。夏天穿粗的或细的葛布单衣，但一定要套在内衣外面。黑色的羔羊皮袍，配黑色的罩衣。白色的鹿皮袍，配白色的罩衣。黄色的狐皮袍，配黄色的罩衣。平常在家穿的皮袍做得长一些，右边的袖子短一些。睡觉一定要有睡衣，要有一身半长。用狐貉的厚毛皮做坐垫。丧服期满，脱下丧服后，便佩带上各种各样的装饰品。如果不是礼服，一定要加以剪裁。不穿着黑色的羔羊皮袍和戴着黑色的帽子去吊丧。每月初一，一定要穿着礼服去朝拜君主。

7. 齐，必有明衣，布。齐必变食，居必迁坐。

斋戒沐浴的时候，一定要有浴衣，用布做的。斋戒的时候，一定要改变平常的饮食，居住也一定搬移地方，（不与妻妾同房）。

8. 食不厌精，脍不厌细。食馈而餲，鱼馁而肉败，不食。色恶，不食。臭恶，不食。失饪，不食。不时，不食。割不正，不食。不得其酱，不食。肉虽多，不使胜食气。唯酒无量，不及乱。沽酒市脯，不食。不撤姜食，不多食。

粮食不嫌舂得精，鱼和肉不嫌切得细。粮食陈旧和变味了，鱼和肉腐烂了，都不吃。食物的颜色变了，不吃。气味变了，不吃。烹调不当，不吃。不到该吃食的时候，不吃。肉切得不方正，不吃。佐料放得不适当，不吃。席上的肉虽多，但吃的量不超过米面的量。只有酒没有限制，但不喝醉。从市上买来的肉干和酒，不吃。每餐必须有姜，但也不多吃。

9. 祭于公，不宿肉。祭肉不出三日，出三日，不食之矣。

参加国君祭祀典礼时分到的肉，不能留到第二天。祭祀用过的肉不超过三天。超过三天，就不吃了。

10. 食不语，寝不言。

吃饭的时候不说话，睡觉的时候也不说话。

11. 虽疏食菜羹，瓜祭，必齐如也。

即使是粗米饭蔬菜汤，吃饭前也要把它们取出一些来祭祖，而且表情要像斋戒时那样严肃恭敬。

12. 席不正，不坐。

席子放得不端正，不坐。

13. 乡人饮酒，杖者出，斯出矣。

行乡饮酒的礼仪结束后，（孔子）一定要等老年人先出去，然后自己才出去。

14. 乡人傩，朝服而立于阼阶。

乡里人举行迎神驱鬼的宗教仪式时，孔子总是穿着朝服站在东边的台阶上。

15. 问人于他邦，再拜而送之。

（孔子）托人向在其他诸侯国的朋友问候送礼，便向受托者拜两次送行。

16. 康子馈药，拜而受之。曰："丘未达，不敢尝。"

季康子给孔子赠送药品，孔子拜谢之后接受了，说："我对药性不了解，不敢尝。"

17. 厩焚，子退朝，曰："伤人乎?"不问马。

马棚失火烧掉了。孔子退朝回来，说："伤人了吗?"不问马的情况怎么样。

18. 君赐食，必正席先尝之。君赐腥，必熟而荐之。君赐生，必畜之。侍食于君，君祭，先饭。

国君赐给熟食，孔子一定摆正座席先尝一尝。国君赐给生肉，一定煮熟了，先给祖宗上供。国君赐给活物，一定要饲养起来。同国君一道吃饭，在国君举行饭前祭礼的时候，一定要先尝一尝。

19. 疾，君视之，东首，加朝服，拖绅。

孔子病了，国君来探视，他便头朝东躺着，身上盖上朝服，拖着大带子。

20. 君命召，不俟驾行矣。

国君召见（孔子），他不等车马驾好就先步行走去了。

21. 入太庙，每事问。

孔子到了太庙，每件事都要问。

22. 朋友死，无所归，曰："于我殡。"

（孔子的）朋友死了，没有亲属负责敛埋，孔子说："丧事由我来办吧。"

23. 朋友之馈，虽车马，非祭肉，不拜。

朋友馈赠物品，即使是车马，不是祭肉，（孔子在接受时）也是不行礼的。

24. 寝不尸，居不客。

（孔子）睡觉不像死尸一样挺着，平日家居也不像作客或接待客人时那样庄重严肃。

25. 见齐衰者，虽狎，必变。见冕者与瞽者，虽亵，必以貌。凶服者式之，式负版者。

（孔子）看见穿丧服的人，即使是关系很亲密的，也一定要把态度变得严肃起来。看见当官的和盲人，即使是常在一起的，也一定要有礼貌。在乘车时遇见穿丧服的人，便俯伏在车前横木上（以示同情）。遇见背负国家图籍的人，也这样做（以示敬意）。

26. 有盛馔，必变色而作。迅雷风烈必变。

（作客时，）如果有丰盛的筵席，就神色一变，并站起来致谢。遇见迅雷大风，一定要改变神色（以示对上天的敬畏）。

27. 升车，必正立，执绥。车中，不内顾，不疾言，不亲指。

上车时，一定先直立站好，然后拉着扶手带上车。在车上，不回头，不高声说话，不用手指指点点。

28. 色斯举矣，翔而后集。曰："山梁雌雉，时哉时哉！"子路共之，三嗅而作。

孔子在山谷中行走，看见一群野鸡，孔子神色动了一下，野鸡飞翔了一阵，落在树上。孔子说："这些山梁上的母野鸡，得其时呀！得其时呀！"子路向他们拱拱手，野鸡便叫了几声飞走了。

《论语》解读

职工文化培育出的职工总是显得很温和恭敬，像是不会说话的样子。但他们在正式的场合，却总是表现得很善于言辞，只是说话比较谨慎而已。

这些职工在领导没来的时候，和比自己级别低的职工说话，总是温和而快乐的样子；同比自己级别高的职工说话，总是正直而公正的样子；当领导来的时候，他们则总是很恭敬。

他们接待宾客，脸色庄严，脚步敏捷；他们总是以礼待人，对宾客做着各种必要的礼仪手势或姿势，以表示对宾客的尊敬和欢迎，他们总是穿着整洁大方。他们快步迎接宾客的时候，总是像鸟儿展开双翅一样。当送宾客走时，他们总是送到看不到宾客或者客人已经不回头张望为止。

他们进领导办公室大门的时候，总是谨慎而恭敬的样子。站，他不站在门的中间；走，也不踩门坎。在领导面前的时候，他们脸色总是庄重严肃，去请示领导总是脚步快捷，说话也好像中气不足一样。他们到领导办公室的时候，总是恭敬谨慎的样子，憋住气好像不呼吸一样。退出领导办公室之后，他们的脸色便舒展开了，总是怡然自得的样子。离开领导办公室时，他们总是快快地向前走几步，姿态像鸟儿展翅一样。

当回到自己工作岗位的时候，他们总是恭敬而不安的样子。因为，尊重领导、忠诚事业是这些职工的基本行为修养。他们到别的企业参观学习的时候，总是很恭敬谨慎，言行总是很规矩，总是以礼待人。在参观学习的过程中，他们的脸色总是很庄重认真。

在参观学习的仪式上，他们总是显得和颜悦色，和对方领导进行交流的时候，他们总是轻松愉快的样子。他们的知礼守礼不仅表现在行为修养上，还表现在他们的服饰穿着上。他们总是在不同的场合穿着符合礼仪要求的服饰。

他们了解传统文化对于穿着礼仪的一些基本要求：君子不用深青透红或黑中透红的布镶边，不用红色或紫色的布做平常在家穿的衣服；夏天穿的单衣，一定要套在内衣外面，而且注意颜色搭配。平常在家穿的衣服要长一些，休闲一些，睡觉一般要有睡衣，有时家里配有坐垫。正式的场合穿正式的服饰，休闲的场合穿休闲的服饰，有的场合还需要佩戴各种各样的装饰品。如果不是礼服，一般比较休闲，不穿不符合礼仪要求的服饰，他们会见贵宾时一般服饰穿着正式讲究。斋戒沐浴的时候，一般有浴衣，有时斋戒的时候，会改变平常的饮食，居住也有一定的讲究。

传统文化中的一些生活要求有：在饮食中，粮食总是讲求精，鱼和肉总是切得很细。粮食陈旧和变味了，鱼和肉腐烂了，都不吃。食物的颜色变了，不吃。气味变了，不吃。烹调不当，不吃。不新鲜的东西，不吃。肉切得不方正，不吃。佐料放得不适当，不吃。席上的肉虽多，但吃的肉量不超过米面的量。只有酒没有限制，但不喝醉。从市上买来的肉干和酒，不吃。每餐必须有姜，但也不多吃。参加祭祀典礼时分到的肉，不能留到第二天。祭祀用过的肉不超过三天。超过三天，就不吃了。吃饭的时候不说话，睡觉的时候也不说话。即使是粗米饭蔬菜汤，吃饭前也要把它们取出一些来祭祖，而且表情要像斋戒时那样严肃恭敬。席子放得不端正，不坐。

以上这些生活行为礼仪对于当前规范职工的饮食文化及其行为礼仪也有很重要的启发和指导意义。

职工文化培育出的职工在参加各种重要的仪式之后，一般总是先让长者或领导先走，然后自己才出去。他们参加非常正式的仪式一般都要着正装，总是站在或坐在符合礼仪的位置。他们向亲朋好友送行时，总是以礼相待。对于别人赠送的东西，他们总是礼貌而谨慎待之。他们对人的关心关爱超过一切。他们尊重领导但不谄媚领导，尊重领导是修养，谄媚领导是下贱。对于领导的关心关爱，他们总是以礼相待。他们不懂的问题总是喜欢向别人请教。

他们看重朋友之间的友情，他们是重情重义之人，与朋友交往也是以礼相待。他们的日常行为总是知礼守礼，在家里很休闲，不会像作客或接待客人时那样庄重严肃。

他们在正式的场合遇到别人，即使是关系很亲密的人，态度也会变得严肃起来。他们总是在不同的场合表现不同的行为方式和神色表情，这也是他们知礼守礼的表现。他们在什么场合说什么话，在什么场合做什么事，在公共场合一般不会大声喧哗，也不会用自己的手指指点点。他们对人总是以礼相待，对其他生命也是爱惜有加。

智慧人生

做自己尊重的人

在 2016 年北京大学本科生的毕业典礼上，饶毅教授以《做自己尊重的人》为标题，代表教师为毕业生做了一场 3 分 56 秒的简短致辞。他在致辞中说，每一位毕业生都是值得珍惜的奇迹，每一位毕业生都应该做自己尊重的人。

他特别指出，过去、现在和将来，能够完全知道个人思想和行为的只有自己，自我尊重是重要的正道。他告诫毕业生，赢得自己的尊重并非易事，但很值得！但赢得自己的尊重不是自恋、自大、自负，而是自信、自知、自强。自尊支撑自由的精神、自主的工作和自在的生活。

他还祝愿毕业生，退休的时候要觉得职业中的自己值得尊重；迟暮之年要觉得生活中的自己值得尊重。

劳模励志故事

让人生在平凡的岗位上闪光

（全国劳模　张立红）

我是辽宁省阜新福棉纺织染集团织布车间的一名挡车工，在 1997 年阜新市职工技能大赛上获织布挡车工第一名，被授予阜新市技术能手称号；在2005年阜新市"市长杯"职工技能大赛上，获得织布工种第一名，同时被破格授予阜新市劳动模范；2005年1月，我被授予阜新市"十佳创业明星"称号，2006年被授予全国女职工建功立业标兵；2009年在阜新市"市长杯"职工技能大赛织布挡车工比赛上又获第一名，获得2009年度阜新市十大创新明星、阜新市金牌工人；2009年末，我又被评选为辽宁省知识型职工标兵。在2009年12月16日召开的2009年度阜新市"市长杯"职工技能大赛颁奖晚会上，我又获阜新市技术状元、首席员工、阜新市劳动模范称号；2010年3月我获阜新市五一巾帼先进个人称号，2010年4月，我被授予全国劳动模范荣誉称号。

如果一个人把全部的智慧和精力都投入到自己所热爱的事业中去，那么，他所创造的价值将是无法估量的。我无疑就是这样一个把青春和汗水都奉献给事业和岗位的人。

记得在我小的时候，家里条件非常不好，只有爸爸一个人上班，我家里有六口人，我们姐弟之间只差两岁，爸爸的工资只够我们姐弟的学费。初中毕业之后，我主动和妈妈商量，为了减轻家里的负担，我出去打工挣钱。

1993年，年仅18岁的我进入阜新福棉纺织染集团，成为一名普通的织布挡车工。肯钻研、不服输、虚心好学的我给同事们留下了深刻印象，别的学徒工学打结，半个小时完成任务了事，我却不然，除了完成教练安排的任务外，还把接头纱带到家里，自己一个人练，直到比同期进厂的新工人打结打得都快、打得更好为止。就是凭着这样一股子不服输的劲儿，我在短短的两年时间里，成为本工段乃至车间的操作状元。

在1997年阜新市青工技能大赛上，我因取得了第一名的好成绩，被破格晋升为市"工人技师"；在公司举办的各个级别的操作大赛中，我的名字总是出现在第一位，产品质量也名列前茅，我很快就脱颖而出，成为织布挡车工中的佼佼者。

作为新时期的工人，善于学习、乐于学习是我最突出的特点。同事们都说，我有一个经常学习和善于思索的大脑，别人用手干活，我是用心干活。我是织布车间第一个打破16台正常规定看机量，一人担起看22台到24台织布机重任的挡车工，并保质保量地完成生产任务。这也是在全国挡车工看机的首例。

要想当一个好工人，就得不断学习，提高技术，增强素质，这是咱工人的立业之本，我就是这样做的。技术水平高了，知名度也高了，但我这人从不自满，从不保守。我将自己的技术和经验毫不保留地传授给其他的同事，帮他们提升技术、带头作用，对提高公司织布车间挡车工的操作水平起到了促进作用。2009年1月，我被授予阜新市"十佳创业明星"称号，2009年我又在阜新市"市长杯"职工技能大赛纺织挡车工比赛上，获市第一名，我又被评为阜新市"金牌工人"，并荣获阜新市特等"劳动模范"荣誉称号。

"我常想，一个人能够为自己热爱的事业而献青春、献力量、贡献全部精力，那他的生命将得到升华。"我是这么说的，也是这么做的。18年来，我放弃了许多节假日和个人的休息时间，无论是谈恋爱，还是结婚生女，我都不会放下心爱的工作而不顾。每天早来晚走，无私奉献，得到了公司领导及姐妹们的一致好评。在织布车间里，我勇挑重担，哪里的织布机不好看，哪个品种的机台需要人，我就去哪里；哪里的活最苦最累，我就出现在哪里，而且，我都能以自己出色的操作水平，把各项工作完成好，把机台看管好。

纺织行业人员流动性大，车间缺人是常有的事，我就经常带领姐妹们主动扩台看机，甚至有时一个人干两个人的活。为了保证产品质量，我多做机台扫除，早来晚走，中午不吃饭是常有的事。18年来，我的产量、质量年年名列车间榜首；我看的机台被公司命名为"红旗标准机台"；在织布车间，我每年都获得公司优秀党员和公司劳动模范的称号。

近年来，由于受全球金融危机的冲击，纺织行业很难做，销售市场很不稳定，改台十分频繁，直接影响到产量的完成。对此，我更加严格要求自己，一丝不苟地努力工作。尤其是织布车间搬迁到新厂区，新厂区远离市区，路途远，人员非常紧张。面对企业的困境，我主动到新厂区工作，并向车间领导提出：打破自己看织布机 22 台车的记录，要求看 24 台织布机！这个看台量，在福棉织布挡车工中，从来没有人达到过。

在我的带领下，织布车间乃至全公司的织布挡车工，都达到了看 24 台织布机的历史最高纪录，并且保质保量地完成了生产任务，缓解了各车间人员紧张的困难。仅 2011 年，我生产棉布 144136 万米，超产 11024 万米，产品质量全部达标，为公司的发展做出了突出的贡献。15236 万米，超产 11024 万米，产品质量全部达标，为公司的发展做出了突出的贡献。大家都说，我不愧是一名全国劳动模范、金牌工人，是阜新纺织行业职工的楷模。

2013 年 3 月 5 日，带着公司领导及同事的重托和希望，我踏上了求学之旅。时间荏苒，中国劳动关系学院的学习结束了。在今后的工作中，我将学习到的理论知识用于实践工作中，做到学以致用，不断丰富、完善自我，做一名知识型、技能型、创新型的高素质纺织挡车工，更好地发挥劳动模范的作用，为公司发展做出更大的贡献。

（文中材料由张立红提供。）

励志语：

1. 如果一个人把全部的智慧和精力都投入到自己所热爱的事业中去，那么，他所创造的价值将是无法估量的。

2. 别人用手干活，我是用心干活。

3. 要想当一个好工人，就得不断学习，提高技术，增强素质，这是咱工人的立业之本。

4. 一个人能够为自己热爱的工作贡献青春、贡献力量、贡献全部精力，那他的生命将得到升华。

感悟

职工文化培育出的职工总是追求自己人生的成功和幸福。但是，他们一般不会以丧失良知去追求成功，更不会以损害他人去获取幸福。他们不断创造自己的生命奇迹、人生的奇迹、自我价值的奇迹，是因为他们总是在做自己尊重的人。

他们清楚：过去、现在、将来，能够完全知道个人行为和思想的只有自己。所以，自我尊重是他们的人生大道。这些职工在各种诱惑和艰难中总能保持人性的尊严，赢得自己的尊重。

但是，自我尊重不是：自恋、自大、自负、自夸、自欺、自闭、自怜，而是：自信、自豪、自量、自知、自省、自赎、自勉、自强。他们的自我尊重支撑自由的精神、自主的工作、自在的生活。

先进篇

《论语·先进篇》告诉我们：
做人要加强个人的言行修养
和志向修养。

成为
独一无二
的自己

原文及译文

先进篇

1. 子曰:"先进于礼乐,野人也;后进于礼乐,君子也。如用之,则吾从先进。"

孔子说:"先学习礼乐而后再做官的人,是(原来没有爵禄的)平民;先当了官然后再学习礼乐的人,是君子。如果要先用人才,那我主张选用先学习礼乐的人。"

2. 子曰:"从我于陈、蔡者,皆不及门也。"

孔子说:"曾跟随我从陈国到蔡地去的学生,现在都不在我身边受教了。"

3. 德行:颜渊,闵子骞,冉伯牛,仲弓。言语:宰我,子贡。政事:冉有,季路。文学:子游,子夏。

德行好的有:颜渊、闵子骞、冉伯牛、仲弓。善于辞令的有:宰我、子贡。擅长政事的有:冉有、季路。通晓文献知识的有:子游、子夏。

4. 子曰:"回也非助我者也,于吾言无所不说。"

孔子说:"颜回不是对我有帮助的人,他对我说的话没有不心悦诚服的。"

5. 子曰:"孝哉闵子骞! 人不间于其父母昆弟之言。"

孔子说:"闵子骞真是孝顺呀! 人们对于他父母兄弟称赞他的话,没有什么异议。"

6. 南容三复白圭,孔子以其兄之子妻之。

南容反复诵读"白圭之玷,尚可磨也;斯言之玷,不可为也。"的诗句。孔子把侄女嫁给了他。

7. 季康子问:"弟子孰为好学?"孔子对曰:"有颜回者好学,不幸短命死矣,今也则亡。"

季康子问孔子："你的学生中谁是好学的？"孔子回答说："有一个叫颜回的学生很好学，不幸短命死了。现在再也没有像他那样的了。"

8. 颜渊死，颜路请子之车以为之椁。子曰："才不才，亦各言其子也。鲤也死，有棺而无椁，吾不徒行以为之椁。以吾从大夫之后，不可徒行也。"

颜渊死了，（他的父亲）颜路请求孔子卖掉车子，给颜渊买个外椁。孔子说："（虽然颜渊和鲤）一个有才一个无才，但各自都是自己的儿子。孔鲤死的时候，也是有棺无椁。我没有卖掉自己的车子步行而给他买椁。因为我还跟随在大夫之后，是不可以步行的。"

9. 颜渊死。子曰："噫！天丧予！天丧予！"

颜渊死了，孔子说："唉！老天爷真要我的命呀！老天爷真要我的命呀！"

10. 颜渊死，子哭之恸。从者曰："子恸矣！"曰："有恸乎？非夫人之为恸而谁为？"

颜渊死了，孔子哭得极其悲痛。跟随孔子的人说："您悲痛过度了！"孔子说："是太悲伤过度了吗？我不为这个人悲伤过度，又为谁呢？"

11. 颜渊死，门人欲厚葬之。子曰："不可。"门人厚葬之，子曰："回也视予犹父也，予不得视犹子也。非我也，夫二三子也！"

雅韵奇石

颜渊死了，孔子的学生们想要隆重地安葬他。孔子说："不能这样做。"学生们仍然隆重地安葬了他。孔子说："颜回把我当父亲一样看待，我却不能把他当亲生儿子一样看待。这不是我的过错，是那些学生们干的呀。"

12. 季路问事鬼神。子曰："未能事人，焉能事鬼?"曰："敢问死。"曰："未知生，焉知死?"

季路问怎样去侍奉鬼神。孔子说："没能侍奉好人，怎么能侍奉鬼呢?"季路说："请问死是怎么回事?"（孔子回答）说："还不知道活着的道理，怎么懂得死呢?"

13. 闵子侍侧，訚訚如也；子路，行行如也；冉有、子贡，侃侃如也。子乐。"若由也，不得其死然。"

闵子骞侍立在孔子身旁，和悦而温顺的样子；子路是刚强的样子；冉有、子贡是温和快乐的样子。孔子高兴了。但孔子又说："像仲由这样，只怕不得好死吧!"

14. 鲁人为长府，闵子骞曰："仍旧贯，如之何? 何必改作?"子曰："夫人不言，言必有中。"

鲁国翻修长府的国库。闵子骞道："照老样子下去，怎么样? 何必改建呢?"孔子道："这个人平日不大开口，一开口就说到要害上。"

15. 子曰："由之瑟奚为于丘之门?"门人不敬子路。子曰："由也升堂矣，未入于室也。"

孔子说："仲由弹瑟，为什么在我这里弹呢?"孔子的学生们因此都不尊敬子路。孔子便说："仲由嘛，学问已经不错了，只是还不够精深罢了。"

16. 子贡问："师与商也孰贤?"子曰："师也过，商也不及。"曰："然则师愈与?"子曰："过犹不及。"

子贡问孔子："子张和子夏二人谁更好一些呢?"孔子回答说："子张过分，子夏不足。"子贡说："那么是子张好一些吗?"孔子说："过分和不足一样不好。"

17. 季氏富于周公，而求也为之聚敛而附益之。子曰："非吾徒也，小子鸣鼓而攻之，可也。"

季氏比周朝的公侯还要富有，而冉求还帮他搜刮来增加他的钱财。孔子说："他不是我的学生了，你们可以大张旗鼓地去攻击他吧！"

18. 柴也愚，参也鲁，师也辟，由也喭。

高柴恩直，曾参迟钝，颛孙师偏激，仲由鲁莽。

19. 子曰："回也其庶乎，屡空。赐不受命，而货殖焉，亿则屡中。"

孔子说："颜回的学问道德接近于完善了吧，可是他常常贫困。端本赐不听命运的安排，去做买卖，猜测行情，往往猜中了。"

20. 子张问善人之道，子曰："不践迹，亦不入于室。"

子张问做善人的方法。孔子说："如果不沿着前人的脚印走，其学问和修养就不到家。"

21. 子曰："论笃是与，君子者乎，色庄者乎？"

孔子说："听到人议论笃实诚恳就表示赞许，但还应看他是真君子呢？还是伪装庄重的人呢？"

22. 子路问："闻斯行诸？"子曰："有父兄在，如之何其闻斯行之？"冉有问："闻斯行诸？"子曰："闻斯行之。"公西华曰："由也问闻斯行诸，子曰'有父兄在'；求也问闻斯行诸，子曰'闻斯行之'。赤也惑，敢问。"子曰："求也退，故进之；由也兼人，故退之。"

子路问："听到了就行动起来吗？"孔子说："有父兄在，怎么能听到就行动起来呢？"冉有问："听到了就行动起来吗？"孔子说："听到了就行动起来。"公西华说："仲由问'听到了就行动起来吗？'你回答说'有父兄健在'，冉求问'听到了就行动起来吗？'你回答'听到了就行动起来'。我被弄糊涂了，敢再问个明白。"孔子说："冉求总是退缩，所以我鼓励他；仲由好勇过人，所以我约束他。"

23. 子畏于匡，颜渊后。子曰："吾以女为死矣！"曰："子在，回何敢死！"

孔子在匡地受到当地人围困，颜渊最后才逃出来。孔子说："我以为你已经死了呢。"颜渊说："夫子还活着，我怎么敢死呢？"

24. 季子然问："仲由、冉求可谓大臣与？"子曰："吾以子为异之问，曾由与求之问。所谓大臣者，以道事君，不可则止。今由与求也，可谓具臣矣。"曰："然则从之者与？"子曰："弑父与君，亦不从也。"

季子然问："仲由和冉求可以算是大臣吗？"孔子说："我以为你是问别人，原来是问由和求呀。所谓大臣是能够用周公之道的要求来侍奉君主，如果这样不行，他宁肯辞职不干。现在由和求这两个人，只能算是充数的臣子罢了。"季子然说："那么他们会一切都跟着季氏干吗？"孔子说："杀父亲、杀君主的事，他们也不会跟着干的。"

25. 子路使子羔为费宰，子曰："贼夫人之子。"子路曰："有民人焉，有社稷焉，何必读书，然后为学？"子曰："是故恶夫佞者。"

子路让子羔去做费地的长官。孔子说："这简直是害人子弟。"子路说："那个地方有老百姓，有社稷，治理百姓和祭祀神灵都是学习，难道一定要读书才算学习吗？"孔子说："所以我讨厌那种花言巧语狡辩的人。"

26. 子路、曾皙、冉有、公西华侍坐。子曰："以吾一日长乎尔，毋吾以也。居则曰：'不吾知也！'如或知尔，则何以哉？"子路率尔而对曰："千乘之国，摄乎大国之间，加之以师旅，因之以饥馑；由也为之，比及三年，可使有勇，且知方也。"夫子哂之。"求，尔何如？"对曰："方六七十，如五六十，求也为之，比及三年，可使足民。如其礼乐，以俟君子。""赤！尔何如？"对曰："非曰能之，愿学焉。宗庙之事，如会同，端章甫，愿为小相焉。""点，尔何如？"鼓瑟希，铿尔，舍瑟而作，对曰："异乎三子者之撰。"子曰："何伤乎？亦各言其志也。"曰："暮春者，春服既成，冠者五六人，童子六七人，浴乎沂，风乎舞雩，咏而归。"夫子喟然叹曰："吾与点也！"三子者出，曾皙后。曾皙曰："夫三子者之言何如？"子曰："亦各言其志也已矣。"曰："夫子何哂由也？"曰："为国以礼，其言不让，是故哂之。""唯求则非邦也与？""安见方六七十如五六十而非邦也者？""唯赤则非邦也与？""宗庙会同，非诸侯而何？赤也为之小，孰能为之大？"

　　子路、曾皙、冉有、公西华四个人陪孔子坐着。孔子说："我年龄比你们大一些，不要因为我年长而不敢说。你们平时总说：'没有人了解我呀！'假如有人了解你们，那你们要怎样去做呢？"子路赶忙回答："一个拥有一千辆兵车的国家，夹在大国中间，常常受到别的国家侵犯，加上国内又闹饥荒，让我去治理，只要三年，就可以使人们勇敢善战，而且懂得礼仪。"孔子听了，微微一笑。孔子又问："冉求，你怎么样呢？"冉求答道："国土有六七十里或五六十里见方的国家，让我去治理，三年以后，就可以使百姓饱暖。至于这个国家的礼乐教化，就要等君子来施行了。"孔子又问："公西赤，你怎么样？"公西赤答道："我不敢说能做到，而是愿意学习。在宗庙祭祀的活动中，或者在同别国的盟会中，我愿意穿着礼服，戴着礼帽，做一个小小的赞礼人。"孔子又问："曾点，你怎么样呢？"这时曾点弹瑟的声音逐渐放慢，接着"铿"的一声，离开瑟站起来，回答说："我想的和他们三位说的不一样。"孔子说："那有什么关系呢？也就是各人讲自己的志向而已。"曾皙说："暮春三月，已经穿上了春天的衣服，我和五六位成年人、六七个少年，去沂河里洗洗澡，在舞雩台上吹吹风，一路唱着歌走回来。"孔子长叹一声说："我是赞成曾皙的想法的。"子路、冉有、公西华三个人都出去了，曾皙后走。他问孔子说："他们三人的话怎么样？"孔子说："也就是各自谈谈自己的志向罢了。"曾皙说："夫子为什么要笑仲由呢？"孔子说："治理国家要讲礼让，可是他说话一点也不谦让，所以我笑他。"曾皙又问："那么，是不是冉求讲的不是治理国家呢？"孔子说："哪里见得六七十里或五六十里见方的地方就不是国家呢？"曾皙又问："公西赤讲的不是治理国家吗？"孔子说："宗庙祭祀和诸侯会盟，这不是诸侯的事又是什么？像赤这样的人如果只能做一个小相，那谁又能做大相呢？"

《论语》解读

　　职工文化培育出的职工总是把个人修养放在最重要的位置，不管他们的过去是寄人篱下还是身份显贵。

　　这些职工重视学习知识和做事，更重视学习文化和做人。他们的学习内容不仅包括德行修养，还包括语言沟通能力培养、国际国内形势的把握以及广博知识的获取等等。

他们不仅喜欢帮助人，而且喜欢听从师长的教诲。他们非常孝顺父母，他们总是喜欢阅读修身养性的经典著作，用于指导自己的日常生活和工作，所以，他们总是散发着魅力。

他们总是非常勤奋学习，但是，他们也懂得劳逸结合，绝不会以损害身体健康为代价。他们的才华不管是高还是低，他们最重视的还是自己的德行修养，不符合礼仪道德的事情他们一般是不会去做的。他们的德行修养是他们人生的最大财富，所以，他们总是得到人们的尊重、尊敬、爱护和拥护。即使是最亲近的人，他们也总是以礼相待，对于遵守的礼仪道德一般不会越雷池半步。

他们总是把尊重人和爱护人看得比什么都重要，他们珍惜生命、热爱生命。他们在长者和领导面前的时候，总是和悦而温顺，总是懂得灵活应对，总是温和快乐。所以，他们总能得到长者和领导的赞赏。

他们有时话语不多，但是，一旦说起话来，总是有条有理，总是能够把握问题的本质。他们总是懂得尊敬别人，即使别人水平不如自己，他们也总会看到别人的长处，给予别人充分的肯定。肯定别人，也是肯定自己。

他们之所以做事总能恰到好处，是因为他们懂得过犹不及的道理。他们一般不会仅仅追求钱财的富有，他们懂得君子爱财，取之有道的道理，他们总是会处理好义利的关系。他们既不会愚蠢和迟钝，也不会偏激和鲁莽。

即使生活处于贫困状态，他们也不会听从命运的摆布，他们会不断认识自己，成为更好的自己，在平凡中彰显不平凡的人生。

他们总是追求做优秀的自己，不断向优秀的人学习，所以，他们的学问和修养总是高人一筹。他们一般听到有人议论笃实诚恳就表示赞许，因为他们都是真君子，也是庄重之人。他们如果好勇过人，做事就会三思而后行，不断征求别人的建议，用礼仪道德规范自己的行为。他们如果有所顾虑，做事就会增强勇气，不断自我激励，冲破藩篱，尽快抓住有利时机，取得成效。

他们总是能够克服各种艰难困苦，抓住一个又一个人生机遇，即使危在旦夕，他们也总能化险为夷。他们不管怎么成功，总会按照礼仪道德规范自己和提升完善自己，有违礼义廉耻的事情他们不会去做。

他们总是先做好自己，再影响别人，他们点亮自己，照亮他人。

他们总是坚持和追求自己的人生梦想，与朋友分享自己的人生体悟，加强自身礼仪道德修养。他们总是喜欢造福别人、成就别人，看重别人的礼仪道德修养。

他们总是能够说到做到，尤其喜欢不断学习、提升自己，他们在各种重大的场合总是彬彬有礼。

他们总是喜欢顺其自然，有自己独特的人生体会和人生志向，喜欢在自然的状态下享受人生的美好。

智慧人生

你是哪种类型的职工？

电视剧《欢乐颂2》中的五个女人，代表了现实中的五种职工类型。

第一种　苦干型职工

剧中的关雎尔就属于这种类型的职工，她为了通过世界500强企业的实习考核，没日没夜地加班加点。像她这样的职工总是对自己的未来充满自信和梦想，勤奋努力、任劳任怨，所以，他们总能得到单位的认可和赏识。

但是，这样的职工踏踏实实的工作态度和埋头苦干的工作热情，有时并不能保证他们最终能成为职业高手。因为他们有时缺乏灵活性和变通性。例如，关雎尔出于好心，不会拒绝同事的请求，导致出错受牵连，影响到自己的工作。

第二种　勇敢型职工

这种类型的职工就是剧中的邱莹莹。她为了开网店，通宵达旦努力学习专业知识技能。像她这样的职工，做事总是非常勇敢，一旦认定自己的目标，就会马上行动，雷厉风行。

但是，这样的职工也会像邱莹莹一样，遇到什么事情，总会不动脑子，冲动说话，盲目做事。他们的执行力很强，但有时缺乏策略和技巧。有时他们总觉得自己是对的，甚至有点盲目自信，所以有时他们比较刚愎自用。

第三种　情感型职工

剧中的樊胜美就属于情感型职工，善于察言观色，善于处理人情世故，在工作与生活中都能独当一面，而且二者兼顾得都比较好。这样的职工情商都比较高，遇事善于随机应变，与人相处也比较讲究技巧。

但是，这样的职工容易给人比较圆滑、油滑的感觉，有时遇到事情，他们不是想着如何处理，而是先想着如何把责任推出去。这样的职工有时会把更多的时间用在琢磨人上，所以，这样的职工有时活得比较累。

第四种　实力型职工

剧中的安迪属于实力型职工。她毕业于美国名校，各种前沿理论和分析数据信手拈来，专业能力和专业水平让人赞叹。她家里的墙上永远挂着 6 个时区的钟表，书桌上总是开着多屏交易数据图，做事冷静果断，表现出极强的专业素养。

这样的职工才是我们学习的榜样，也是我们追求的目标。没有实力，难有竞争力。因此，我们要不断补充自己的知识，不断提升自己的技能，不断提高自己的综合素养。

第五种　人脉型职工

这种类型的职工就是剧中的曲筱绡。她有一帮时时处处都会在关键时刻帮助她、保护她的好"哥们儿"。这是因为她做人仗义、做事义气，身边总有一批情投意合的得力的好朋友。这些好朋友几乎都可以做到随叫随到，任何非常时刻，这些朋友都能为她冲锋陷阵。

俗话讲，人脉就是财脉，在一定意义上讲，一个人的实力就是他的人脉。有些人之所以总能做成大事，一方面取决于他们自身的能力，另一方面是他们的强大人脉。但是，人脉形成的根本在于自己的实力和魅力。人脉是吸引来的。物以类聚，人以群分。没有过硬的实力和超群的人格魅力，人脉也很难强大。

劳模励志故事

奋斗改变人生

（全国劳模　贾向东）

贾向东是全国焊工状元、全国劳模。他与焊接的渊源最早可追溯至他已过世的爷爷。"尽管爷爷文化程度不高，但他经常教育家里人说'技术是握在手里的黄金'。"贾向东回忆说，在爷爷的影响下，贾向东的三叔成为一名焊工，并凭借这一手艺走出农村。

2000 年，贾向东进入山西电建二公司，"刚开始只是在后勤负责送水，对技术没啥概念"。一次机缘巧合，2002 年 3 月公司统一招聘焊工，贾向东踊跃报名并幸运入选。这次入选，贾向东很开心，爷爷的话不时在他耳边响起，点燃了他内心深处"学点技术"的渴望，所以，他格外珍惜这次焊工培训的机会，"每天早早就去了，打扫卫生，练习试件。"焊接培训非常枯燥和单调，初学焊工的贾向东每天都重复着打磨、固定、焊接、检验的过程，平焊、立焊、横焊、仰焊，站、仰、蹲、趴……为了多练习，他把切割下来的废料一条一条地拼接起来练，一次能拼四五道焊缝。

他很快成为培训班里进步最快、技术最好的一个，"当时的想法很简单，就是把技术练好，养家糊口。"勤奋刻苦的他也得到了师傅的肯定和指导，"是个学焊工的好苗苗"。

两个多月的培训结束后，贾向东走上焊工生涯的首个项目——河南周口125兆瓦电厂项目。"作为新手，一切都是从入门级干起，从不重要的结构件到重要的部件。"贾向东干活让人省心，"不用让班长告诉干多少，干起活来，就忘记周边的、噪音，眼里、心里都是怎样焊得更好。"

正是凭借着这骨子认真、专注，他在日后的焊接道路上声名鹊起，满载荣誉、证书、奖章。

在15年的焊接生涯中，贾向东先后参加了国家重点工程——山西大唐神头第二发电厂二期工程、山西阳城发电厂二期工程、山西大同塔山电厂等工程的焊接工作和多个电厂的检修工作，完成的焊口总量相当于一个人完成了一座60万千瓦机组工程高压焊口工作，优良率超过99%，合格率达到100%。

"判断焊口焊得好不好，外观上一是看焊缝宽窄差，二是看高低差，三是看波纹是否均匀美观。内部通过X光检测，焊缝黑度均匀、没有缺陷，就是好焊活。有缺陷，就有可能在将来的运行中爆管。"贾向东常说，宽窄差和高低差为零是最高的水平。要想做到这样的焊活，非常不容易，靠的就是焊工兢兢业业的精神。

他经常在项目上一待就几个月，爱人开玩笑地说："你回家就像住宾馆一样。"女儿每次打电话都会问："爸爸什么时候回家？"十五个寒来暑往，不管是北风凛冽，还是烈日暴晒，一线作业中，总能看到贾向东的身影。他或站或仰，或卧或蹲，俨然忘却了周围恶劣的环境，精雕细琢一件件精美的艺术品。

"夏天和冬天总是最难熬的季节，尤其是在钢板上作业，夏天钢板温度高达四五十摄氏度，站在上面，脚底像被烘烤着一样；冬天零下一二十摄氏度，穿再厚的棉鞋都无济于事。"要将每一处缝隙焊接得完美无瑕，考验的就是焊工的定力、耐力。贾向东做到了！手上、胳膊上、腿上，大大小小的伤疤赫然在目。"早就记不清是什么时候被焊花烫伤的了"，他像没事儿人似的，因为在他看来，这太正常了。"干我们这一行的都这样。轻一点的烫伤不管它，重一点的就用纱布包扎一下。冬天还好说，尤其是夏天，伤口沁在汗渍里，还容易感染。"他笑了笑，焊工的皮肤已经被练得"特别经烫"。

刚刚参加工作时的贾向东视力很好，现在他戴着一副 450 度的近视眼镜。"这是焊接的副产品。"他笑着说。虽然工作时佩戴面罩，但在焊接工作中，尤其是人多的时候一起工作，眼睛被弧光灼伤是难免的。在他的记忆里，被灼伤的眼睛"当时可能觉得没事"，可到了晚上躺在床上睡觉，"一闭眼就感觉有什么东西在里面"，或是"疼得流眼泪"。乐观的贾向东并不以为意，当看到自己的焊接活犹如"完美的艺术品"，他心中是满满的成就感，"一切的付出也就值了"。

"不登高山，不知天之高也；不临深溪，不知地之厚也。"在前进的路上，他没有停歇自己的脚步，孜孜以求，不断攀登新的高峰。2006 年山西省第二届"西山煤电杯"职工职业技能大赛中，年仅 23 岁的他一举夺冠，成为那次大赛最年轻的状元，被山西省社会主义劳动竞赛委员会授予"山西省五一劳动奖章"，并破格晋升为技师职业资格。翌年，组织上授予他"全国五一劳动奖章"荣誉称号。2009 年，组织上派遣他到中国劳动关系学院进修深造学习，被学院评为优秀学员，暑假里，他积极参加全国第三届职工职业技能大赛，获得全国第二名的成绩，赛后被人力资源和社会保障部授予"全国技术能手"荣誉称号。2010 年 4 月被国务院授予"全国劳动模范"，2011 年 1 月被聘为国家电网电力技术院生产技能一级专家。2012 年全国第四届职工职业技能大赛拉开序幕，拥有众多荣誉的贾向东没有在这个比赛上拿得冠军，这一直是他内心的一个遗憾，经过一个多月的紧张练习，他获得了冠军，实现了自己又一个新的目标。

2013 年 4 月 28 日，作为一名农民工代表，贾向东受到了习近平总书记的接见，并作为最年轻的发言代表向总书记汇报了工作。同年 9 月，作为全国道德模范提名奖获得者，贾向东再次受到了习近平总书记等党和国家领导人的接见。2014 年国庆期间，贾向东光荣地参加了新中国成立 65 周年系列活动。2015 年 9 月 3 日，贾向东在北京观看了纪念中国人民抗日战争暨世界反法西斯战争胜利 70 周年阅兵仪式。

从 2014 年 6 月份起，贾向东开始担任公司焊接工程处项目负责人的职务，走上了班组管理岗位。"工作完全变了，以前我做好自己的事情就行了；现在可不这样，我得管理整个项目 70 多号人，还得把控整个工程进度、质量和安全。"他说，"比以前操心多了。"管理理念上，重视以人为本。"我一直把他们当兄弟看。"贾向东坦言，自己与同事相处很好——无论是 20 岁出头的小年轻，还是四五十岁的中年人。

尽管已经走上管理岗位，但一有空，他还是不忘拿起焊枪。"作为焊工，实操很重要。"贾向东还带了多个徒弟，除了在焊接技术上对他们要求精益求精，他还注重理论上、道德上的传授。在他看来，"小胜靠智，大胜靠德"，在做人做事上，技术仅是一个方面，更要将德融入到工作中，靠"智"干工作只能干好目前的工作，靠"德"，也就是把心融入工作中才能不断创新。所谓"严师出高徒"，在 2015 年山西省焊接比赛中，他的徒弟包揽了前三名，在全国焊接比赛中获得第八名和第十一名。2016 年，贾向东当选为全国总工会执委和山西省总工会兼职副主席。

2017 年 1 月，因企业改革，贾向东被安排到集团公司所属的山西省电力勘测设计院工作。到了新的单位，工作性质完全不同，但贾向东从头开始，继续兢兢业业、努力工作，获得了公司领导和同事们的认可，并被任命为项目经理助理。2018 年 1 月，贾向东当选为山西省人大代表并被选举为人大常委会委员。

很多人问他为什么能取得成功？他每次都说："个人努力只是一方面，感谢这个伟大的时代，感谢党的培养，给了我快速成长和成才的机会。"他用他的质朴和勤劳、忠诚和担当，赢得了大家对他的赞誉和尊敬！在工作岗位上，他从不叫苦，从不喊累，默默奉献着自己的青春和才干，以一颗赤子之心对待工作，无私奉献。贾向东付出了辛劳，收获了成功，赢得了信任，谱写了一首爱岗敬业、忠于职守的青春奋进曲。

（文中材料由贾向东提供。）

励志语：

1. 技术是握在手里的黄金。

2. 不登高山，不知天之高也；不临深溪，不知地之厚也。

3. 小胜靠智，大胜靠德。

感悟

职工文化培育出的职工总是埋头苦干，但也不失灵活处事，他们总是对自己的未来充满信心和希望，总是努力攀登自己的人生巅峰。所以，这些职工总能得到老板的赏识。

他们在认定自己的人生目标和方向后，总是说干就干，面对职场困境，拥有不顾一切的勇气和另辟蹊径的创新能力。他们在遇到职场难题时，总是能够自我消化和分析，并能及时听取上司的建议，采用更有策略的手段和方法。他们拥有高情商，所以，他们在职场交往中总是游刃有余。

他们善于揣摩人心、洞察环境，遇到棘手问题的时候，首先考虑的总是如何合理快速地解决问题，而不是先想着推卸责任，而是勇于承担责任，具有上进心和竞争意识。

他们拥有高智商，遇事总是冷静果断，总是以出众的专业能力和实力服众、服人。他们总是不断积累自己的实力，因为他们清楚：没有谁的成功是不需要努力的，与其怨天不公，还不如提升自身的实力，这是别人夺不走的财富。

他们总是在工作中不断丰富自己的专业知识，所以，他们总能成为职场精英。他们总是深谙为人处世之道，做人坦诚、做事真诚，有自己强大的人脉，这也是他们的重要实力。

颜渊篇

《论语·颜渊篇》告诉我们：做人要遵守道德标准。

改变了自己
就改变了一切

鹿渊

原文及译文

颜渊篇

1. 颜渊问仁，子曰："克己复礼为仁。一日克己复礼，天下归仁焉。为仁由己，而由人乎哉？"颜渊曰："请问其目？"子曰："非礼勿视，非礼勿听，非礼勿言，非礼勿动。"颜渊曰："回虽不敏，请事斯语矣。"

颜渊问怎样做才是仁。孔子说："克制自己，一切都照着礼的要求去做，这就是仁。一旦这样做了，天下的一切就都归于仁了。实行仁德，完全在于自己，难道还在于别人吗？"颜渊说："请问行动的纲领。"孔子说："不合于礼的不要看，不合于礼的不要听，不合于礼的不要说，不合于礼的不要做。"颜渊说："我虽然愚笨，也要照您的这些话去做。"

2. 仲弓问仁。子曰："出门如见大宾，使民如承大祭。己所不欲，勿施于人。在邦无怨，在家无怨。"仲弓曰："雍虽不敏，请事斯语矣。"

仲弓问怎样做才是仁。孔子说："出门办事如同去接待贵宾，使唤百姓如同去进行重大的祭祀，（都要认真严肃。）自己不愿意要的，不要强加于别人；在工作岗位上不对工作有怨恨，不在工作岗位上也不怨恨。"仲弓说："我虽然笨，也要照您的话去做。"

3. 司马牛问仁。子曰："仁者，其言也讱。"曰："其言也讱，斯谓之仁已乎？"子曰："为之难，言之得无讱乎？"

司马牛问怎样做才是仁。孔子说："仁人说话是慎重的。"司马牛说："说话慎重，这就叫作仁了吗？"孔子说："做起来很困难，说起来能不慎重吗？"

4. 司马牛问君子，子曰："君子不忧不惧。"曰："不忧不惧，斯谓之君子已乎？"子曰："内省不疚，夫何忧何惧？"

司马牛问怎样做一个君子。孔子说："君子不忧愁，不恐惧。"司马牛说："不忧愁，不恐惧，这样就可以叫作君子了吗？"孔子说："自己问心无愧，那还有什么忧愁和恐惧呢？"

5. 司马牛忧曰："人皆有兄弟，我独亡。"子夏曰："商闻之矣：死生有命，富贵在天。君子敬而无失，与人恭而有礼，四海之内皆兄弟也。君子何患乎无兄弟也？"

司马牛忧愁地说："别人都有兄弟，唯独我没有。"子夏说："我听说过：'死生有命，富贵在天。'君子只要对待所做的事情严肃认真，不出差错，对人恭敬而合乎于礼的规定，那么，天下人就都是自己的兄弟了。君子何愁没有兄弟呢？"

6. 子张问明，子曰："浸润之谮，肤受之愬，不行焉，可谓明也已矣。浸润之谮，肤受之愬，不行焉，可谓远也已矣。"

子张问怎样做才算是明智的。孔子说："像水润物那样暗中挑拨的坏话，像切肤之痛那样直接的诽谤，在你那里都行不通，那你可以算是明智的了。暗中挑拨的坏话和直接的诽谤，在你那里都行不通，那你可以算是有远见的了。"

7. 子贡问政。子曰："足食，足兵，民信之矣。"子贡曰："必不得已而去，于斯三者何先？"曰："去兵。"子贡曰："必不得已而去，于斯二者何先？"曰："去食。自古皆有死，民无信不立。"

子贡问怎样治理国家。孔子说，"粮食充足，军备充足，老百姓信任统治者。"子贡说："如果不得不去掉一项，那么，在三项中先去掉哪一项呢？"孔子说："去掉军备。"子贡说："如果不得不再去掉一项，那么，这两项中去掉哪一项呢？"孔子说："去掉粮食。自古以来人总是要死的，如果老百姓对统治者不信任，那么国家就不能存在了。"

8. 棘子成曰："君子质而已矣，何以文为？"子贡曰："惜乎，夫子之说君子也！驷不及舌。文犹质也，质犹文也。虎豹之鞟犹犬羊之鞟。"

棘子成说："君子只要具有好的品质就行了，要那些表面的仪式干什么呢？"子贡说："真遗憾，夫子您这样谈论君子。一言既出，驷马难追。本质就像文采，文采就像本质，都是同等重要的。去掉了毛的虎、豹皮，就如同去掉了毛的犬、羊皮一样。"

9. 哀公问于有若曰:"年饥,用不足,如之何?"有若对曰:"盍彻乎?"曰:"二,吾犹不足,如之何其彻也?"对曰:"百姓足,君孰与不足?百姓不足,君孰与足?"

鲁哀公问有若说:"遭了饥荒,国家用度困难,怎么办?"有若回答说:"为什么不实行彻法,只抽十分之一的田税呢?"哀公说:"现在抽十分之二,我还不够,怎么能实行彻法呢?"有若说:"如果百姓的用度够,您怎么会不够呢?如果百姓的用度不够,您怎么又会够呢?"

10. 子张问崇德辨惑。子曰:"主忠信,徙义,崇德也。爱之欲其生,恶之欲其死。既欲其生,又欲其死,是惑也。'诚不以富,亦只以异。'"

子张问怎样提高道德修养水平和辨别是非迷惑的能力。孔子说:"以忠信为主,使自己的思想合于义,这就是提高道德修养水平了。爱一个人,就希望他活下去,厌恶起来就恨不得他立刻死去,既要他活,又要他死,这就是迷惑。(正如《诗》所说的:)'即使不是嫌贫爱富,也是喜新厌旧。'"

11. 齐景公问政于孔子。孔子对曰:"君君,臣臣,父父,子子。"公曰:"善哉!信如君不君,臣不臣,父不父,子不子,虽有粟,吾得而食诸?"

齐景公问孔子如何治理国家。孔子说:"做君主的要像君的样子,做臣子的要像臣的样子,做父亲的要像父亲的样子,做儿子的要像儿子的样子。"齐景公说:"讲得好呀!如果君不像君,臣不像臣,父不像父,子不像子,虽然有粮食,我能吃得上吗?"

12. 子曰:"片言可以折狱者,其由也与?"子路无宿诺。

孔子说:"只听了单方面的供词就可以判决案件的,大概只有仲由吧。"子路说话没有不算数的时候。

13. 子曰:"听讼,吾犹人也。必也使无讼乎。"

孔子说:"审理诉讼案件,我同别人也是一样的。重要的是必须使诉讼的案件根本不发生!"

14. 子张问政。子曰："居之无倦，行之以忠。"

子张问如何治理政事。孔子说："居于官位不懈怠，执行君令要忠心。"

15. 子曰："博学于文，约之以礼，亦可以弗畔矣夫。"

孔子说："君子成全别人的好事，而不助长别人的恶处。小人则与此相反。"

16. 子曰："君子成人之美，不成人之恶。小人反是。"

孔子说："君子通常成全他人的好事，不破坏别人的事，而小人却与之完全相反。"

17. 季康子问政于孔子。孔子对曰："政者，正也。子帅以正，孰敢不正？"

季康子问孔子如何治理国家。孔子回答说："政就是正的意思。您本人带头走正路，那么，还有谁敢不走正道呢？"

18. 季康子患盗，问于孔子。孔子对曰："苟子之不欲，虽赏之不窃。"

季康子苦于盗贼太多，问孔子怎么办。孔子回答说："假如你自己不贪图财利，即使奖励偷窃，也没有人偷盗。"

19. 季康子问政于孔子曰："如杀无道，以就有道，何如？"孔子对曰："子为政，焉用杀？子欲善而民善矣。君子之德风，小人之德草，草上之风，必偃。"

季康子问孔子如何治理政事，说："如果杀掉无道的人来成全有道的人，怎么样？"孔子说："您治理政事，哪里用得着杀戮的手段呢？您只要想行善，老百姓也会跟着行善。在位者的品德好比风，老百姓的品德好比草，风向哪边吹，草向哪边倒。"

20. 子张问："士何如斯可谓之达矣？"子曰："何哉尔所谓达者？"子张对曰："在邦必闻，在家必闻。"子曰："是闻也，非达也。夫达也者，质直而好义，察言而观色，虑以下人。在邦必达，在家必达。夫闻也者，色取仁而行违，居之不疑。在邦必闻，在家必闻。"

子张问："士怎样才可以叫作通达?"孔子说："你说的通达是什么意思?"子张答道："在国君的朝廷里必定有名望,在大夫的封地里也必定有名声。"孔子说:"这只是虚假的名声,不是通达。所谓达,就是要品质正直,遵从礼义,善于揣摩别人的话语,观察别人的脸色,经常想着谦恭待人。这样的人,就可以在国君的朝廷和大夫的封地里通达。至于有虚假名声的人,只是外表上装出仁的样子,而行动上却正是违背了仁,自己还以仁人自居。但他无论在国君的朝廷里和大夫的封地里都必定会有名声。"

21. 樊迟从游于舞雩之下,曰:"敢问崇德、修慝、辨惑。"子曰:"善哉问!先事后得,非崇德与?攻其恶,无攻人之恶,非修慝与?一朝之忿,忘其身,以及其亲,非惑与?"

樊迟陪着孔子在舞雩台下散步,说:"请问怎样提高品德修养?怎样改正自己的邪念?怎样辨别迷惑?"孔子说:"问得好!先努力致力于事,然后才有所收获,不就是提高品德了吗?检讨自己的邪念了吗?由于一时的气愤,就忘记了自身的安危,以至于牵连自己的亲人,这不就是迷惑吗?"

22. 樊迟问仁。子曰:"爱人。"问知,子曰:"知人。"樊迟未达。子曰:"举直错诸枉,能使枉者直。"樊迟退,见子夏,曰:"乡也吾见于夫子而问知,

松间采食

子曰：'举直错诸枉，能使枉者直'，何谓也?"子夏曰："富哉言乎！舜有天下，选于众，举皋陶，不仁者远矣。汤有天下，选于众，举伊尹，不仁者远矣。"

樊迟问什么是仁。孔子说："爱人。"樊迟问什么是智，孔子说："了解人。"樊迟还不明白。孔子说："选拔正直的人，罢黜邪恶的人，这样就能使邪者归正。"樊迟退出来，见到子夏说："刚才我见到老师，问他什么是智，他说'选拔正直的人，罢黜邪恶的人，这样就能使邪者归正。'这是什么意思?"子夏说："这话说得多么深刻呀！舜有天下，在众人中逃选人才，把皋陶选拔出来，不仁的人就被疏远了。汤有了天下，在众人中挑选人才，把伊尹选拔出来，不仁的人就被疏远了。"

23. 子贡问友，子曰："忠告而善道之，不可则止，毋自辱焉。"

子贡问怎样对待朋友。孔子说："忠诚地劝告他，恰当地引导他，如果不听也就罢了，不要自取其辱。"

24. 曾子曰："君子以文会友，以友辅仁。"

曾子说："君子以文章学问来结交朋友，依靠朋友帮助自己培养仁德。"

《论语》**解读**

职工文化培育出的职工都是仁德之人，他们总是在日常生活工作中注意克制、规范自己的言行，一切都照着礼仪道德的要求去做，因为他们都是仁人志士。职工文化管理的目标就在于培育一批有文化、有道德修养的仁人志士的职工队伍。

这些职工能否成为仁人志士关键在于他们自己，而不是别人。他们不仅信奉礼仪道德，而且践行礼仪道德。他们对于不合乎礼仪道德的不会去看，不合乎礼仪道德的不会去听，不合乎礼仪道德的不会去说，不合乎礼仪道德的不会去做。

聪明与否对这些职工很重要，但是，道德修养对于他们更重要。他们不仅是知识技能水平高的职工，更是文化修养水平高的职工。

他们遵从礼仪道德表现在方方面面：出门办事总是像接待贵宾一样重视，安排别人做事总是非常彬彬有礼、认真严肃。他们自己不愿意要的和不愿意做的事情，一般不会强加在别人身上。他们不管在什么场合，人缘总是非常好，几乎没有人会怨恨他们，因为他们总是按照礼仪道德行事做人。

职工文化培育出的职工都是仁人，他们说话都很慎重。因为不管什么事情做起来一般都很困难，所以他们说话才很慎重。他们都是君子，他们一般不忧愁、不恐惧，因为他们自己总是问心无愧，所以他们没有什么可忧愁和恐惧的。

他们总是有很多亲如兄弟姐妹的朋友，因为他们懂得死生有命、富贵在天的道理，所以他们总是非常珍惜和每个人的缘分和友谊。

他们之所以被人称为君子，是因为他们做事总是那么严肃认真，一般不出差错，对人总是那么恭敬而合乎礼仪道德，所以他们到处都有亲如兄弟姐妹的朋友。他们都是明智之人，对于暗中挑拨的坏话和直接的诽谤他们总是置之不理，所以他们也是有远见之人。

他们生活再富足，技能再高超，他们也会把人们之间的相互信任放在第一位，因为这是他们的立身之本。他们都是品质高尚之人，也是重视形象修养之人。内在的品质和外在的形象对于他们都是同等重要的，二者缺一不可。

他们都是信守诺言之人，他们懂得一言既出、驷马难追的道理，所以，他们不仅总是谈论君子之道，更是践行君子之道。

职工文化成就的是职工的成功，企业文化成就的是企业的成功，职工越成功，企业才会越成功。职工文化越成功，企业文化才会越成功。

职工文化培育出的职工总是不断提高自己的道德修养和辨别是非的能力，他们总是以忠信为主，使自己的思想合于道义，从而提高自己的道德修养水平。

他们不会因为爱一个人就希望他活，也不会因为厌恶一个人就希望他不活，因为这是迷惑、糊涂、不成熟的表现。他们一般不会嫌贫爱富，也不会喜新厌旧。他们总是按规矩做好自己，不管处于什么样的位置和角色，总是尽职尽责，所以他们总能成为最好的自己。

他们一般不会偏听偏信，总是多角度考虑问题，学会换位思考，他们对于自己承诺过的事情一般会坚决贯彻执行。他们一方面会按照企业文化的要求完成分内的事情，另一方面按照职工文化的教导不断超越自己、成就自己。

职工文化培育出的职工都是自我管理、自我教育、自我提升的优秀职工。他们对于工作不会懈怠，他们都是君子，所以他们总是成人之美，不成人之恶。

他们总是不断端正完善自己的言行，不仅总是带头走正路，做正事，而且影响别人走正路，做正事，点亮自己，照亮别人。他们一般不会贪图过多的财富，而是追求人格的完美，用人格的魅力感化和影响更多人。

他们的好品德总是感动、感化、影响人们不断提升自己的道德修养。他们不是沽名钓誉之人，他们都是通达之人。他们追求的不是虚假的名声，而是真正的通达。

他们不会只是徒有虚假名声，也不会只是外表上装出仁义的样子，而行动上却违背仁义，更不会以仁人志士自居而不知羞愧。他们的好名声不是装出来的，是通过不断提高自己的道德修养得来的。他们提高自己的品德修养，总是先努力做事，然后才有所收获。

他们明辨是非，总是不断反省自己，批判自己的缺点而不是单单去批判别人的缺点，不断改正自己的错误观念，不会因为一时的气愤就忘记了自身的安危乃至牵连到自己的亲人。他们都是仁人，所以他们懂得爱人。他们都是明智之人，所以他们懂得了解人。他们都是正直之人，绝不做邪恶之事，所以他们总会影响邪恶之人改邪归正。

他们总能在众人中脱颖而出，就是因为他们都是正直之人、明智之人。职工文化就是为了培育更多的正直职工和明智职工，从而全面提升职工群众的整体素质。职工文化培育出的职工对待朋友，总是忠诚地劝告，恰当地引导，如果朋友不听，他们一般也就罢了，不然就会自取其辱。

智慧人生

一朵玫瑰花

从前，有一个卖花的小女孩，为了早点回家，她把最后的一朵玫瑰花送给了路边的一个乞丐。这个乞丐当时有点受宠若惊，因为从来没有美女送过自己玫瑰花，更没有哪个女孩爱过他。他决定拿着玫瑰花即可回家，先不乞讨了。

回到家后，他随便找到一个瓶子，灌上水，把玫瑰花插进去后，坐在那儿欣赏。突然，他发现瓶子太脏了，配不上这么好看的花，于是，他就把花拿出来，洗干净瓶子后，又把花插进去。然后，他坐在那儿继续欣赏。这次他又发现脏兮兮的桌子也配不上这么好看的花。于是，他又把桌子清理干净，再把花放到桌子上。

当他再欣赏花的时候，发现杂乱的房子配不上这么好的花、这么整洁的桌子。于是，他又彻底把房间打扫干净，把所有东西都摆放得整整齐齐。

他又静下心来欣赏花，欣赏整洁的桌子和干净的房间，突然，他发现镜子中的自己头发乱糟糟的，身上脏乎乎的，而且衣冠不整。这样的自己怎么配得上这么好的花、这么整洁的桌子和这么干净的房间呢？

于是，他洗了澡，这可是他这些年第一次洗澡。然后，他又换上一身虽有点旧但比较干净的衣服，还出去理了发，刮了胡子，回家照了照镜子，他看到了一个精神、整洁、阳光、帅气的自己。

这时候，他突然陷入了思考，既然自己长得也不差，为什么自己要做乞丐呢？这次，他做出了一个重大决定：明天开始不去乞讨了，要去找一份正当的工作。

由于他做乞丐不嫌脏、不怕累，他找工作很顺利，而且他非常能干，在工作中吃苦耐劳，很受领导的赏识，最后成为一个非常成功的企业家。成功之后，他花了很长时间找到当年那个送给他玫瑰花的女孩，并把自己一半的财产送给了她。

这个故事说明了一个道理：人的内心只要有希望，人的信念只要坚定，通过努力，自己一定能够梦想成真。每个人都是世上独一无二的，改变了自己，就改变了一切；战胜了自己，就战胜了一切。

劳模励志故事

立足平凡岗位　铸就非凡人生

（全国劳模　杨雪雁）

我叫杨雪雁，自 1994 年 5 月从事导游工作以来，我始终认定一个理：只有平凡的岗位，没有平凡的人生。为此，我孜孜不倦地学习，无怨无悔地奉献，勤勤恳恳地工作。从事导游工作二十多年来，我接待的宾客从党和国家领导人到普普通通平民百姓，不下二十几万人，我从未让任何一个客人失望，从未收到任何一份投诉。我始终如一地勤奋工作，慢慢变成"老导游"的同时，也逐渐变成了同事们心目中的"老先进"，先后获得了"重庆市青年岗位能手、重庆市优秀导游员、重庆市最佳导游员、重庆市劳动模范、重庆最美导游、中国最美导游四十强、全国模范导游员、全国劳动模范"等 40 多个荣誉称号；2010 年 6 月 21 日《中国旅游报》第二版也对我的先进事迹进行了宣传报道；2011 年 2 月 20 日，作为 12 名"全国模范导游"之一走进中南海，我参加了国务院召开的导游工作座谈会，接受了中央领导的亲切接见；2016 年获得了全国导游人员资格考试口试评委资格证书，当选为中共丰都县第十四届委员会候补委员和丰都县总工会兼职副主席，并分别两次作为重庆导游的代表，受邀参加了国家旅游局召开的 2016 全国旅游工作会议和导游文明旅游、文明志愿者的经验交流会议。

为了做好导游，我十年如一日，以苦为乐。

在一般人的眼里，导游是一个光鲜的职业，靓丽青春，游山玩水，但个中艰辛，非参与其中不得而知。说导游是铁娘子，就是因为当导游，要有钢铁般的意志，要特别能吃苦。就拿我们丰都地接导游来说，凌晨4、5点钟，当人们还沉浸在温柔梦乡，我们却早已在瑟瑟江风中恭迎游客；午夜时分，我们拖着疲惫的身子，陪着夜游的客人尽兴游玩；下雨时，我们一手拿导游旗，一手拿话筒，根本顾不上打雨伞，任凭雨水湿透衣服；烈日下，我们无暇顾及浑身大汗淋漓，依旧扯着干得冒烟的喉咙绘声绘色地讲解。有时候刚接待完一个旅游团队，疲惫不堪地回到家，正打算休息时，往往一个电话，又会接到新的接待任务，这个时候连午饭也顾不上吃了，赶紧又往景区跑。这样的情景，对我来说，已经是家常便饭，最多的一天爬过四趟山，二十年来，每天平均上下一趟名山。有的同行开玩笑说："你已经算是走过八个二万五千里长征的老红军了。"经常还有游客对我说："小杨，你这份工作真好，每天都是游山玩水，也锻炼了身体。"其实，大家从我以上的讲述可以了解，导游工作并不是大家想象中那么清闲自在，无论是刮风下雨，还是骄阳似火，只要有接待任务，我们就必须随时到岗，一碗面条常常就是我们的早餐和午餐。

2003年，一场突如其来的"非典"疫情，搞得人心惶惶。人们都不敢到公共场所去，不敢与陌生人接触。因为死亡率高，人人避之不及！可我们导游没有选择，还得坚守在自己的岗位上。我清楚地记得，5月14日下午，从广东来了一个旅游团。听说是从重灾区来的游客，同事们你望着我，我望着你，那是恐惧啊！我毫不犹豫地勇敢站了出来，主动承担了这个团队的接待工作。当我高质量地结束了讲解工作后，团队的领队因为不能握手致谢（当时不提倡握手），就五指并拢靠在额头说："谢谢你，小杨，谢谢。"2004年，因为三峡工程的建设，丰都旧县城进行大拆迁，我们导游的工作环境空前恶劣。从码头到景区，沿途尘烟滚滚，一天下来，完全成了"灰姑娘"；碰上下雨天，疾驰而过的施工车辆溅起污浊的泥水铺头盖脸而来，一不小心又成了"大花猫"；热了，没有电，渴了，没有水，饿了，只有在沿街就着尘灰吃面条充饥；带着游客，我们一边挂着笑容，深情地向他们介绍曾经的家园，一边还得提防不时从天而降的断砖残瓦。由于长期地过度透支身体，我患上了严重的声带疾病，讲话时间过长就会声音嘶哑，医生告诫我尽量少讲话，但为了让更多的游客对我们丰都的灿烂民俗文化了解更深，我常常是边带团边吃润喉片，全身心地投入其中。有一次遇到重要接待，由于我咽炎发作，一直咳嗽不止，为了不影响讲解效果，我断然决定到医院找医生凭身份证开了麻醉药，在接待前半小时吃了药才开始工作。

地接导游辛苦，当全陪导游也不轻松。在旅行途中，我们得给客人出节目、唱歌、玩脑筋急转弯、做游戏，调动客人情绪；在景点，我们得走在最后，随时清点人数，以防客人掉队走丢；到餐厅，我们又在生活安排上倍加精心，尽量照顾大家的口味；到宾馆，我们要亲自查房，对各项注意事项解释周全。游客多，餐厅照顾不过来，我们就得充当服务员，为游客端茶、添饭，自己常常都来不及吃，饿着肚子继续下面的行程；客房紧张时，我们住的是会议室、歌舞厅甚至是餐厅。因此，人们常用"起得比鸡早，跑得比兔快，睡得比狗晚，吃得比猪差"来形容我们的生活。这样的感受，只有导游才会深深地体会到。然而，无论这个职业是多么辛苦，我却深深地爱着它，特别是当我收到祖国各地的游客寄来的合影照片和慰问贺卡时，无比的欣慰和满足立刻充满了我的心田。我始终坚信：给了游客怎样的旅程，就给了自己怎样的人生。

为了做精导游，我十年磨一剑，精益求精。

古人云："工欲善其事，必先利其器"。为了成为一名尽职尽责、业务素质过硬的好导游，我苦练"内功"，不断给自己充电，从不间断学习。我用心搜集整理有关丰都的历史、人文资料，下苦功完善充实了整个名山风景区的导游词。因为导游工作包罗万象，要求导游一定要是个"杂家"，所以，我坚持通过各种途径学习知识，天文地理、风土人情、历史的、潮流的，我都广泛涉猎，不断丰富自己的知识储备，夯实自己的文化底蕴。此外，我还学习心理学知识，掌握游客不同的心理需求。我把所学的知识不断地用于工作实践，收效良好。譬如：和年轻的女游客要谈论服装、美容、化妆品等信息，她们兴致盎然；与年长的游客交流健康、保健、旅游知识，他们侃侃而谈；和男游客讨论时事、政治、经济等领域的话题，大受欢迎。同时，我还不断强化自己的心理素质。比如对游客要有好脾气，对客人要细心、耐心，对于个别客人的无理要求或故意刁难，要能压得住自己的火气和不满，始终沉着冷静去巧妙地处理，做到不伤客人之雅，不伤客人之尊。

古诗云：一枝独秀不是春，百花齐放春满园。在不断加强自身学习的同时，我还充分发挥自己"传、帮、带"的作用，采取老导游带新导游的方式，相互影响，共同提高，并连续几年担任了县旅游局和旅行社的培训工作，毫不保留地把自己多年积累的导游经验传授给同事，先后举办导游服务技能专题讲座25次、受训600余人次，对年轻导游具有较强的指导意义和实践效果。从2007年任职接待部经理以来，我带队多次参加市县举办的导游大赛。从参赛选手的服装、导游词、神态、表情，我都会一一给予指导，并时时为选手加油鼓气，最终助参赛选手取得了不俗的成绩。从2007年至今，我带领我县导游参加重庆市旅游局每两年一次举办的"重庆市导游大赛"，先后获得了"重庆市金牌导游""重庆市十佳导游"等称号，2016年带领的2名导游参赛，还分别获得了导游组和讲解员组一等奖的好成绩；2017年培训的一名导游参加全国导游大赛，进入全国三十强，获得了全国导游大赛的铜奖。大家都交口称赞道："杨雪雁不仅自己优秀，还带出了一个优秀的团队。"这些成绩的取得让我更加坚信：一个行业的发展是靠大家共同进步和提高来完成的，只有不断提高导游队伍的整体素质，才能为旅游这份美丽的事业赢得更多的掌声与喝彩。

十年磨一剑，出鞘始见锋。随着我不断的成长和成熟，单位也对我委以重任，我先后成功地接待了多位党和国家以及多部委领导，接待了众多国内外重量级的游客团体，接待了到丰都考察投资的客商，在讲解民俗文化的同时，我还向他们推介我的家乡，得到了他们的一致好评。

为做唯美导游，我十年不言弃，尽善尽美。

服务是旅游行业的灵魂。导游必须为游客提供最优质的服务，而这一切，需要导游有一颗诚挚的心。从事导游工作 20 多年来，"时时关心游客，处处为游客着想"是我一贯的工作原则。不管是哪里的游客，也不管团队的大小，我都一视同仁，认真对待每一次接待，尽心尽职尽责地为游客服务，力求不留下遗憾。在接到游客后，我总是细心地跟客人强调各种设施的使用和注意事项，关心客人的身体健康，并且会特别交代客人：我就是他们在丰都的好朋友，遇事先要找我，我会尽全力办好。每次出团前，我会先仔细阅读出团计划，仔细观看客人身份证号码，以此来判断客人的生日，如果旅途行程中有客人过生日，我就会在当天送上礼物和祝福；出团前为客人准备一些榨菜；旅途中自费给客人买水、水果和风味小吃等等。这些意外的惊喜总会让客人感动不已，为整个旅途增添了浓浓的情谊。

记得有一次我带团去山东，到达酒店已经是晚上十二点钟了。安顿好客人之后，我刚睡下，迷迷糊糊中，房间电话响了，有一位客人发高烧。我二话没说，穿上衣服，赶紧和领队一起带着病人打出租车赶往医院。等客人输液后，我让领队回宾馆休息，我独自一人留在医院照顾客人整整一晚上。身在他乡为异客，我让客人感受到了亲人般的温暖。细心、用心的服务，使我成了一名深受游客喜爱的导游员，也让我充分感受到了作为一名导游的幸福和快乐！回来后，领队代表客人写来了表扬信："感谢你们公司给我们安排了这么好的导游，我们的游客都非常满意，特别是杨导的解说和服务，更是这次旅程中最精彩、最难忘的一部分。"

碰到政治接待任务，我更会下足功课。我会在接待前花几个小时甚至一天来了解客人的生平、经历、爱好、忌讳、著作等所有重要信息。记得 2004 年 11 月 14 日，我奉命接待时任全国人大常委会副委员长的李铁映同志。上午，在市县领导的陪同下，李副委员长如期来到名山景区视察工作，一阵寒暄后，李副委员长兴致勃勃地说："我以前到过丰都，而且还题过词，不知道大家有没有印象？"我迅速接过话茬，胸有成竹地说："我们印象可深啦，您上次是 1999 年 6 月 24 日到名山，并给景区流下了珍贵的墨宝，我还能背诵您的题词。"随着我流利的朗诵，领导满意地频频点头。

这就是我的职业，表面光鲜亮丽，实则困难重重；看似普通平凡，实则充满挑战。这么多年来，为了导游事业，每一个节假日我都不能和家人一起度过，至今我还从未和家人一起出去旅游过，因为节假日总是我们最忙碌的时候。为了工作，我愧对家人，尤其愧对女儿。我每天一大早去上班时，女儿还在睡梦中；当我深夜拖着疲惫的身子回家，女儿往往又睡着了。她从小都是自己扎头发，自己起床上学，很少有机会享受一般孩子从妈妈那里得到的呵护和关爱；女儿孤独时，我也没时间陪伴她；她做作业遇到困难，我也抽不出时间辅导。女儿小学毕业以后，我为了深爱的导游工作，只能狠心将她送到了远在广州的妹妹那儿……每当女儿从远方打电话说"妈妈，我想你，我想回家"时，我总是忍不住流下泪水。也许，我算得上一个称职的导游，可我算不上一个称职的妈妈……

说真的，在困难面前我也曾想过放弃。每当我有些灰心丧气、犹豫不决的时候，总有一个声音告诉我："绝美的风景，常在奇险的山川；绝美的音乐，常有悲凉的韵调。"我明白世上没有一帆风顺的事，人要学会正视困难，迎接挑战。对我们导游来说，"金杯银杯，不如游客的口碑；金奖银奖，比不上游客的夸奖。"每当游客对我说："小杨，谢谢你，你真的不错！"我总觉得有如一缕春风拂过我的心田，感到无比温暖。天底下还有比得到"上帝"发自肺腑的感激和赞美更叫人快乐的吗？哪怕是游客们道一声"导游你好"，或者留下一个满意的微笑，我都会感到莫大的快慰。游客的赞扬与肯定给我了极大的动力，也坚定了我继续做好导游工作的信心和决心，让我更深深地爱上了"导游"这份美丽而崇高的事业！

在二十多年的导游生涯中，我从一个什么都不懂的新导游成长为现在的自己，有付出，更得到了丰厚的回报。我喜欢客人倾听我讲解时的专注，喜欢客人自己掏钱给我买水喝的那种感动，喜欢送别他们时那依依不舍的眼神。如果命运再给我一次选择的机会，我还会选择导游——这个令我骄傲、令我自豪的职业！我愿用自己实实在在的行动，在平凡的岗位上再铸辉煌！

（文中材料由杨雪雁提供。）

励志语：

1. 只有平凡的岗位，没有平凡的人生。
2. 给了游客怎样的旅程，就给了自己怎样的人生。
3. 十年磨一剑，出鞘始见锋。
4. 世上没有一帆风顺的事，人要学会正视困难，迎接挑战。

感悟

职工文化培育出的职工总是学会去爱别人，所以，他们也总是会得到别人的爱，爱别人也就是爱自己。

他们的很多人生决策总是充满了智慧，决策不仅体现了自己的价值，还反映了自己的内心世界，更反映了他们不断对自己的反思和自省。

他们总是不断认识自己，成为更好的自己；总是不断叩问自己的灵魂，不断向自己挑战。所以，他们总能不断觉醒，实现人生一个又一个辉煌。

他们一般不怕脏、不怕累，更不怕各种艰难险阻，所以，他们总能顺利创造一个又一个传奇。他们的巨大动力和激励不仅来自外部，更来自内心的觉醒和自我激励。他们在不懈的努力中总能遇到梦中的自己。他们总是对人生抱有美好的希望，对未来充满美好的希望。

他们知道：每个人都是最棒的，每个人都是最优秀的！因此，他们总是相信自己，无论如何都不会放弃自己！他们一般不会把自己沉沦在失败的边缘，他们总是会让自己开始做一些小小的改变，所以，他们的人生总会与众不同。

他们明白：改变了自己，就改变了一切！

子路篇

《论语·子路篇》告诉我们：人要不断修身养性。

不出色
就出局

原文及译文

子路篇

1. 子路问政，子曰："先之劳之。"请益。曰："无倦。"

子路问怎样管理政事。孔子说："自己给百姓带头，然后让他们勤劳地工作。"子路请求多讲一点。孔子说："不要懈怠。"

2. 仲弓为季氏宰，问政。子曰："先有司，赦小过，举贤才。"曰："焉知贤才而举之？"曰："举尔所知。尔所不知，人其舍诸？"

仲弓做了季氏的家臣，问怎样管理政事。孔子说："先责成手下负责具体事务的官吏，让他们各负其责，赦免他们的小过错，选拔贤才来任职。"仲弓又问："怎样知道是贤才而把他们选拔出来呢？"孔子说："选拔你所知道的，至于你不知道的贤才，别人难道还会埋没他们吗？"

3. 子路曰："卫君待子而为政，子将奚先？"子曰："必也正名乎！"子路曰："有是哉，子之迂也！奚其正？"子曰："野哉，由也！君子于其所不知，盖阙如也。名不正，则言不顺；言不顺，则事不成；事不成，则礼乐不兴；礼乐不兴，则刑罚不中；刑罚不中，则民无所错手足。故君子名之必可言也，言之必可行也。君子于其言，无所苟而已矣。"

子路（对孔子）说："卫国国君要您去治理国家，您打算先从哪些事情做起呢？"孔子说："首先必须正名分。"子路说："有这样做的吗？您想得太不合时宜了。这名怎么正呢？"孔子说："仲由，真粗野啊。君子对于他所不知道的事情，总是采取存疑的态度。名分不正，说起话来就不顺当合理，说话不顺当合理，事情就办不成。事情办不成，礼乐也就不能兴盛。礼乐不能兴盛，刑罚的执行就不会得当。刑罚不得当，百姓就不知怎么办好。所以，君子一定要定下一个名分，必须能够说得明白，说出来一定能够行得通。君子对于自己的言行，是从不马马虎虎对待的。"

4. 樊迟请学稼。子曰："吾不如老农。"请学为圃，曰："吾不如老圃。"樊迟出。子曰："小人哉，樊须也！上好礼，则民莫敢不敬；上好义，则民莫敢不服；上好信，则民莫敢不用情。夫如是，则四方之民襁负其子而至矣，焉用稼？"

樊迟向孔子请教如何种庄稼。孔子说："我不如老农。"樊迟又请教如何种菜。孔子说："我不如老菜农。"樊迟退出以后，孔子说："樊迟真是小人。统治者只要重视礼，老百姓就不敢不敬畏；统治者只要重视义，老百姓就不敢不服从；统治者只要重视信，老百姓就不敢不说真话。要是做到这样，四面八方的老百姓就会背着自己的小孩来投奔，哪里用得着自己去种庄稼呢？"

5. 子曰："诵《诗》三百，授之以政，不达；使于四方，不能专对；虽多，亦奚以为？"

孔子说："把《诗经》三百篇背得很熟，让他处理政务，却不会办事；让他当外交使节，不能独立地去谈判；背得很多，又有什么用呢？"

6. 子曰："其身正，不令而行；其身不正，虽令不从。"

孔子说："自身正了，即使不发布命令，老百姓也会去干；自身不正，即使发布命令，老百姓也不会服从。"

双雏戏蝶

7. 子曰："鲁卫之政，兄弟也。"

孔子说："鲁和卫两国的政事，就像兄弟（的政事）一样。"

8. 子谓卫公子荆，"善居室。始有，曰：'苟合矣。'少有，曰：'苟完矣。'富有，曰：'苟美矣。'"

孔子谈到卫国的公子荆时说："他善于管理经济，居家理财。刚开始有一点，他说：'差不多也就够了。'稍为多一点时，他说：'差不多就算完备了。'更多一点时，他说：'差不多算是完美了'。"

9. 子适卫，冉有仆，子曰："庶矣哉！"冉有曰："既庶矣，又何加焉？"曰："富之。"曰："既富矣，又何加焉？"曰："教之。"

孔子到卫国去，冉有为他驾车。孔子说："人口真多呀！"冉有说："人口已经够多了，还要再做什么呢？"孔子说："使他们富起来。"冉有说："富了以后还要做些什么？"孔子说："对他们进行教化。"

10. 子曰："苟有用我者，期月而已可也，三年有成。"

孔子说："如果有人用我治理国家，一年便可以搞出个样子，三年就一定会有成效。"

11. 子曰："'善人为邦百年，亦可以胜残去杀矣。'诚哉是言也！"

孔子说："善人治理国家，经过一百年，也就可以消除残暴，废除刑罚杀戮了。这话真对呀！"

12. 子曰："如有王者，必世而后仁。"

孔子说："如果有王者兴起，也一定要三十年才能实现仁政。"

13. 子曰："苟正其身矣，于从政乎何有？不能正其身，如正人何？"

孔子说："如果端正了自身的行为，管理政事还有什么困难呢？如果不能端正自身的行为，怎能使别人端正呢？"

14. 冉子退朝。子曰："何晏也？"对曰："有政。"子曰："其事也。如有政，虽不吾以，吾其与闻之。"

冉求退朝回来。孔子说："为什么回来得这么晚呀？"冉求说："有政事。"孔子说："只是一般的事务吧。如果有政事，虽然国君不用我了，我也会知道的。"

15. 定公问："一言而可以兴邦，有诸？"孔子对曰："言不可以若是其几也。人之言曰：'为君难，为臣不易。'如知为君之难也，不几乎一言而兴邦乎？"曰："一言而丧邦，有诸？"孔子对曰："言不可以若是其几也。人之言曰：'予无乐乎为君，唯其言而莫予违也。'如其善而莫之违也，不亦善乎？如不善而莫之违也，不几乎一言而丧邦乎？"

鲁定公问："一句话就可以使国家兴盛，有这样的话吗？"孔子答道："不可能有这样的话，但有近乎于这样的话。有人说：'做君难，做臣不易。'如果知道了做君的难，这不近乎于一句话可以使国家兴盛吗？"鲁定公又问："一句话可以亡国，有这样的话吗？"孔子回答说："不可能有这样的话，但有近乎于这样的话。有人说过：'我做君主并没有什么可高兴的，我所高兴的只在于我所说的话没有人敢于违抗。'如果说得对而没有人违抗，不也好吗？如果说得不对而没有人违抗，那不就近乎于一句话可以亡国吗？"

16. 叶公问政。子曰："近者说，远者来。"

叶公问孔子怎样管理政事。孔子说："使近处的人高兴，使远处的人来归附。"

17. 子夏为莒父宰，问政。子曰："无欲速，无见小利。欲速则不达，见小利则大事不成。"

子夏做莒父的总管，问孔子怎样办理政事。孔子说："不要求快，不要贪求小利。求快反而达不到目的，贪求小利就做不成大事。"

18. 叶公语孔子曰："吾党有直躬者，其父攘羊，而子证之。"孔子曰："吾党之直者异于是。父为子隐，子为父隐，直在其中矣。"

叶公告诉孔子说："我的家乡有个正直的人，他的父亲偷了人家的羊，他告发了父亲。"孔子说："我家乡的正直的人和你讲的正直人不一样：父亲为儿子隐瞒，儿子为父亲隐瞒。正直就在其中了。"

19. 樊迟问仁。子曰："居处恭，执事敬，与人忠。虽之夷狄，不可弃也。"

樊迟问怎样才是仁。孔子说："平常在家规规矩矩，办事严肃认真，待人忠心诚意。即使到了夷狄之地，也不可背弃。"

20. 子贡问曰："何如斯可谓之士矣？"子曰："行己有耻，使于四方，不辱君命，可谓士矣。"曰："敢问其次。"曰："宗族称孝焉，乡党称弟焉。"曰："敢问其次。"曰："言必信，行必果，硁硁然小人哉！抑亦可以为次矣。"曰："今之从政者何如？"子曰："噫！斗筲之人，何足算也！"

子贡问道："怎样才可以叫作士？"孔子说："自己在做事时有知耻之心，出使外国各方，能够完成君主交付的使命，可以叫作士。"子贡说："请问次一等的呢？"孔子说："宗族中的人称赞他孝顺父母，乡党们称他尊敬兄长。"子贡又问："请问再次一等的呢？"孔子说："说到一定做到，做事一定坚持到底，不问是非地固执己见，那是小人啊。但也可以说是再次一等的士了。"子贡说："现在的执政者，您看怎么样？"孔子说："唉！这些器量狭小的人，哪里能数得上呢？"

21. 子曰："不得中行而与之，必也狂狷乎！狂者进取，狷者有所不为也。"

孔子说："我找不到奉行中庸之道的人和他交往，只能与狂者、狷者交往了。狂者敢作敢为，狷者不肯做坏事。"

22. 子曰："南人有言曰：'人而无恒，不可以作巫医。'善夫！""不恒其德，或承之羞。"子曰："不占而已矣。"

孔子说："南方人有句话说：'人如果做事没有恒心，就不能当巫医。'这句话说得真好啊！""人不能长久地保存自己的德行，免不了要遭受耻辱。"孔子说："（这句话是说，没有恒心的人）用不着去占卦了。"

23. 子曰："君子和而不同，小人同而不和。"

孔子说："君子讲求和谐而不同流合污，小人只求完全一致，而不讲求协调。"

24. 子贡问曰："乡人皆好之，何如？"子曰："未可也。""乡人皆恶之，何如?"子曰:"未可也。不如乡人之善者好之，其不善者恶之。"

子贡问孔子说:"全乡人都喜欢、赞扬他，这个人怎么样?"孔子说:"这还不能肯定。"子贡又问孔子说:"全乡人都厌恶、憎恨他，这个人怎么样?"孔子说:"这也是不能肯定的。最好的人是全乡的好人都喜欢他，全乡的坏人都厌恶他。"

25. 子曰:"君子易事而难说也，说之不以道，不说也;及其使人也，器之。小人难事而易说也。说之虽不以道，说也;及其使人也，求备焉。"

孔子说:"为君子办事很容易，但很难取得他的欢喜。不按正道去讨他的喜欢，他是不会喜欢的。但是，当他使用人的时候，总是量才而用人;为小人办事很难，但要取得他的欢喜则是很容易的。不按正道去讨他的喜欢，也会得到他的喜欢。但等到他使用人的时候，却是求全责备。"

26. 子曰:"君子泰而不骄，小人骄而不泰。"

孔子说:"君子安静坦然而不傲慢无礼，小人傲慢无礼而不安静坦然。"

27. 子曰:"刚、毅、木、讷近仁。"

孔子说:"刚强、果敢、朴实、谨慎，有这四种品德的人接近于仁。"

28. 子路问曰:"何如斯可谓之士矣?"子曰:"切切偲偲，怡怡如也，可谓士矣。朋友切切偲偲，兄弟怡怡。"

子路问孔子道:"怎样才可以称为士呢?"孔子说:"互助督促勉励，相处和和气气，可以算是士了。朋友之间互相督促勉励，兄弟之间相处和和气气。"

29. 子曰:"善人教民七年，亦可以即戎矣。"

孔子说:"善人教导百姓用七年的时候，也就可以叫他们去当兵打仗了。"

30. 子曰:"以不教民战，是谓弃之。"

孔子说:"如果不先对老百姓进行作战训练，这就叫抛弃他们。"

《论语》解读

职工文化培育出的职工总是比别人勤奋，他们丝毫不敢懈怠。这些职工总是欣赏别人的优点，不会老是抓住别人的缺点不放。他们喜欢向优秀的人学习，他们不仅向自己熟悉的贤者学习，也会向自己不熟悉的贤者学习。

他们非常重视自己的名分，对于不知道的事情，他们一般采取存疑的态度。他们清楚：如果名分不正，说起话来就不顺当合理；说话不顺当合理，事情就办不成；事情办不成，礼仪道德之风就不能兴盛；礼仪道德之风不能兴盛，管理制度的执行就不会得当；管理制度不得当，人们就不知怎办好。所以，职工文化培育出的职工都是君子，他们总是先定下名分，这样才能够说话顺当合理，说出来才能够行得通。

他们热爱劳动，重视个人修养，做君子，不做小人。他们总是非常重视礼仪，所以，人们对他们总是很敬畏；他们非常仗义，所以，人们总是喜欢追随他们；他们非常重视诚信，所以，人们总是用真情实感来对待他们。他们总能这样去做，所以，人们总是甘心情愿接受他们思想的洗礼和引领，这都是人们自动自发的行为。

他们喜欢学习修身养性的经典著作，并做到学以致用，所以他们做事总是那么顺利，与人相处总是那么融洽，他们总是独立地处理很多社交事务，显示他们为人处世的高超之处。他们身正不怕影子斜，他们总是散发着正能量，感化、感召着很多人，他们不断点亮自己，照亮别人，影响人们去传播正能量。他们善于与人交往，总是与朋友亲如兄弟姐妹。

他们善于居家理财，他们知足常乐，不求华美不求完美。他们不会仅仅止步于追求金钱的富有，他们更追求内心的丰富和个人修养的提升。他们做事总能做得很像样，如果有足够的时间他们总会取得不错的业绩。他们都是善良之人，他们的善心总能打动、感动、带动不善不义之人向善向好。他们追求仁义礼智信，总能修成正果。

他们总是先端正和完善自己的行为，然后影响更多人完善自己。他们清楚，如果不端正自身的行为，就很难端正别人的行为。他们做事注重细节，精益求精，他们更关心和关注重大的公共事务和国际国内形势。他们知道做人做事难，总能理解别人的不易，所以他们总能成就人生的辉煌。

他们总是很高兴，高兴的是人们认可他们所说的话，因为他们说的话总是人生大道。所以，他们说话一般不会乱说，因为那样不仅对别人没有好处，对自己也没有用处。他们做事总是让身边的人感到高兴，使远处的人自愿追随。

他们做事一般不求快，也不贪求小利。因为他们明白：求快反而达不到目的，贪求小利就做不成大事。他们都是正直之人，也是孝顺之人，对于不对的人和事，他们总是直接地指出来，因为他们都是心直口快之人。

他们都是仁人志士，平常在家总是规规矩矩，办事总是严肃认真，待人总是真心诚意。不管到了什么地方，他们总是不会违背礼仪道德。他们之所以被称作仁人志士，是因为他们自己在做事时总是有知耻之心，总能圆满完成领导交代的各项任务；他们总是非常孝顺父母，人们总是非常尊敬他们；他们一般说到就一定能够做到，做事一定坚持到底，但是，他们不会不问是非地固执己见，因为那是小人之举。他们都是有大器量之人，能容人，能容事。他们奉行中庸之道，他们总是有所为有所不为。

他们都是君子，总是追求和谐，他们不会做小人，因为小人只求完全一致，而不讲求协调。他们总是被好人喜欢和赞扬，被不好的人甚至坏人所厌恶和憎恨。他们喜欢做君子，与他们共事很容易。

当他们安排人做事的时候，总能做到量才而用人。他们不喜欢做小人，因为他们清楚：与小人共事很难，但要取得小人的欢喜则是很容易的。不按正道去讨好小人，小人也会高兴。但小人安排人做事的时候，却总是求全责备。他们喜欢做君子，安静坦然而不傲慢无礼；不喜欢做小人，因为小人总是傲慢无礼。他们拥有刚强、果敢、朴实、谨慎的品格，所以他们都是仁德之人。

他们与朋友之间总是互助督促勉励，相处和和气气，亲如兄弟姐妹。他们总是做事先做人，人能做多好，事才会做多好。他们不仅努力提升自己的知识技能水平，而且努力提升自己的文化修养水平；不仅追求做一个成功的人，更追求做一个有价值的人。

智慧人生

熬出来的人生

成功属于会熬的人、能熬的人，因为成功的人能够承受普通人承受不了的委屈，成功的人总是自己安慰自己、自己激励自己，而普通人离不开别人的鼓励和刺激；成功的人总能承受各种压力和痛苦，而普通人总是消极地面对压力和痛苦；成功的人总是成为别人的依靠，而普通的人总是依靠别人。

曾国藩小时候不是最出类拔萃的，但是，他的成就超过了同时代比他聪明很多的人，根源在于他能熬。能熬就是能坚持，能吃苦耐劳。

曾国藩曾经给儿子写信说："余于凡事皆用困知勉行工夫，尔不可求名太骤，求效太捷也。困时切莫间断，熬过此关，便可少进。再进再困，再熬再奋，自有亨通精进之日。不特习字，凡事皆有极困极难之时，打得通的，便是好汉。""熬过此关，便可少进。再进再困，再熬再奋，自有亨通精进之日。"

曾国藩的家信启示我们，做任何事情不要着急，不要贪多求快，不管遇到怎样的困难都要坚持，熬过去了，就是成功。

曾国藩在 31 岁时给自己订下了例行的十二条功课：主敬、静坐、早起、读书不二、读史、谨言、养气、保身、日知所亡、月无亡所能、作字、夜不出门。这 12 条他坚持了半辈子，这体现了曾国藩能熬的功夫。

被誉为"中国留学生之父"的容闳一生做过两件彪炳史册的大事，一个是建立了中国近代第一座完整的机器厂——上海江南机器制造局，一个是促成了中国第一批幼童官费留学美国项目。曾国藩对容闳的发展也有过很大的影响。

因为很多事情做起来步履维艰，容闳多次想打退堂鼓。而对容闳寄予厚望的曾国藩对他说："老夫活了五十多岁，经事不少，知天下事有所激有所逼而成者居其半。困难之处，正可看作是激励和逼迫。"听到这些话，容闳没有再多说什么，只好把总督交代的事情一个个干好，最终也成就了自己人生的辉煌。

一个人能做出一番伟业有时候是被逼出来的。俗话讲，压力有多大，动力就有多大。

有一次，曾国藩南下江西赴任乡试主考，途中突然收到母亲去世的噩耗，他赶紧回家奔丧。当时，太平军攻克湘北数城，打下汉阳，占领武昌，正在为母守灵的曾国藩收到朝廷紧急任命，不得不出山。这既是他受命朝廷的职责所在，更是他保卫父老乡亲的义务所在。正像曾国藩说的"天下事有所激有所逼而成者居其半。困难之处，正可看作是激励和逼迫。"曾国藩作为一介书生，能够指挥千军万马、驰骋沙场，也是被逼出来的。

劳模励志故事

下岗工人成长为全国人大代表

（全国人大代表、全国五一劳动奖章获得者　焦文玉）

我出生在山东一个普通的农村家庭。小的时候，我最大的愿望就是走出村子，去看看外面的世界，梦想着有一天，自己也能通过勤劳的双手让父母过上好日子。最早我在平原毛巾被厂当工人。从前当工人是铁饭碗，待遇稳定，福利健全，但是，刚参加工作的我就赶上了下岗的时代大潮，我下岗了。我不明白自己的命运为什么会使这样，那段时间，我很颓废。一个偶然的机会，我看到一篇介绍家政市场前景的文章，我的眼前一亮，萌生了干家政的念头。虽然没有得到家人的支持，但我认为，干这一行需要的技术不高，投资又少，但市场需求大，于是，我下定了决心。

2000年3月，我怀揣着仅有的800元钱到了山东德州。为了省钱，我不住旅馆，而是花2元钱租了一个凉席，睡在火车站广场。后来，我买了一辆三轮车开始购买锅碗瓢勺、办公用品，当时我们4个人，一边购置物品，一边招工。通过亲戚朋友介绍，从老家我们又招来了几个人，就开始跑工商局注册公司。当时我在德州无亲无故，也不熟悉路线，那段时间我还感冒了，每天输完液，我就往工商局跑，病还没好，我又去了武汉进货。

第二天早上到武汉，晚上一点多的火车返回，我把四十多斤的吸尘吸水机背在后背上，零散工具装在一个编织袋子里，然后把编织袋挂在脖子上，两只手还提着几箱药剂。从检票口到站台上那段路，我感觉是自己人生中走过的最远的路。上了火车，我就坐在车厢里，把腿伸到座位底下，一手抓着一件货，不敢喝水，怕上厕所，也不敢合眼，怕丢了东西。回到德州我就病倒了，开业的那天是员工们把打着点滴的我抬到沙发上的，看着他们放了鞭炮，公司就这样开业了。

起初公司经营家政服务，就是为小区居民擦玻璃、洗抽油烟机，开始我们是一个小区一个小区地发广告，整天楼上楼下地跑，我脚肿得连鞋都穿不下去。发了半年的广告，一个活也没有拉到。实在没有办法了，我就跑到建筑工地上给新铺的地板砖抹缝，一个平方只收 5 毛钱。为了赶工期，我和员工们都吃住在工地上。饿了，吃点馒头咸菜；渴了，就喝自来水。每天都如此，我累得直想哭。

最难干的活就是擦地角线，蹲在地上，没干多久腿就麻了。腿蹲麻了，我就跪着擦、爬着擦。爬得久了，膝盖都磨破了，我用塑料布把膝盖包上继续干。工地里盖好的家属楼在交付使用前，水电都不能正常使用，晚上也没有电，在空旷的工地上，我一只手拿着手电筒，另一只手拎着一根棍子，准备着交付前所有的工作。我想，别人能干的事，我也能干；别人不能干的事，我还要试一试。至今如果遇到困难，我就会想一想自己当年爬着擦地角线的情景。

一个工程下来也就挣几百块钱，因为收费太低，干得又不熟练，有时候连员工的每月 150 元工资也兑现不了。馒头也舍不得买了，我就从农村老家带面回来，做疙瘩汤，吃咸菜，有的员工休班回家吃带油的菜都拉肚子。在这种情况下，员工们都想走，不愿干了，有的员工给我偷偷留个纸条就走了，也不和我见面，怕我留他。那段时间我最怕桌子上有纸条，怕看见员工打包，怕他们带走被子回家。

为了能留下他们，我主动帮男工们洗衣服，女员工们喜欢我的东西，我就送给她。春节要回家了，我怕他们不回来，就借钱租了一辆车送他们回去，和司机商量好找出种种借口不让员工带被子回家。走之前我跟他们说："初七回来上班，免费洗澡，初八会餐，去饭店吃饭，每人还发一份压岁钱。"员工们回家过年了，我却没有回家，就一个人琢磨过年回来以后怎么办。当别人在家里看着电视吃年夜饭的时候，我一个人就在冰冷的宿舍里吃着剩下的馒头，连灯都舍不得开。虽然过年没有吃上饺子，但是，当我看到员工没有带走的被子，我的心里也就踏实多了。

员工春节回来以后，我就和他们商量，坐着干等不是办法，咱们敲门服务吧。我们就开始了敲门服务。有的客户把门开个缝，说不需要，有的连门都不开。我们不知吃了多少闭门羹。终于有一位，大伯把门打开了，用怀疑的目光看着我们，最后答应让我们给他家清洗抽油烟机，但是有一个条件，他要和我一块去公司看着我们洗，他怕上当受骗。到公司后，我对员工说："你们谁也别管，我自己洗，好不容易有个活，可别给人家洗坏了。"当时药剂还没有改进，是强碱性的，应该戴手套清洗，一副手套15元钱，洗一台抽油烟机挣18元钱，我没舍得买手套，双手放到水里，皮肤一会儿就变成了黄颜色，指甲也变形了，一不小心钢丝球还把手割了一个口子，碱水一泡，伤口疼得我直冒冷汗。把抽油烟机给客户送回去的时候，客户的邻居还以为这抽油烟机是新买的呢！安装完毕，大伯非常满意，并主动给我们介绍他家楼上楼下的客户。通过实实在在的服务，我们终于得到了客户的认可，慢慢地打开了市场，公司业务也从最初的为小区住户擦玻璃、清洗抽油烟机，扩展到承揽公司、单位的清洗保洁业务。

2001年9月，公司承接了一笔大业务——一栋19层高楼的外墙清洗。员工不敢高空作业，我说："我先下一趟，你们先看着。"其实我也很害怕，从19层楼往下看时头晕恶心，没办法，我系上安全带，穿上板座，开始两只手死死抓着绳子不敢松手，也不敢往下看，员工给我递水桶，我不得不松开一只手接水桶，不小心桶里的水撒了多半。员工说这可是放了药剂的水，我心疼了，撒了太可惜了，药剂可是花钱买的。当又要接水桶的时候，我自己都不知道双手是怎么松开绳子的。左边是药剂水桶，右边是清水水桶，我在80多米的高空擦起了玻璃，不一会儿，我全身都是汗水。该吃午饭了，我才擦了九层，只好让员工打开一扇窗户，把饭递给我，我就这样吊在半空中吃了午饭。9月份的天气已经转凉了，擦到一层时，我冷得直打哆嗦。干完这个活，我的两个膝盖磨掉了一层皮。这笔业务不但帮助公司树立起了形象和口碑，也为公司奠定了经济基础。我的心里也特别高兴，心想："这下可以给员工发放工资了，也可以给员工做一顿带肉的菜吃了。"

2002 年，通过市场调研，公司开始进行业务转型。随着业务的拓展，公司需要增加人员，开始招用下岗职工。当时这项工作没人愿意干，一说打扫卫生、打扫厕所，大家都觉得没面子，招了 5 个人，干了几天，结果一个人也没留下。这边服务单位要求换人，那边是下岗职工还不愿意干，我焦头烂额。一天，我买了些水果去了一个下岗职工家里，人家正在做饭，也不搭理我，她炒菜，我给她剥葱；她刷碗，我边给她扫地，边做思想工作。"大姐，你在家闲着，也没别的事，麻烦你给我帮几天忙。我赶紧找人，找了人就把你替下来，到单位你慢慢干，也别累着你。"说了一大堆好话，她总算答应我了。我到劳务市场又招了几个人，我告诉他们需要培训上岗，结果他们全部都反对，不就是拖地吗？在家干了几十年了，这还有什么培训的？要培训就不干了。我说："培训就是我干活，你看着。"这样才没人反对了。

我带领他们到一座办公楼打扫厕所，我开始刷便池，那些大姐有的在厕所门外不进来，有的用手捂着鼻子。我手里干着活，嘴也没闲着："你看咱们也没什么特长和技能，别的活也不好找，这工作也没夜班，既能照顾家，也能照顾孩子，挺适合你们这个年龄的。再说了，打扫卫生怎么了？咱是靠劳动挣钱，有什么丢人的？我们应该放下架子，丢掉面子，才能捡到金子！咱每月挣贰佰，咱能体现贰佰的价值，挣壹佰，咱能体现壹佰的价值，总比闲着强吧！我们女同志经济独立，人格才独立，谁有也不如自己有，靠谁也不如靠自己！"慢慢地，有的大姐开始给我递工具，捂鼻子的大姐手也放下来了，七个员工留下了五个，这五名员工至今还在公司工作，其中两名已经是公司的督察部经理了。

从 2000 年至今，公司已经走过了整整十八个年头，回望来路，我从一个农村姑娘、下岗工人，成长为一个企业家、全国人大代表。2013 年，我作为新当选的全国人大代表参加了全国人大会议。李克强总理在参加山东代表团讨论时，我受到了总理的亲切接见，总理紧紧握住我的手说："你从事的工作很光荣，很辛苦……"总理语重心长的话语是对我莫大的鼓励和鞭策！

自然界没有风风雨雨，大地就不会春华秋实。我和宝丽洁公司经历了十余年的风雨洗礼，终于迎来了今天的硕果累累，我们的公司在不断壮大，获得了社会各界的认可。我先后荣获"全国五一劳动奖章""全国巾帼建功标兵""民建全国优秀会员""中国工商 2016 年度人物""山东省道德模范""山东十大杰出青年""山东省三八红旗手""山东省五四青年奖章""2008 年度齐鲁十大好当家人""齐鲁杰出创业女性""德州市市长质量奖""德州市2012 党外代表人士十大年度人物"，还光荣地当选德州市第十七届、十八届人大代表、德州市第十七届人大常委会委员、德州市工商联副主席、山东省工商联副主席、第十二届全国工商联代表、第十二届全国人大代表。

（文中材料由焦文玉提供。）

励志语：

1.梦想着有一天，自己也能通过勤劳的双手让父母过上好日子。

2.别人能干的事，我也能干；别人不能干的事，我还要试一试。

3.谁有也不如自己有，靠谁也不如靠自己。

感悟

职工文化培育出的职工都是能熬的职工，他们总是坚持自己的初心，坚守自己的信念，不管遇到怎样的困难，他们总能迎难而上，所以他们总能熬到"梦想成真"的那一天。这些职工都是被逼出来的职工，不仅来自环境和他人的压力和刺激，更来自内心不服输的本性和志气！

但是，我们现在所谓的"聪明人"太多，所谓的"笨人"太少；所谓的"快活"太多，所谓的"慢工"太少；所谓"能干"的人太多，所谓"能熬"的人太少。我们必须懂得成功是熬出来的。要想提高我们的竞争力，我们就要静下心来提高自己的技术，耐下心来钻研技术。

职工文化培育出的职工总能不断坚持，所以，他们总会成就一番不平凡的事业。他们的耐心和毅力，不是一般人可以拥有的，所以，他们的成就也不是一般人能够企及的。

宪问篇

《论语·宪问篇》告诉我们：人要有好的个人品质。

做自己的英雄

原文及译文

宪问篇

1. 宪问耻。子曰:"邦有道,谷;邦无道,谷,耻也。""克、伐、怨、欲不行焉,可以为仁矣?"子曰:"可以为难矣,仁则吾不知也。"

原宪问孔子什么是可耻。孔子说:"国家有道,做官拿俸禄;国家无道,还做官拿俸禄,这就是可耻。"原宪又问:"好胜、自夸、怨恨、贪欲都没有的人,可以算做到仁了吧?"孔子说:"这可以说是很难得的,但至于是不是做到了仁,那我就不知道了。"

2. 子曰:"士而怀居,不足以为士矣。"

孔子说:"读书人如果留恋家庭的安逸生活,就不配做读书人了。"

3. 子曰:"邦有道,危言危行;邦无道,危行言孙。"

孔子说:"国家有道,要正言正行;国家无道,还要正直,但说话要随和谨慎。"

4. 子曰:"有德者必有言,有言者不必有德。仁者必有勇,勇者不必有仁。"

孔子说:"有道德的人,一定有言论,有言论的人不一定有道德。仁人一定勇敢,勇敢的人不一定有仁德。"

5. 南宫适问于孔子曰:"羿善射,奡荡舟,俱不得其死然。禹稷躬稼而有天下。"夫子不答。南宫适出,子曰:"君子哉若人!尚德哉若人!"

南宫适问孔子:"羿善于射箭,奡善于水战,最后都不得好死。禹和稷都亲自种植庄稼,却得到了天下。"孔子没有回答,南宫适出去后,孔子说:"这个人真是个君子呀!这个人真尊重道德。"

6. 子曰:"君子而不仁者有矣夫,未有小人而仁者也。"

孔子说："君子中没有仁德的人是有的，而小人中有仁德的人是没有的。"

7. 子曰："爱之，能勿劳乎？忠焉，能勿诲乎？"

孔子说："爱他，能不为他操劳吗？忠于他，能不对他劝告吗？"

8. 子曰："为命，裨谌草创之，世叔讨论之，行人子羽修饰之，东里子产润色之。"

孔子说："郑国发表的公文，都是由裨谌起草的，世叔提出意见，外交官子羽加以修饰，由子产作最后修改润色。"

9. 或问子产。子曰："惠人也。"问子西。曰："彼哉，彼哉！"问管仲。曰："人也。夺伯氏骈邑三百，饭疏食，没齿无怨言。"

有人问子产是个怎样的人。孔子说："是个有恩惠于人的人。"又问子西。孔子说："他呀！他呀！"又问管仲。孔子说："他是个有才干的人，他把伯氏骈邑三百户的地夺走，使伯氏终生吃粗茶淡饭，直到死也没有怨言。"

10. 子曰："贫而无怨难，富而无骄易。"

孔子说："贫穷而能够没有怨恨是很难做到的，富裕而不骄傲是容易做到的。"

11. 子曰："孟公绰为赵魏老则优，不可以为滕、薛大夫。"

孔子说："孟公绰做晋国越氏、魏氏的家臣，是才力有余的，但不能做滕、薛这样小国的大夫。"

12. 子路问成人，子曰："若臧武仲之知，公绰之不欲，卞庄子之勇，冉求之艺，文之以礼乐，亦可以为成人矣。"曰："今之成人者何必然？见利思义，见危授命，久要不忘平生之言，亦可以为成人矣。"

子路问怎样做才是一个完美的人。孔子说："如果具有臧武仲的智慧，孟公绰的克制，卞庄子的勇敢，冉求那样多才多艺，再用礼乐加以修饰，也就可以算是一个完人了。"孔子又说："现在的完人何必一定要这样呢？见到财利想到义的要求，遇到危险能献出生命，长久处于穷困还不忘平日的诺言，这样也可以成为一位完美的人。"

13. 子问公叔文子于公明贾曰："信乎，夫子不言，不笑，不取乎？"公明贾对曰："以告者过也。夫子时然后言，人不厌其言；乐然后笑，人不厌其笑；义然后取，人不厌其取。"子曰："其然？岂其然乎？"

孔子向公明贾问到公叔文子，说："先生他不说、不笑、不取钱财，是真的吗？"公明贾回答道："这是告诉你话的那个人的过错。先生他到该说时才说，因此别人不厌恶他说话；快乐时才笑，因此别人不厌恶他笑；合于礼要求的财利他才取，因此别人不厌恶他取。"孔子说："原来这样，难道真是这样吗？"

14. 子曰："臧武仲以防求为后于鲁，虽曰不要君，吾不信也。"

孔子说："臧武仲凭借防邑请求鲁君立其后代为鲁国卿大夫，虽然有人说他不是要挟君主，我不相信。"

15. 子曰："晋文公谲而不正，齐桓公正而不谲。"

孔子说："晋文公诡诈而不正派，齐桓公正派而不诡诈。"

16. 子路曰："桓公杀公子纠，召忽死之，管仲不死。"曰："未仁乎？"子曰："桓公九合诸侯，不以兵车，管仲之力也。如其仁，如其仁！"

子路说："齐桓公杀了公子纠，召忽自杀以殉，但管仲却没有自杀。管仲不能算是仁人吧？"孔子说："桓公多次召集各诸侯国的盟会，停止了战争，都是管仲的力量啊。这就是他的仁德，这就是他的仁德。"

17. 子贡曰："管仲非仁者与？桓公杀公子纠，不能死，又相之。"子曰："管仲相桓公，霸诸侯，一匡天下，民到于今受其赐。微管仲，吾其被发左衽矣。岂若匹夫匹妇之为谅也，自经于沟渎而莫之知也？"

子贡问："管仲不能算是仁人了吧？桓公杀了公子纠，他不能为公子纠殉死，反而做了齐桓公的宰相。"孔子说："管仲辅佐桓公，称霸诸侯，匡正了天下，老百姓到了今天还享受到他的好处。如果没有管仲，恐怕我们也要披散着头发，衣襟向左开了。哪能像普通百姓那样恪守小节，自杀在小山沟里，而谁也不知道呀？"

18. 公叔文子之臣大夫僎与文子同升诸公，子闻之，曰："可以为'文'矣。"

公叔文子的家臣僎和文子一同做了卫国的大夫。孔子知道了这件事以后说："（他死后）可以给他'文'的谥号了。"

19. 子言卫灵公之无道也，康子曰："夫如是，奚而不丧？"孔子曰："仲叔圉治宾客，祝鮀治宗庙，王孙贾治军旅，夫如是，奚其丧？"

孔子讲到卫灵公的无道，季康子说："既然如此，为什么他没有败亡呢？"孔子说："因为他有仲叔圉接待宾客，祝鮀管理宗庙祭祀，王孙贾统率军队，像这样，怎么会败亡呢？"

20. 子曰："其言之不怍，则为之也难。"

孔子说："说话如果大言不惭，那么实现这些话就是很困难的了。"

21. 陈成子弑简公。孔子沐浴而朝，告于哀公曰："陈恒弑其君，请讨之。"公曰："告夫三子。"孔子曰："以吾从大夫之后，不敢不告也。君曰'告夫三子'者！"之三子告，不可。孔子曰："以吾从大夫之后，不敢不告也。"

陈成子杀了齐简公。孔子斋戒沐浴以后，随即上朝去见鲁哀公，报告说："陈恒把他的君主杀了，请你出兵讨伐他。"哀公说："你去报告那三位大夫吧。"孔子退朝后说："因为我曾经做过大夫，所以不敢不来报告，君主却说'你去告诉那三位大夫吧'！"孔子去向那三位大夫报告，但三位大夫不愿派兵讨伐，孔子

秋来霜叶重，
独立枝头闲。

又说："因为我曾经做过大夫，所以不敢不来报告呀！"

22. 子路问事君，子曰："勿欺也，而犯之。"

子路问怎样侍奉君主。孔子说："不能欺骗他，但可以犯颜直谏。"

23. 子曰："君子上达，小人下达。"

孔子说："君子向上通达仁义，小人向下通达财利。"

24. 子曰："古之学者为己，今之学者为人。"

孔子说："古代的人学习是为了提高自己，而现在的人学习是为了给别人看。"

25. 蘧伯玉使人于孔子，孔子与之坐而问焉，曰："夫子何为?"对曰："夫子欲寡其过而未能也。"使者出，子曰："使乎！使乎！"

蘧伯玉派使者去拜访孔子。孔子让使者坐下，然后问道："先生最近在做什么?"使者回答说："先生想要减少自己的错误，但未能做到。"使者走了以后，孔子说："好一位使者啊，好一位使者啊！"

26. 子曰："不在其位，不谋其政。"曾子曰："君子思不出其位。"

孔子说："不在那个职位，就不要考虑那个职位上的事情。"曾子说："君子考虑问题，从来不超出自己的职位范围。"

27. 子曰："君子耻其言而过其行。"

孔子说："君子认为说得多而做得少是可耻的。"

28. 子曰："君子道者三，我无能焉：仁者不忧，知者不惑，勇者不惧。"子贡曰："夫子自道也。"

孔子说："君子之道有三个方面，我都未能做到：仁德的人不忧愁，聪明的人不迷惑，勇敢的人不畏惧。"子贡说："这正是老师的自我表述啊！"

29. 子贡方人。子曰："赐也贤乎哉? 夫我则不暇。"

子贡评论别人的短处。孔子说："赐啊，你真的就那么贤良吗? 我可没有闲工夫去评论别人。"

30. 子曰："不患人之不己知，患其不能也。"

孔子说："不忧虑别人不知道自己，只担心自己没有本事。"

31. 子曰："不逆诈，不亿不信，抑亦先觉者，是贤乎！"

孔子说："不预先怀疑别人欺诈，也不猜测别人不诚实，然而能事先觉察别人的欺诈和不诚实，这就是贤人了。"

32. 微生亩谓孔子曰："丘何为是栖栖者与？无乃为佞乎？"孔子曰："非敢为佞也，疾固也。"

微生亩对孔子说："孔丘，你为什么这样四处奔波游说呢？你不就是要显示自己的口才和花言巧语吗？"孔子说："我不是敢逞口才，只是痛恨那些顽固不化的人。"

33. 曰："骥不称其力，称其德也。"

孔子说："称千里马为骥，并不是称赞它的气力，而是称赞它的品德。"

34. 或曰："以德报怨，何如？"子曰："何以报德？以直报怨，以德报德。"

有人说："用恩德来报答怨恨怎么样？"孔子说："用什么来报答恩德呢？应该是用正直来报答怨恨，用恩德来报答恩德。"

35. 子曰："莫我知也夫！"子贡曰："何为其莫知子也？"子曰："不怨天，不尤人，下学而上达。知我者其天乎！"

孔子说："没有人了解我啊！"子贡说："怎么能说没有人了解您呢？"孔子说："我不埋怨天，也不责备人，下学礼乐而上达天命，了解我的只有天吧！"

36. 公伯寮愬子路于季孙。子服景伯以告，曰："夫子固有惑志于公伯寮，吾力犹能肆诸市朝。"子曰："道之将行也与，命也；道之将废也与，命也。公伯寮其如命何？"

公伯寮向季孙告发子路。子服景伯把这件事告诉给孔子，并且说："季孙氏已经被公伯寮迷惑了，我的力量能够把公伯寮杀了，把他陈尸于市。"孔子说："道能够得到推行，是天命决定的；道不能得到推行，也是天命决定的。公伯寮能把天命怎么样呢？"

37. 子曰:"贤者辟世,其次辟地,其次辟色,其次辟言。"子曰:"作者七人矣。"

孔子说:"贤人逃避动荡的社会而隐居,次一等的逃避到另外一个地方去,再次一点的逃避别人难看的脸色,再次一点的回避别人难听的话。"孔子又说:"这样做的已经有七个人了。"

38. 子路宿于石门,晨门曰:"奚自?"子路曰:"自孔氏。"曰:"是知其不可而为之者与?"

子路夜里住在石门,看门的人问:"从哪里来?"子路说:"从孔子那里来。"看门的人说:"是那个明知做不到却还要去做的人吗?"

39. 子击磬于卫,有荷蒉而过孔氏之门者,曰:"有心哉,击磬乎!"既而曰:"鄙哉,硁硁乎!莫己知也,斯己而已矣。深则厉,浅则揭。"子曰:"果哉!末之难矣。"

孔子在卫国,一次正在敲击磬,有一位背草筐的人从门前走过说:"这个击磬的人有心思啊!"一会儿又说:"声音硁硁的,真可鄙呀,没有人了解自己,就只为自己就是了。(好像涉水一样)水深就穿着衣服趟过去,水浅就撩起衣服趟过去。"孔子说:"说得真干脆,没有什么可以责问他了。"

40. 子张曰:"《书》云,'高宗谅阴,三年不言。'何谓也?"子曰:"何必高宗,古之人皆然。君薨,百官总己以听于冢宰三年。"

子张说:"《尚书》上说,'高宗守丧,三年不谈政事。'这是什么意思?"孔子说:"不仅是高宗,古人都是这样。国君死了,朝廷百官都各管自己的职事,听命于冢宰三年。"

41. 子曰:"上好礼,则民易使也。"

孔子说:"在上位的人遇事依礼而行,就容易使百姓听从指挥。"

42. 子路问君子。子曰:"修己以敬。"曰:"如斯而已乎?"曰:"修己以安人。"曰:"如斯而已乎?"曰:"修己以安百姓。修己以安百姓,尧、舜其犹病诸!"

子路问什么叫君子。孔子说："修养自己，保持严肃恭敬的态度。"子路说："这样就够了吗？"孔子说："修养自己，使周围的人们安乐。"子路说："这样就够了吗？"孔子说："修养自己，使所有百姓都安乐。修养自己，使所有百姓都安乐，尧舜还怕难于做到呢？"

43. 原壤夷俟。子曰："幼而不孙弟，长而无述焉，老而不死，是为贼！"以杖叩其胫。

原壤叉开双腿坐着等待孔子。孔子骂他说："年幼的时候，你不讲孝悌，长大了又没有什么可说的成就，老而不死，真是害人虫。"说着，用手杖敲他的小腿。

44. 阙党童子将命，或问之曰："益者与？"子曰："吾见其居于位也，见其与先生并行也。非求益者也，欲速成者也。"

阙里的一个童子来向孔子传话。有人问孔子："这是个求上进的孩子吗？"孔子说："我看见他坐在成年人的位子上，又见他和长辈并肩而行，他不是要求上进的人，只是个急于求成的人。"

《论语》解读

职工文化培育出的职工总是喜欢在有道的企业做事拿薪水，而不喜欢在无道的企业入职拿薪水，他们认为这是可耻的。这些职工一般不会有好胜、自夸、怨恨、贪欲，这是很多人难以做到的。

他们一般不会留恋安逸舒服的生活，因为那样很难有大的出息。他们都是仁义之人，所以他们一定勇敢，但是勇敢的人不一定都有仁德。他们既注重掌握高超的知识技能，更重视提高自己的文化修养。他们都是有仁德的君子，绝不做没有仁德的小人。

他们愿意为自己喜爱的人操劳，乐于劝告自己忠诚的人。他们不会轻易说出不经过思考的、没有立场的、不精心准备的、没有分量的话。他们有一身的才干，总是得到人们的爱戴和支持。他们即使贫穷，也不会有过多的怨恨，富裕也不会骄傲。

他们都是做大事的人，有时在小事上可能还显示不出他们太大的能量。他们总是追求做一个完美的人，总是充满智慧，学会克制自己，勇敢有加，多才多艺，修养有素。

他们总是见到财利就想到义的要求，遇到危险总能挺身而出，长久处于穷困也不忘平日的诺言，他们总是成为人们心目中的完美之人。他们一般不是不说、不笑、不取钱财，而是该说时才说，因此别人不厌恶他说话；快乐时才笑，因此别人不厌恶他笑；合于礼要求的财利他才取，因此别人不厌恶他获利。

他们一般不会要求别人什么，而更多的是要求自己。他们一般正派而不诡诈。他们的仁德不仅为他人带来方便，更为自己带来很多意想不到的机会。他们都是仁人志士，总是追求大义，总是为别人考虑得多，为自己考虑得少，他们总是不断点亮自己，照亮别人。

他们不仅是有知识之人，更是有文化之人。他们总是技艺超群，是企业不可多得的人才。他们一般不会大言不惭去做事，更不会大言不惭去说事。他们总是在其位谋其职，尽职尽责，对分内的事情绝不懈怠。对大逆不道的事情，他们一般是看不下去的，很多时候都想尽自己的能力去阻止。

他们不会欺骗领导，但会犯颜直谏。他们总是做追求仁义的君子，而不做追求名利的小人。他们喜欢学习是为了提高自己，而不是为了给别人看。

他们总是不断减少自己的错误，不断取得进步。他们一般不在其位不谋其政，考虑问题一般不超出自己的职责范围。他们都是君子，所以他们不会只是说得多而做得少，他们认为那是可耻的。他们总是遵循君子之道：仁德的人不忧愁，聪明的人不迷惑，勇敢的人不畏惧。这也是他们自我修炼的内容。他们一般不会评论别人的短处，他们做贤良的自己，没有闲工夫去对别人品头论足。他们一般不会忧虑别人不知道自己，而只担心自己没有本事。

他们都是贤人，不会预先怀疑别人欺诈，也不会猜测别人不诚实，但是，他们总是能事先觉察别人的欺诈和不诚实。他们一般不会显摆自己，也不会显示自己的口才有多好，更不会花言巧语，他们不喜欢顽固不化的人。他们都是大才贤才，不仅仅指他们的才能，更指他们的品德。

他们一般不埋怨天，也不会责备人，他们总是不断学习知识，不断提升自身修养。

他们都是心思缜密之人，不仅不断了解别人，更深入了解自己，说话做事总是干净利索。他们都是忠孝之人，孝敬父母，尊敬领导。他们总是行仁德之事，总是影响人们做更好的自己。

他们都是君子，总是保持严肃恭敬的态度，总是使周围的人安乐，使所有的人安乐。他们在家尽孝父母，在外追求事业，不断追求上进，懂得礼仪修养，尊敬长辈，绝不做急于求成之人。

智慧人生

逆袭

作为 20 世纪 80 年代的一个高考状元、北大才子，陈步轩毕业后成了一个屠夫，卖起猪肉来。陈步轩 1989 年从北大毕业后，分配到了县柴油机厂工作，因为工作不太顺利，他就辞职了。后来他做过很多工作，开过工厂，做过小生意，但工作都不是很顺利。尽管他曾经迷茫、困惑甚至消沉过，但是，他始终没有止步不前。34 岁时，他干起了卖猪肉的生意。2003 年，他被媒体广泛关注，成为舆论的一个热点。他把卖猪肉这件事情做到了专业水平，他还写了一本《屠夫看世界》的书。后来，他的北大师兄陈生也加盟与他一起卖猪肉。

陈生 1984 年从北大毕业后，一开始被分配到广州市委办公厅工作，后来他辞职下海，摆过地摊，卖过蔬菜，做过房地产，卖过烟酒糖茶，从一名国家公职人员转变为地地道道的商人。陈生看到媒体报道陈步轩卖猪肉的消息后，就与陈步轩一起合作。他们科学养猪，专业卖猪，还开办了培训专业屠夫的屠夫学校，编写了《猪肉营销学》，最终，他们打造出了"壹号土猪"

这样一个享誉国内的土猪肉品牌。2015 年，他们公司的猪肉销量超过 10 亿。陈步轩说：将卖猪肉做到极致，也不算给母校丢人了。

陈步轩从高考状元、北大才子到屠夫状元、成功企业家的转变，是对自己的不断挑战，事实上，像陈步轩一样敢于自我否定、逆袭人生的还有他的北大师妹柳青。

柳青原来在投行高盛做事，后来，她从高盛辞职，做起了滴滴打车的 CEO。她自己说："原来住四季酒店，现在住汉庭；原来坐头等舱，现在坐经济舱；原来不求人，现在要求人。"柳青彻底放下身段，成为一个全新的自己，这既需要一定的胆量和魄力，更需要人生智慧。

陈步轩、陈生和柳青都是北大的高才生，他们能够成就人生的辉煌，在很大程度上不是来自于他们头上的北大光环，而是来自于他们自己对人生的重新定位，更是来自于他们对自己人生梦想的追求。

劳模励志故事

所有梦想之花都会绽放

（党的十九大代表、全国劳模　程祖彬）

我从小生长在农村，父母没有文化，靠种地维持全家人的生计，加上两兄妹又读书，我的家境非常贫寒。我至今还记得，在我上初中那三年，三个月左右才能吃上一次肉。那时，我家共三间房，除了正房的大门是木门外，其他房门都是用破旧的衣服缝起来当门用。我每周一早上都要卖了米，才有了当周的生活费。所以，老师特批我周一不用参加学校全校师生早会，让我卖完米才去学校读书，我就是在这样的环境下成长起来的。

我最初的梦想就是走出山村、摆脱贫困。所以，我读书一直很用功，成绩也很好，父母也没有让我放弃读书，我村里同龄的伙伴们基本都在小学或初中就辍学了，而我一直读到了高中。因为考上大学也没钱读，为了不让父母为难，也为了把读书的机会留给妹妹，离高考不到一个月，我决定外出打工。当时，我怀揣着梦想，带着全家人的希望，提着两个装满"家当"的蛇皮袋，上了一辆破旧的大巴车，坐了5天6夜，来到了传说中遍地都是黄金的广东。

离家前，母亲反复叮嘱我："儿啦，出门那么远，我照顾不了你，今后全靠你自己了，不要做违法的事，做事要勤快、听话，不要计较，你做好了事情，领导、老板都会看到，会给你更多的好机会。"母亲淳朴的话像一股暖流温暖我的心田，给了我勇气和信心。

在广东打工的最初几年，我生活过得很清贫。工作前7年间，我只回过两次家。不管再苦再累，只要想起妈妈的话，我就能挺住，不仅仅为了吃饱穿暖，更是把对美好生活的向往作为自己奋斗的目标、前行的动力。现今日子好过了，但我始终不敢忘记母亲当年的教诲，继续怀揣梦想，保持正直善良的本色。

由于没有机会上大学成了我人生的一大遗憾，所以，我决定用百倍的努力去弥补。当我只身带着梦想来广东打工，是坚持不懈的学习，让我的生活充实起来，也让我在工作中更加自信、从容。

刚开始，我喜欢读历史，读人物传记，读知名企业家传奇，在他们的故事中品味不一样的人生。后来，随着对家具行业的了解，我越发感受到市场竞争的激烈，市场对工艺创新、现场管理、成本控制、交货准期率等要求越来越高，我的理论水平和专业技能都出现了"本领恐慌"。我对自己说，不能只用打工仔的心态应付眼前的工作，必须尽快武装自己。

于是，我坚持每晚收工后看两个小时书，为了不影响同宿舍的工友，我拿手电筒、沙发底座的碎布做了个小灯笼，拿着它在被窝里看书。2005年到2012年的384个周末，我都是在专业培训机构度过的，先后在家具标准委员会、家具协会、木制品加工培训机构、佛山阳光教育学院等报读了60多项课程。我一边工作一边学习，还把工作中遇到的问题拿到课堂上寻求答案，这期间，我先后取得了企业培训师、质量管理审核员、环境标志检查员等14个资格证，这些专业知识和现代化的管理经验，让我在工作中更有底气。2014

年，我被推荐到北京中国劳动关系学院劳模本科班进行两年的全脱产学习深造，我经常跟别人说，读书时没有实现的大学梦，在工作后的不断坚持与努力下，终于实现了。所以，我非常珍惜。学习期间，我把20多年的工作积累和学习所得结合起来，积极参与乔东教授主编的《职工文化学》图书编辑工作，本书已在清华大学出版社出版。

可以说，从学徒工做起，到品管组长、品管主管、培训主管，23年的家具行业经历，就是我23年的学习经历。公司员工给我起了个外号，叫"励志哥"。我还会继续用学习提升自我，带动我的同事们，在这份工作中过一种自信而幸福的生活。

我知道，新时代的今天，大力弘扬工匠精神，我把工匠精神总结为"安、专、迷"精神，任何行业都需要这种"安下心来、专心致志、迷恋至深"的工作态度。23年来，我从未离开过家具行业，也从没想过转行，只想一门心思在这个行业干出点名堂来。

2001年，我加盟到刚刚成立的广东中泰家具实业有限公司，这家公司建厂在高明富湾，当时的高明富湾偏僻落后，交通也不方便。来了之后，我发现中泰家具还在沿用传统手工工艺，缓慢、笨重、成本也极高，我觉得这样做可不行，"现代匠人并不是一个白胡子老头拿着斧头在打家具"，必须改变这种状况。于是，我钻研德国家具先进制造设备，用电子开料锯、多功能铣床、全自动封边机来代替斧头、锯子、凿子，我先后提出了38项技术创新，有的是减少工作流程，有的是改变技术工艺，有的是引用新材料、新工艺、创新新流程，每一个创新灵感都来自流水线上日复一日的坚持和积累，通过创新改变，为公司节省了大量成本，仅2011年，就为公司节约成本600多万元。其中最让我感到荣幸的是，我被广东省质监局连续两届评为"广东省家具制造标准化技术委员会委员"，参与编写和制定了广东省家具制造行业标准、ISO9001等管理文件。2016年我被评为"大城工匠"。我觉得，兑现和坚持工匠精神，其实并没有那么难。只要拥有"坚持把事情做好"的愿望，始终践行"做人要晶莹剔透、做事要水滴石穿"，每个人都是最优秀的"匠人"。

我也希望我的产品一直是卓越的，能被更多人认可和使用。

党的十九大报告提出，要不忘初心，牢记使命；我们共产党人的初心和使命，就是为中国人民谋幸福，为中华民族谋复兴。作为一名共产党员，我们要时刻牢记使命，带好头，做好组织群众、宣传群众、凝聚群众、服务群众的工作。

2002年，第一批三峡移民迁移到我们公司所在的高明富湾，由于与当地人不和，发生了不稳定事件。当时我刚好在现场，感觉事态很严重，那时我也没担任什么社会职务，就以老乡的身份去帮忙协调。我与他们同吃同住，了解到他们由于语言不通，房子租不出去，没有经济来源，缺乏安全感。于是，我介绍中泰的工友从镇上搬到移民村去居住，把男劳动力和年轻女工介绍到中泰公司去打工，并教他们技术。同时，引导年龄大的妇女种菜卖，还把她们种的菜介绍卖给各工厂饭堂，用多种方式增加移民收入。就这样，我把这批移民的心安抚了下来。移民老乡为了感激我，每天早上在我住房门口放上一堆她们自己种的蔬菜。

2008年，看到电视直播汶川大地震的情况，我伤心流泪。刚开始，社会各界还没形成抗震救灾的宣传势头，我已经坐不住了，就带着小孩在车站、超市、村庄发传单，呼吁社会各界人士捐款捐物。佛山电视台到民间采访时，民众对我的事迹反响很大，电视台为此还专程来工厂找到了我，我曾经所做的多种好人好事由此而被媒体报道，得到社会各界人士的广泛关注和大力点赞。

"一枝独秀不是春"，作为一名党员、一名劳模、一名工匠，我们不光自己要严格要求自己，还要去影响带动周边的人。在做好本职工作的同时，我还主动给员工做培训，并编写《新员工培训》《一线班组长管理》等教材，把所学知识传递给员工。在参加"两学一做"的学习教育活动中，我认真研读党章，更加深刻领悟党章内涵和习近平总书记系列讲话精神，把自己学到的和领悟到的第一时间传达给公司员工，引导他们跟党走。这些年来，工友们加入党组织的积极性明显高了很多，党支部也从刚开始的几名党员发展到目前的19名党员。

回首这么多年走过的路，自己能够从一名一无所长的普通工人成长为高明区"大城工匠"，从一名外来工成长为全国劳动模范，从一名普通党员成长为省优秀共产党员、党的十九大代表，实现了人生梦想，除了个人的辛勤劳动、努力付出外，我认为，更重要的是得益于我们这个伟大的时代、党的好政策、国家的大发展，为企业和个人发展提供了无限的发展机遇；得益于广东这片改革开放的热土，这里求真务实、开放包容、敢为人先的良好环境，为每个逐梦者提供了广阔的发展舞台；得益于党组织的培养教育，给了我无穷的信仰力量，激励我不断成长进步。付出终有回报，所有的梦想之花都会绽放。

我现任广东中泰家具实业有限公司工会主席、党支部副书记、培训主管，而且还是中国劳动关系学院的在读本科生、中国人民大学华商跨界总裁班学习委员。我当前担任的社会职务有：党的十九大党代表、广东省家具标准委员会委员、高明区人大代表、《职工文化学》编委、责任文化大使、电影《毛泽东的假日》宣传员。我曾获得的荣誉有：全国劳动模范、全国五一劳动奖章、广东省优秀共产党员、佛山市十佳优秀外来工、佛山市建功立业先进青年、高明区工匠。曾取得的成就有：技术创新三十八项，参与编辑出书、编写培训教材，如《职工文化学》《新员工培训教材》《一线班组长管理》等。这些荣誉、成绩和成就，离不开党和人民对我的培养，离不开企业和老板给我成长平台，离不开老师、领导和工友们对我的教导、关心和支持。作为一名新时代的产业工人，我将不忘初心、牢记使命，立足岗位、率先垂范、脚踏实地、撸起袖子加油干，为实现中华民族伟大复兴的中国梦继续努力奋斗！

（文中材料由程祖彬提供。）

励志语：

1. 怀揣梦想，学会坚持，保持正直善良的本色。

2. 不能只用打工仔的心态应付眼前的工作。

3. 做人要晶莹剔透，做事要水滴石穿。

4. 付出终有回报，所有的梦想之花都会绽放。

感悟

　　职工文化培育出的职工，从不会放弃自我成长。这些职工认为人生最宝贵的不是豪车、洋房，而是丰富的人生体验。在他们人生的马拉松中，他们总能保持初心，所以，他们永远不会失去希望，总能书写自己的人生传奇。

　　他们总能书写人生传奇，在很大程度上不是因为他们拥有什么，他们总能绝处逢生，迎接一个又一个人生挑战。表面看来他们是不满足现状，实际上是他们不满意自己。

　　命运给过他们的磨难一般不会压垮他们，反而会成为他们人生的重要财富，成为他们的立身之本。他们总是不断奔跑，他们所经历的一切，不管是幸福还是痛苦，总能成为他们生命的一部分，成为他们的力量源泉。他们不会把别人当作对手，而是把自己当作对手，不断挑战自己和战胜自己，总能实现人生的华丽转身和职业的精彩转型。但是，华丽和精彩的背后有时是他们不为人知的酸甜苦辣，甚至忍辱负重。命是父母给的，生命是自己挣的。

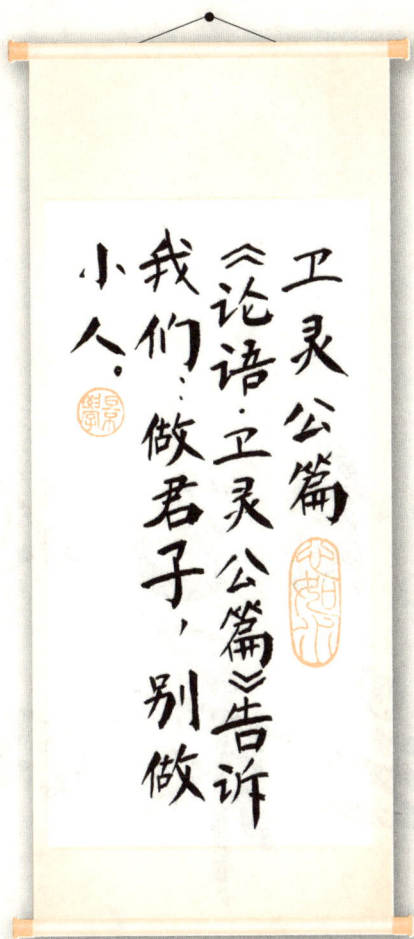

卫灵公篇
《论语·卫灵公篇》告诉
我们：做君子，别做
小人.

适合自己的
才是最好的

唐渊

原文及译文

卫灵公篇

1. 卫灵公问陈于孔子，孔子对曰："俎豆之事，则尝闻之矣；军旅之事，未之学也。"明日遂行。

卫灵公向孔子问军队列阵之法。孔子回答说："祭祀礼仪方面的事情，我曾经听说过；用兵打仗的事，从来没有学过。"第二天，孔子便离开了卫国。

2. 在陈绝粮，从者病，莫能兴。子路愠见曰："君子亦有穷乎？"子曰："君子固穷，小人穷斯滥矣。"

（孔子一行）在陈国断了粮食，随从的人都饿病了。子路很不高兴地来见孔子，说道："君子也有穷得毫无办法的时候吗？"孔子说："君子虽然穷困，但还是坚持着；小人一遇穷困，就无所不为了。"

3. 子曰："赐也，女以予为多学而识之者与？"对曰："然，非与？"曰："非也，予一以贯之。"

孔子说："赐啊！你以为我是学习得多了才一一记住的吗？"子贡答道："是啊，难道不是这样吗？"孔子说："不是的。我是用一个根本的东西把它们贯彻始终的。"

4. 子曰："由，知德者鲜矣。"

孔子说："由啊！懂得德的人太少了。"

5. 子曰："无为而治者其舜也与！夫何为哉？恭己正南面而已矣。"

孔子说："能够无所作为而治理天下的人，大概只有舜吧？他做了些什么呢？只是庄严端正地坐在朝廷的王位上罢了。"

6. 子张问行。子曰："言忠信，行笃敬，虽蛮貊之邦，行矣。言不忠信，行不笃敬，虽州里，行乎哉？立则见其参于前也，在舆则见其倚于衡也，夫然后行。"子张书诸绅。

子张问如何才能使自己到处都能行得通。孔子说："说话要忠信，行事要笃敬，即使到了蛮貊地区，也可以行得通。说话不忠信，行事不笃敬，就是在本乡本土，能行得通吗？站着，就仿佛看到忠信笃敬这几个字显现在面前，坐车，就好像看到这几个字刻在车辕前的横木上，这样才能使自己到处行得通。"子张把这些话写在腰间的大带上。

7. 子曰："直哉史鱼！邦有道，如矢；邦无道，如矢。君子哉蘧伯玉！邦有道，则仕；邦无道，则可卷而怀之。"

孔子说："史鱼真是正直啊！国家有道，他的言行像箭一样直；国家无道，他的言行也像箭一样直。蘧伯玉也真是一位君子啊！国家有道就出来做官，国家无道，就（辞退官职）把自己的主张收藏在心里。"

8. 子曰："可与言而不与之言，失人；不可与言而与之言，失言。知者不失人，亦不失言。"

孔子说："可以同他谈的话，却不同他谈，这就是失掉了朋友；不可以同他谈的话，却同他谈，这就是说错了话。有智慧的人既不失去朋友，又不说错话。"

9. 子曰："志士仁人，无求生以害仁，有杀身以成仁。"

孔子说："志士仁人，没有贪生怕死而损害仁德，只有牺牲自己的性命来成全仁德。"

10. 子贡问为仁，子曰："工欲善其事，必先利其器。居是邦也，事其大夫之贤者，友其士之仁者。"

子贡问怎样实行仁德。孔子说："做工的人想把活儿做好，必须首先使他的工具锋利。住在这个国家，就要侍奉大夫中的那些贤者，与士人中的仁者交朋友。"

11. 颜渊问为邦。子曰："行夏之时，乘殷之辂，服周之冕，乐则《韶》《舞》；放郑声，远佞人。郑声淫，佞人殆。"

颜渊问怎样治理国家。孔子说："用夏代的历法，乘殷代的车子，戴周代的礼帽，奏《韶》乐，禁绝郑国的乐曲，疏远能言善辩的人，郑国的乐曲浮靡不正派，小人太危险。"

12. 子曰："人无远虑，必有近忧。"

孔子说："人没有长远的考虑，一定会有眼前的忧患。"

13. 子曰："已矣乎！吾未见好德如好色者也。"

孔子说："完了，我从来没有见像好色那样好德的人。"

14. 子曰："臧文仲其窃位者与！知柳下惠之贤而不与立也。"

孔子说："臧文仲是一个窃居官位的人吧！他明知道柳下惠是个贤人，却不举荐他做官。"

15. 子曰："躬自厚而薄责于人，则远怨矣。"

孔子说："多责备自己而少责备别人，那就可以避免别人的怨恨了。"

16. 子曰："不曰'如之何、如之何'者，吾末如之何也已矣。"

孔子说："遇事从来不说'怎么办，怎么办'的人，我对他也不知怎么办才好。"

17. 子曰："群居终日，言不及义，好行小慧，难矣哉！"

孔子说："整天聚在一块，说的都达不到义的标准，专好卖弄小聪明，这种人真难教导。"

18. 子曰："君子义以为质，礼以行之，孙以出之，信以成之。君子哉！"

孔子说："君子以义作为根本，用礼加以推行，用谦逊的语言来表达，用忠诚的态度来完成，这就是君子了。"

19. 子曰："君子病无能焉，不病人之不己知也。"

孔子说："君子只怕自己没有才能，不怕别人不知道自己。"

20. 子曰："君子疾没世而名不称焉。"

孔子说："君子担心死亡以后他的名字不为人们所称颂。"

21. 子曰："君子求诸己，小人求诸人。"

孔子说："君子求之于自己，小人求之于别人。"

22. 子曰："君子矜而不争，群而不党。"

孔子说："君子庄重而不与别人争执，合群而不结党营私。"

23. 子曰："君子不以言举人，不以人废言。"

孔子说："君子不凭一个人说的话来举荐他，也不因为一个人不好而不采纳他的好话。"

24. 子贡问曰："有一言而可以终身行之者乎？"子曰："其恕乎！己所不欲，勿施于人。"

子贡问孔子问道："有没有一个字可以终身奉行的呢？"孔子回答说："那就是恕吧！自己不愿意的，不要强加给别人。"

25. 子曰："吾之于人也，谁毁谁誉？如有所誉者，其有所试矣。斯民也，三代之所以直道而行也。"

孔子说："我对于别人，诋毁过谁？赞美过谁？假如我赞美他，必须是曾经

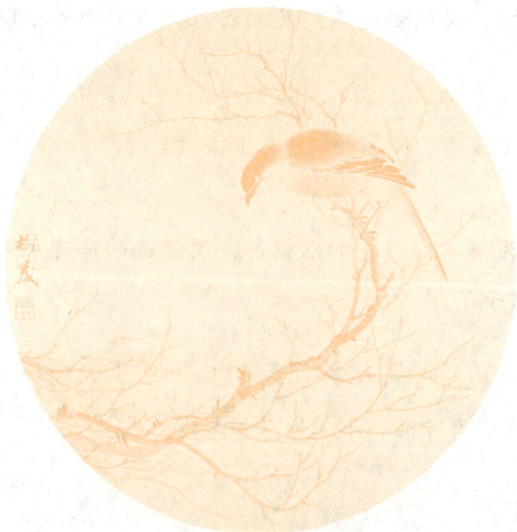

冬枝舒朗，
丽羽临风

考验过他的。夏商周三代的人都是这样做的，所以三代能直道而行。"

26. 子曰："吾犹及史之阙文也，有马者借人乘之，今亡矣夫！"

孔子说："我还能够看到史书存疑的地方，有马的人（自己不会调教，）先给别人使用，这种精神，今天没有了罢。"

27. 子曰："巧言乱德，小不忍，则乱大谋。"

孔子说："花言巧语就败坏人的德行，小事情不忍耐，就会败坏大事情。"

28. 子曰："众恶之，必察焉；众好之，必察焉。"

孔子说："大家都厌恶他，我必须考察一下；大家都喜欢他，我也一定要考察一下。"

29. 子曰："人能弘道，非道弘人。"

孔子说："人能够使道发扬光大，不是道使人的才能扩大。"

30. 子曰："过而不改，是谓过矣。"

孔子说："有了过错而不改正，这才真叫错了。"

31. 子曰："吾尝终日不食、终夜不寝，以思，无益，不如学也。"

孔子说："我曾经整天不吃饭，彻夜不睡觉，左思右想，结果没有什么好处，还不如去学习为好。"

32. 子曰："君子谋道不谋食。耕也，馁在其中矣；学也，禄在其中矣。君子忧道不忧贫。"

孔子说："君子只谋求学术，不谋求衣食。耕田，也常要饿肚子；学习，可以得到俸禄。君子只担心道不能行，不担心贫穷。"

33. 子曰："知及之，仁不能守之；虽得之，必失之。知及之，仁能守之。不庄以莅之，则民不敬。知及之，仁能守之，庄以莅之，动之不以礼，未善也。"

孔子说："凭借聪明才智足以得到它，但仁德不能保持它，即使得到，也一定会丧失。凭借聪明才智足以得到它，仁德可以保持它，不用严肃态度来治理百姓，那么百姓就会不敬；聪明才智足以得到它，仁德可以保持它，能用严肃态度来治理百姓，但动员百姓时不照礼的要求，那也是不完善的。"

34. 子曰："君子不可小知而可大受也，小人不可大受而可小知也。"

孔子说："君子不能让他们做那些小事，但可以让他们承担重大的使命。小人不能让他们承担重大的使命，但可以让他们做那些小事。"

35. 子曰："民之于仁也，甚于水火。水火，吾见蹈而死者矣，未见蹈仁而死者也。"

孔子说："百姓们对于仁（的需要），比对于水（的需要）更迫切。我只见过人跳到水火中而死的，却没有见过实行仁而死的。"

36. 子曰："当仁，不让于师。"

孔子说："面对着仁德，就是老师，也不同他谦让。"

37. 子曰："君子贞而不谅。"

孔子说："君子固守正道，而不拘泥于小信。"

38. 子曰："事君，敬其事而后其食。"

孔子说："侍奉君主，要认真办事，而把领取俸禄的事放在后面。"

39. 子曰："有教无类。"

孔子说："人人都可以接受教育，不分族类。"

40. 子曰："道不同，不相为谋。"

孔子说："主张不同，不互相商议。"

41. 子曰："辞达而已矣。"

孔子说："言辞只要能表达意思就行了。"

42. 师冕见，及阶，子曰："阶也。"及席，子曰："席也。"皆坐，子告之曰："某在斯，某在斯。"师冕出。子张问曰："与师言之道与?"子曰："然，固相师之道也。"

乐师冕来见孔子，走到台阶沿，孔子说："这儿是台阶。"走到坐席旁，孔子说："这是坐席。"等大家都坐下来，孔子告诉他："某某在这里，某某在这里。"师冕走了以后，子张就问孔子："这就是与乐师谈话的道吗？"孔子说："这就是帮助乐师的道。"

《论语》解读

职工文化培育出的职工重视知识技能的学习，更重视文化修养的提高。这些职工都是君子，所以，他们即使生活再贫穷，也会坚持自己的人生信仰，而小人一旦穷困，就会无所作为。

职工文化培育出的职工总能收获很多，这是他们对学习坚持不懈的必然结果。他们总是有所为有所不为，他们总是庄严端正地对人又对事。

他们做事之所以总能做得通，是因为他们清楚：如果说话忠信，行事笃敬，即使到了不熟悉的地方，也总能做得通；如果说话不忠信，行事不笃敬，即使在本乡本土，也很难做得通。所以，他们站着，就仿佛看到忠信笃敬这几个字显现在面前；坐车，就好像看到这几个字刻在车上，这样他们才能使自己做事到处都能做得通。

他们不会对可以谈话的人不谈话，因为这样容易失去朋友；也不会对不可以谈话的人谈话，因为这样容易说错话。他们都是有智慧的人，既不会失去朋友，也不会说错话。

他们都是仁人志士，所以，他们一般不贪生怕死，总会牺牲自己而成全仁义之道。他们践行仁德之道，在做事之前，总是把相关的准备工作、工具、方法等都准备妥当并加以完善。

他们总是喜欢接触贤者，更喜欢与仁者交朋友。他们做事总是遵循相关制度规章，学习和使用先进的工具和方法，注意个人的礼仪，提升自己的综合素质，疏远花言巧语之人，远离不健康的场合，坚决不与小人交往。

他们对人生总是有长远的考虑和打算，所以他们一般不会有眼前的忧患。

他们都是好德不好色之人。他们都是君子，对于贤人他们总是想办法加以举荐。他们总是多责备自己而少责备别人，这样他们就可以避免别人的怨恨。

他们做事总是未雨绸缪，三思而后行。他们总是喜欢提出问题，更喜欢寻求问题的解决方案。他们一般不会整天聚在一块，说不涉及道义的话，更不会卖弄小聪明。

他们都是君子，总是以义作为根本，用礼加以推行，用谦逊的语言来表达，用忠诚的态度来完成，他们是正人君子。所以，他们一般只怕自己没有才能，不怕别人不知道自己；他们很在意自己的名声，担心别人说自己不好；他们总是求之于自己，而不是像小人那样求之于别人；他们庄重而不与别人争执，合群而不结党营私；他们一般不会凭一个人说的话来举荐他，也不会因为一个人不好而不采纳他的好话。

他们总是将"宽恕"作为终身奉行的原则，自己不愿意做的，也不会强加给别人。他们有时批评人，有时表扬人，他们表扬的一般都是经受过各种考验的高素质的人，因为高素质的人总是遵循人生大道。

他们总是考虑别人多一些，考虑自己少一些，自己做不成的事情，总会求助于别人去做。他们一般不会花言巧语，因为那样就会败坏人的德行，他们对于小事情一般都会忍耐，否则就会败坏大事情。

他们对于大家都厌恶或喜欢的人，一般不会盲从，总是要亲自考察一番。他们一般不会有了过错而不改正。

他们有时整天不吃饭，彻夜不睡觉，左思右想，思考一个问题，如果最后没有什么结果，他们就会选择去学习。他们都是君子，总是谋求道，而不只是谋求衣食。他们既重视日常劳动，也重视自身学习。

他们一般不会只是凭借聪明才智去获得什么，因为他们知道：如果没有仁德的守持，即使得到，也一定会丧失；如果有仁德的守持，但不用严肃态度对待人们，那么人们就会不敬；如果有仁德的守持，用严肃态度对待人们，但动员人们时不照礼的要求，也是不完善的。

他们都是君子，所以不能通过一些小事情来了解他们、考验他们，但可以让他们承担重大的使命；但是小人不能承担重大的使命，小人只能做一些小事。

职工文化培育出的职工都是仁德之人，总是不断践行仁道。他们完成领导交代的事情总是恭敬、严肃地去做，即使有了成绩也不会一味邀功。他们总是主张人人都可以接受教育，不断提升自己。

他们对于与自己人生追求不同的人，不会勉强在一起谋求大业。他们不喜欢追求华丽辞藻，只要能够表达自己的意思就可以了。他们待人总是礼貌有加，言辞行为妥当得体，总是显示他们不凡的道德修养。这是他们不断追求人生大道的表现。

智慧人生

读故事，悟人生

1. 误会

美国有一个男子，妻子难产而死，留下了一个孩子。他因为上班忙，没有时间看孩子，就训练了一个狗帮他照看孩子。有一天，男子回家发现家里到处都是血迹，孩子不见了，而狗嘴里都是血。男子一怒之下，就把狗给杀死了。这时候，孩子哭着从床底下钻了出来，身上也是血迹斑斑，但是仔细一看，孩子并没有受伤。他在惊奇之余，又看了看房间，发现家里有一条狼躺在地上，嘴里还咬着一大块肉，再转身看看死去的狗，狗腿上少了一大块肉。这时他才真正明白了。

这个故事告诉我们：冲动是魔鬼，在采取行动之前，先要冷静下来，尤其要给自己的大脑降降温，再理性做出决定。

2. 伤痕

有一个爸爸为了帮助孩子改掉乱发脾气的习惯，就给孩子一袋钉子，告诉孩子每次发脾气的时候，就在家里围墙的篱笆上钉上一颗钉子。孩子第一天就在篱笆上钉了 37 根钉子。后来，孩子发现在篱笆上钉钉子并不是一件很轻松的事情，所以，他就慢慢减少发脾气的次数，一直到孩子基本不再发脾气了，爸爸又让孩子拔钉子，每控制住一次脾气就拔掉一颗他钉在篱笆上的钉子。孩子就坚持控制自己的脾气，一直到把所有钉子都拔出来。这时候，爸爸就对孩子说："你能控制住自己的脾气非常好，可是，你看看曾经钉过钉子的篱笆上留下的洞，这些篱笆再也不会恢复到过去的样子了。你对别人发脾气，就会给别人留下伤害。"

这个故事告诉我们，说出去的话，泼出去的水，很难再收回来了。所以不要轻易发脾气伤人，尤其不要随便发脾气伤你身边的亲人，要学会珍惜亲人之间的爱，尤其是父母之爱。

3. 且慢下手

有一位新主管被派到一家单位整顿业务，据说这位新主管非常有能力。但是，时间过了很久，大家也不见这位新主管有什么举动，这就让那些憋了很久的单位小混混们终于按捺不住往日的嚣张和散漫，又开始为所欲为了。新主管这时候就"大开杀戒"了，把这些小混混一个个全部开除，并在一些重要岗位提拔了一批有能力的职工。

年底单位聚餐时，新主管给大家讲了他朋友的故事。他的朋友买了一幢带院子的房子，朋友把院子里的所有东西都清理干净了。一天，房子原来的主人过来，惊奇地问他的朋友说："院子里那颗最名贵的牡丹怎么没有了？"原来，朋友把牡丹当作杂草给清除了。后来，他的朋友又买了一幢带院子的房子，尽管院子里杂草丛生，但是，他这次就没有仓促清理。结果，一年下来，该开的花都在适当的季节开放，他看明白了哪些植物是无用的，哪些草木是珍贵的，这才动手清理庭院。

这个故事告诉我们，日久见人心，时间是考量一个人的最好标尺。经得起时间考验的人，才是最可靠的。

4. 宽容

美国有一位老兵，他给父母打电话说自己要回家了，父母很高兴。他告诉父母，自己还要带一个朋友回家，父母也爽快地答应了。但是，他告诉父母，这位朋友因为受了重伤，只有一只胳膊、一条腿，他还要与这位朋友在一起生活。父母听后就不乐意了，不同意他把这位朋友带回家，理由是这样的人会给他们的生活带来负担，父母建议他还是自己一个人回家。听到父母的意见后，他挂断了电话。不久，警察局给他的父母打来电话，说他们的儿子跳楼自杀了。等他们赶到现场后才发现，儿子只有一只胳膊、一条腿。

这个故事告诉我们，在没有真正弄清楚真相之前，不要贸然拒绝，尤其不要轻易否定一个人的梦想。

劳模励志故事

技术创新是我一生的追求

（全国人大代表、全国劳模　张金海）

我是山东省东营市市容环境卫生处的一名技术工人、高级技师。我从小生活在黄河入海口一个偏远的农村，农田全为盐碱地，吃饭靠国家救济。我自小就想着一定要走出去，壮大自己、抛弃贫困、振兴家乡。就这样，我1987年11月应召入伍。

在我参加工作30多年的时间里，我始终没有忘记母亲在我入伍临走时嘱托我的话："到了部队里，一定要听领导的话，让干什么，就一定要好好地干。"无论在什么岗位，我都一直有这样一种信念，那就是无论干什么，都要用心来干，用脑来想，直至干到最好。

在环卫战线工作的这些年来，我深深地体会到了环卫事业的不简单，深深地感受到了环卫人的不容易。苦、脏、累围绕着我们环卫人，"一定要改变"这种信念、责任和使命一直督促我思考、研究和创新，我利用自学的专业知识和刻苦钻研、努力创新的精神勇挑重担，对各类环卫设施设备进行深入研究和大胆探索，终于，我用60余项技术革新和改造项目、28项国家专利，向关心支持我的领导、同事和我热爱的东营环卫事业交了一份满意的答卷。同时，党和政府也给予我很高的奖励，我先后获得了全国劳动模范、全国五一劳动奖章、山东省最美劳动者等十几项市级以上荣誉称号，2018年我当选了十三届全国人大代表。

我觉得我能在工作中不断创新是源于我对环卫事业的热爱，源于我对社会的责任感。其中有三件事情我印象特别深刻。

第一件是在2000年，我承担了露天垃圾箱改建小型地下垃圾中转站的任务。接到任务后，我本着把小事当成大事干、把小事干成大事的思想，全身心地扑在这件事情上，先是经过几十个昼夜的研究试验，攻克了车辆液压、地下排水技术改造的难题，后又马不停蹄地带领施工队伍加班加点，连续奋战，利用几个月时间建成了34座地下垃圾中转站，把城市主干道两侧露天放置的垃圾箱"搬"到地下，彻底解决了垃圾箱周围垃圾散落、污水横流等问题，提升了城市环境卫生质量。

第二件是在2003年，正值我市创建"国家卫生城"和"全国环境保护模范城市"，我提出的建设国家一类城市公厕，并使用红外线自动感应冲洗设备的建议，引起单位领导高度重视，并获得批准。施工期间，我本着把厕所建成城市亮点工程的标准，一心扑在工程建设和新技术、新设备应用安装上。当时，这样先进的厕所内部冲洗管线布置和具体结构图纸各个设计院的图库里没有，找了好多家设计院，他们都不会画，没有办法，为按期完成任务，我在每天巡查检查23个工地、完成每天通报和调度会纪要的同时，再用电脑的画图工具将新建30余座公共厕所的内外部布置图、暖气和冲洗管线走向图、控制电线走向布置图、自动换气系统安装走向图以及红外线自动冲洗感应器的安装位置布置图一一绘制出来，再加进设计院的图纸中，同时指导、培训施工队伍的安装工人进行安装调试。我组织施工队伍加班加点，连夜奋战，短短3个月的时间，我们就建成了31座高标准的国家一类水冲式公厕。

这次建设是东营建市以来规模最大的"公厕革命",也是我国公共厕所在使用智能全自动化的冲洗设备时代的第一个"厕所革命",得到了"创城"检查验收组专家们的一致好评。

第三件是在 2008 年,我挑起了改扩建东营市生活垃圾处理场的重担,从垃圾场的改扩建工程设计、办理相关建设手续到组织工程招投标、确定施工队伍和监理队伍,再到组织具体实施建设,整整半年的时间里,我和施工人员冒酷暑、顶风雨,在污水横流、恶臭熏天、蚊虫叮咬的环境下连续奋战 111 天,圆满完成改扩建垃圾场的主要任务。这 100 多天里,除了参加招标和一次发高烧、一次下大雨外,我每天都在工地上。即使遇到同事结婚、父亲住院、长辈过生日等事情,我也是忙完了,然后赶紧到工地看看。我爱人说我"不去垃圾处理场就不安心,连老婆、孩子都顾不上了"。特别是在垃圾渗滤液处理设备安装调试期间,为赶在"全国环境保护模范城市"复查验收前试车出水,我更是坚守在安装现场,每天工作 16 个小时以上,有时干脆吃住在工地,一干就是 15 天。到现在,只要垃圾处理场有事,不管怎样,我都到垃圾填埋区、调节池和渗滤液处理车间等转转看看,全面了解问题根源,并迅速拿出处理意见和解决办法,及时上报领导,想办法快速处理。

对新事物的追求是无止境的,我热爱创新,我在部队里搞了好多小发明、小革新,并参加军区组织的军地两用人才创新比赛。从那时起,我就认定"技术创新是我一生的追求"。创新的动机美好又宏伟,创新的过程艰难又枯燥,创新的实现让人激动又期待。创新必须来源于生活、工作,它不是凭空想出来的。从事环卫工作的人都知道,这一行需要大量的人力、物力、财力的投入,怎么能让环卫工作更有科技含量,更科学、更环保、更先进,这一直是我思考的问题。多年来,我在干好本职工作、完成各项任务之余,把大量的业余时间投入到了搞技术革新和发明创造上来。功夫不负有心人,我在面对各种困难和问题时的一次次思考、一次次试验终于有了收获,我成了单位领导和同事心里的行家里手。

作为基层一线工人,搞发明、搞创新虽然不是我的职业,但是,我喜欢、爱好、肯干，碰到问题，总想着、总惦记着：我一定要把它干得更好，干着干着，小革新、小发明、小创造就多了。要干一行、钻一行，只要敢闯、肯钻，就能有创新，就能解决难题，就会出成果。创新是发展的第一动力。

我相继研发了几十项技术成果，其中"无线红外厕所水箱便槽节水控制装置""分体式红外感应便池冲洗器""长槽沟式公厕红外节水器"等多项节水装置，起到了良好的节水效果。研制的"分体式红外感应便池冲洗器"被评为"山东省职工优秀技术创新成果三等奖"；研发的"公厕智能节水多介质循环冲洗装置"被评为"山东省职工优秀技术创新成果二等奖"；研发的"全自动红外感应便池冲洗装置"获得第二十届全国发明展览会"银奖"。以上三项节水装置的应用，不但解决同类产品的维修难点多、又脏又臭、易渗漏水的问题，而且改变了公厕在使用红外感应器时必须凿墙挖洞破坏墙体的技术难题。研发的"智能化生态节能公共厕所循环冲洗处理系统""照明灯多档位多波段延时开关"和"飞灰处理设备称重计量仓快速卸料换气装置"等技术成果获得东营市职工优秀创新成果二等奖。

为加强环卫创新型技术人才队伍的培养，我还建议成立了创新工作室，挑选了10多名骨干成员，引导工作室成员开展广泛的技术研究和项目革新。2012年，山东省总工会、山东省技术协会以我的名字对创新工作室进行命名授牌——"张金海创新工作室"，成为山东省首批命名的四个高技能人才创新工作室之一。该工作室在2013年被东营市人力资源、社会保障局和东营市财政局授牌"张金海首席技师工作站"，2014年被山东省总工会授牌为"张金海劳模创新工作室"。在外人眼里，这是莫大的褒奖，在我心里，这意味着更大的责任，是我继续钻研的强大动力。

回首这30多年，我用坚持和务实、担当和创新谱写人生，使自己能够从一名普通党员成长为市委候补委员，从一名一线环卫工人成长为全国劳动模范，再到全国人大代表，实现了人生梦想。这一步步走来，除了个人不忘初心，不计得与失的辛勤劳动、努力付出以及勇于探索，我认为，我能取得这么多成绩，更重要的是得益于我们这个伟大的时代、党的好政策、国家的大发展，给了我施展才能、实现梦想的舞台。感谢党和各级组织这些年来对我的教育和培养，在以后的工作中，我将更加努力学习，利用"张金海创新工作室"这个平台，进一步发动广大职工结合实际工作进行深入的交流探索，创造条件寻求突破，进行技术革新和科技创新，为人民创造清洁优美的工作生活环境和提升城市品质形象做出贡献。

（文中材料由张金海提供。）

励志语：

1. 无论干什么，都要用心来干，用脑来想，直至干到最好。

2. 技术创新是我一生的追求。

3. 要干一行、钻一行，只要敢闯、肯钻，就能有创新，就能解决难题，就会出成果。

感悟

职工文化培育出的职工是会反思的职工，他们总会反思自己，从而更好地认识自己。因为，不能正确认识自己的人，也很难正确认识别人。他们一般不会感情用事，而总能理智思考。他们一般不会埋怨问题，而总是寻找解决问题的办法，因为办法总比问题多。他们一般不会总是找别人的"毛病"，而是不断修炼自己，帮助别人。帮助别人，也是帮助自己。他们总能对人友善，总能换位思考，所以，他们也总能收获更多的朋友。他们总是严于律己、宽以待人。他们做人总是把眼睛向内看，而不只是往外看。向内看是看自己和自己的内心，向外看是看别人和别人的得失。一般人向外看得太多，向内看得太少；对别人了解更多，对自己了解太少；对别人的要求太多，对自己的要求太少。所以，很多人一生都是向外争，与别人争。实际上，最需要的是与自己争，战胜了自己，就战胜了一切。

职工文化培育出的职工总会用时间检验一切。他们不会做井底之蛙，不会只是关注眼前的事情。他们总是怀揣梦想，总是不忘初心。他们做工作不是为了应付单位，也不只是为了维持生计，他们工作是为了自己的梦想，为了自己的初心。他们工作的态度决定了他们的高度。所以，他们总能赢得单位和领导的认可，总能获得一般职工没有的机遇和待遇。他们都是时间的主人，都是自己命运的主宰。他们不仅及时总结过去，还会珍惜当下，更会筑梦未来。这些职工不仅是单位的希望，更是家庭的寄托，还是众多职工的指路明灯。

季氏篇

《论语·季氏篇》告诉我们：做人要修身修心修德。

修身先修心

原文及译文

季氏篇

1. 季氏将伐颛臾，冉有、季路见于孔子曰："季氏将有事于颛臾。"孔子曰："求，无乃尔是过与？夫颛臾，昔者先王以为东蒙主，且在邦域之中矣，是社稷之臣也。何以伐为？"冉有曰："夫子欲之，吾二臣者皆不欲也。"孔子曰："求，周任有言曰：'陈力就列，不能者止。'危而不持，颠而不扶，则将焉用彼相矣？且尔言过矣，虎兕出于柙，龟玉毁于椟中，是谁之过与？"冉有曰："今夫颛臾，固而近于费。今不取，后世必为子孙忧。"孔子曰："求，君子疾夫舍曰欲之而必为之辞。丘也闻有国有家者，不患寡而患不均，不患贫而患不安。盖均无贫，和无寡，安无倾。夫如是，故远人不服，则修文德以来之。既来之，则安之。今由与求也，相夫子，远人不服，而不能来也；邦分崩离析，而不能守也；而谋动干戈于邦内。吾恐季孙之忧，不在颛臾，而在萧墙之内也。"

季氏将要讨伐颛臾。冉有、子路去见孔子说："季氏快要攻打颛臾了。"孔子说："冉求，这不就是你的过错吗？从前周天子让颛臾主持东蒙的祭祀，而且它的国境已经在鲁国的疆域之内，它是国家的臣属啊，为什么要讨伐它呢？"冉有说："季孙大夫想去攻打，我们两个人都不愿意。"孔子说："冉求，周任有句话说：'尽自己的力量去负担你的职务，实在做不好就辞职。'有了危险不去扶助，跌倒了不去搀扶，那还用辅助的人干什么呢？而且你说的话错了。老虎、犀牛从笼子里跑出来，龟甲、玉器在匣子里毁坏了，这是谁的过错呢？"冉有说："现在颛臾城墙坚固，而且离费邑很近。现在不把它夺取过来，将来一定会成为子孙的忧患。"孔子说："冉求，君子痛恨那种不肯实说自己想要那样做而又一定要找出理由来为之辩解的做法。我听说，无论诸侯还是大夫，不怕贫穷，而怕财富不均；不怕人口少，而怕不安定。若是财富平均，也就没有所谓贫穷；大家和睦，就不会感到人少；安定了，也就没有倾覆的危险了。做到这样，如果远方的人还不归服，就用仁、义、礼、乐招徕他们；已经来了，就让他们安心住下去。现在，仲由和冉求你们两个人辅助季氏，远方的人不归服，而不能招徕他们；国内民心离散，你们不能保全，反而策划在国内使用武力。我只怕季孙的忧患不在颛臾，而是在自己的内部呢！"

2. 孔子曰："天下有道，则礼乐征伐自天子出；天下无道，则礼乐征伐自诸侯出。自诸侯出，盖十世希不失矣；自大夫出，五世希不失矣；陪臣执国命，三世希不失矣。天下有道，则政不在大夫；天下有道，则庶人不议。"

孔子说："天下有道的时候，制作礼乐和出兵打仗都由天子做主决定；天下无道的时候，制作礼乐和出兵打仗，由诸侯做主决定。由诸侯做主决定，大概经过十代很少有不垮台的；由大夫决定，经过五代很少有不垮台的。天下有道，国家政权就不会落在大夫手中。天下有道，老百姓也就不会议论国家政治了。"

3. 孔子曰："禄之去公室五世矣，政逮于大夫四世矣，故夫三桓之子孙微矣。"

孔子说："鲁国失去国家政权已经有五代了，政权落在大夫之手已经四代了，所以三桓的子孙也衰微了。"

4. 孔子曰："益者三友，损者三友。友直，友谅，友多闻，益矣。友便辟，友善柔，友便佞，损矣。"

孔子说："有益的朋友有三种，有害的朋友有三种。同正直的人交友，同诚信的人交友，同见闻广博的人交友，这是有益的。同惯于走邪道的人交朋友，同善于阿谀奉承的人交朋友，同惯于花言巧语的人交朋友，这是有害的。"

5. 孔子曰："益者三乐，损者三乐。乐节礼乐，乐道人之善，乐多贤友，益矣；乐骄乐，乐佚游，乐宴乐，损矣。"

孔子说："有益的喜好有三种，有害的喜好有三种。以礼乐调节自己为喜好，以称道别人的好处为喜好，以有许多贤德之友为喜好，这是有益的。喜好骄傲，喜欢闲游，喜欢大吃大喝，这就是有害的。"

6. 孔子曰："侍于君子有三愆：言未及之而言谓之躁，言及之而不言谓之隐，未见颜色而言谓之瞽。"

孔子说："侍奉在君子旁边陪他说话，要注意避免犯三种过失：还没有问到你的时候就说话，这是急躁；已经问到你的时候你却不说，这叫隐瞒；不看君子的脸色而贸然说话；这是瞎子。"

7. 孔子曰："君子有三戒：少之时，血气未定，戒之在色；及其壮也，血气方刚，戒之在斗；及其老也，血气既衰，戒之在得。"

孔子说："君子有三种事情应引以为戒：年少的时候，血气还不成熟，要戒除对女色的迷恋；等到身体成熟了，血气方刚，要戒除与人争斗；等到老年，血气已经衰弱了，要戒除贪得无厌。"

8. 孔子曰："君子有三畏：畏天命，畏大人，畏圣人之言。小人不知天命而不畏也，狎大人，侮圣人之言。"

孔子说："君子有三件敬畏的事情：敬畏天命，敬畏地位高贵的人，敬畏圣人的话。小人不懂得天命，因而也不敬畏，不尊重地位高贵的人，轻侮圣人之言。"

9. 孔子曰："生而知之者上也，学而知之者次也；困而学之，又其次也；困而不学，民斯为下矣。"

孔子说："生来就知道的人，是上等人；经过学习以后才知道的，是次一等

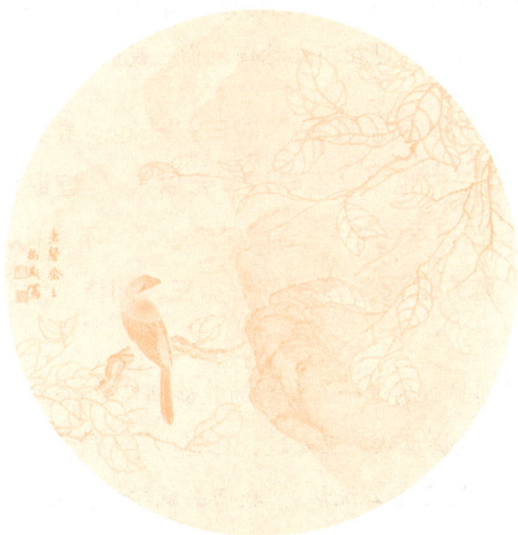

幽谷禽鸣

的人；遇到困难再去学习的，是又次一等的人；遇到困难还不学习的人，这种人就是下等的人了。"

10. 孔子曰："君子有九思：视思明，听思聪，色思温，貌思恭，言思忠，事思敬，疑思问，忿思难，见得思义。"

孔子说："君子有九种要思考的事：看的时候，要思考看清与否；听的时候，要思考是否听清楚；自己的脸色，要思考是否温和，容貌要思考是否谦恭；说话的时候，要思考是否忠诚；办事要思考是否谨慎严肃；遇到疑问，要思考是否应该向别人询问；忿怒时，要思考是否有后患；获取财利时，要思考是否合乎义的准则。"

11. 孔子曰："见善如不及，见不善如探汤。吾见其人矣，吾闻其语矣。隐居以求其志，行义以达其道。吾闻其语矣，未见其人也。"

孔子说："看到善良的行为，就担心达不到，看到不善良的行动，就好像把手伸到开水中一样赶快避开。我见到过这样的人，也听到过这样的话。以隐居避世来保全自己的志向，依照义而贯彻自己的主张。我听到过这种话，却没有见到过这样的人。"

12. 齐景公有马千驷，死之日，民无德而称焉。伯夷叔齐饿于首阳之下，民到于今称之。其斯之谓与？

齐景公有马四千匹，死的时候，百姓们觉得他没有什么德行可以称颂。伯夷、叔齐饿死在首阳山下，百姓们到现在还在称颂他们。说的就是这个意思吧。

13. 陈亢问于伯鱼曰："子亦有异闻乎？"对曰："未也。尝独立，鲤趋而过庭。曰：'学诗乎？'对曰：'未也。''不学诗，无以言。'鲤退而学诗。他日，又独立，鲤趋而过庭，曰：'学礼乎？'对曰：'未也。''不学礼，无以立。'鲤退而学礼。闻斯二者。"陈亢退而喜曰："问一得三，闻诗，闻礼，又闻君子之远其子也。"

陈亢问伯鱼："你在老师那里听到过什么特别的教诲吗？"伯鱼回答说："没有呀。有一次他独自站在堂上，我快步从庭里走过，他说：'学诗了吗？'我回答说：'没有。'他说：'不学诗，就不懂得怎么说话。'我回去就学诗。又有一天，他又独自站在堂上，我快步从庭里走过，他说：'学礼了吗?'我回答说：'没有。'他说：'不学礼就不懂得怎样立身。'我回去就学礼。我就听到过这两件事。"陈亢回去高兴地说："我提一个问题，得到三方面的收获，听了关于诗的道理，听了关于礼的道理，又听了君子不偏爱自己儿子的道理。"

14. 邦君之妻，君称之曰夫人，夫人自称曰小童；邦人称之曰君夫人，称诸异邦曰寡小君；异邦人称之亦曰君夫人。

国君的妻子，国君称她为夫人，夫人自称为小童，国人称她为君夫人；对他国人则称她为寡小君，他国人也称她为君夫人。

《论语》解读

职工文化培育出的职工总是先检讨自己的过错，而不是一味责怪别人。这些职工做事总是尽职尽责，不愿意做的事情不会勉强，实在做不好的事情就会放弃，绝不会"一根筋走下去"。

他们总是乐于助人，别人有危险他们会去帮助，别人跌倒了他们会去搀扶，他们说错了话、做错了事，总会勇于承担自己的责任。

他们一般不担心贫穷，而担心财富分配不公平；不担心人数的多少，而顾虑人心的不安定。他们清楚：财富分配公平了，也就没有所谓的贫穷；人们之间和睦了，就不会感到人少；人心安定了，也就没有什么危险了。

他们总是用仁、义、礼和积极向上的文化陶冶自己、点亮自己，从而照亮他人、照亮世界。他们总会让人们内心安定，他们总是用自身的正能量影响别人，从而激发更多人内心的善念，传播正能量，温暖你我他。

他们不会做让人心离散的事情，也不会为了保全自己而牺牲别人的利益，更不会对别人恶言恶语，他们不担心外在的忧患，而更担心自己内心的忧患。

职工文化培育出的职工总是喜欢上下一心、同仇敌忾的企业。他们喜欢与有益于自己的人做朋友，即正直的人、诚信的人、见闻广博的人；不喜欢与有害于自己的人交朋友，即惯于走邪道的人、善于阿谀奉承的人、惯于花言巧语的人。

他们在君子旁边说话，总是会避免犯三种过失：还没有问到自己的时候就说话，是急躁；已经问到自己的时候自己却不说，是隐瞒；不看君子的脸色而贸然说话，是缺心眼！他们有三件引以为戒的事情：年少的时候，血气还不成熟，要戒除迷恋酒色；等到身体成熟了，血气方刚，要戒除与人争斗；等到老年，血气已经衰弱了，要戒除贪得无厌。他们有三件敬畏的事情：敬畏天命，敬畏地位高贵的人，敬畏圣人的话。而小人不懂得天命，因而也不敬畏，更不尊重地位高贵的人，甚至轻侮圣人之言。

他们天资聪颖，有时表现为生而知之，属上等智慧；他们有时必须经过学习以后才知道事理，属于一等智慧；他们有时遇到困难再去学习，属优等智慧。

他们不是因为多么富有或者成功才获得人们的称颂，而是因为他们高尚的品德和做出的巨大贡献而获得到人们的称颂。他们总是喜欢学习修身养性的经典文化著作，所以，他们总是说话得体。他们总是自觉加强自身修养和践行礼仪道德，这是他们立身处事的根本。他们总是从文化经典中悟到人生大道，从礼仪道德中觉醒自己的人生，他们几乎不偏私偏爱，非常重视礼仪道德，非常讲究名正言顺。

智慧人生

智慧故事

1. 误入博士群

一位大妈不知道什么时候进入了一个博士群，群里正在讨论一个问题：一滴水从足够高的高空自由落体是否会砸死或者砸伤人？这一下子，群里就活跃起来了，这些博士们使出浑身的解数，利用各种科学理论、各种模型工具、各种公式论证，都忙得不亦乐乎，大家一直没有得出结论来。这时候，大妈说了一句：下雨时你们被雨点砸过吗？瞬间群里鸦雀无声，之后，博士群就把大妈给踢出去了。

这个故事告诉我们，有时候科学知识给出的只是一些思路，但有些问题靠经验就可以瞬间知道答案。

2. 该救谁

有一个人在洪水中救了妻子，而孩子却被洪水冲走了。对于这个事情，有的人说应该救妻子，孩子还可以再生。有的人说应该救孩子，妻子可以再娶。有位记者专门去采访了这个人。这个人说，洪水来的时候，正好妻子就在身边，他没有多想，就抓住妻子游到岸边，再游回去救孩子的时候，孩子已经被大水冲走了。这位记者就想，如果当时这个人有太多的想法，可能谁也救不了了。

这个故事告诉我们，有些事情是没有时间考虑的，必须马上行动，否则机会就会永远丧失。一个人做事情也不能老是被别人牵着鼻子走，走自己的路，让别人说去吧。

3. 哪来的斑点

有一个女子成天抱怨邻居晒在院子里的衣服洗得不干净，衣服上老是有些斑点，她说人家这是懒惰。有一天，一个朋友到她家，她又抱怨这件事情，细心的朋友发现不是这么回事。朋友用一块抹布把女子家里窗户玻璃的灰尘擦掉后说："你看看人家的衣服还有斑点吗？"这个女子一看，衣服上的斑点不见了。

这个故事告诉我们，不要老是戴着有色眼镜看人，看到别人的错误比看到自己的错误更容易。所以看人不能只用眼睛看，更要用心看，要学会严于律己，宽以待人。

4. 低头的小女孩

有一个小女孩觉得自己长得不够漂亮，总是低着头。有一天，她在商店买了一个蝴蝶结戴在头上，店主一直夸她很漂亮。出商店门的时候，她和别人撞了一下，说了声对不起后，她就急匆匆赶回了学校。

老师看到她后，拍拍她的肩膀说："你昂起头来真漂亮。"她还得到了很多人的赞美和夸奖。她认为这一定是蝴蝶结的缘故。当她站在镜子面前的时候，这才发现自己的头上根本没有蝴蝶结。估计是她出商店的时候，蝴蝶结被人碰掉了。可见，让女孩美丽的并不是蝴蝶结，而是她昂起头来的自信。

这个故事告诉我们，一个人的美丽不单纯来自于外表，而更多来自内在的气质和足够的自信。

5. 两只老虎

有两只老虎，一只在荒野中生活，一只关在笼子里圈养。它们彼此羡慕对方的生活。荒野中的老虎羡慕笼子里的老虎"衣食无忧"，笼子里的老虎羡慕荒野中的老虎"自由自在"。两只老虎决定交换各自的生活，时间不久，它们都死了。一个郁闷死了，一个饿死了。

这个故事启示我们，不要总是这山望着那山高，不要总是羡慕别人的幸福，实际上每个人的幸福就在自己身边，人要懂得珍惜自己所拥有的。

6. 老太太的心事

老太太有两个女儿，一个卖太阳帽，一个卖雨伞。老太太整天心事重重，下雨的时候，她为卖太阳帽的女儿担忧，晴天的时候，她为卖雨伞的女儿发愁。有人劝解老太太说："你应该在下雨的时候为卖雨伞的女儿高兴，晴天的时候为卖太阳帽的女儿欢喜。"

这个故事告诉我们，思路决定出路，态度决定高度，积极的心态才有积极的人生。一条路走不通，就换条路走，条条道路通罗马。

7. 烧水

师父问徒弟们，烧一壶开水，烧到一半，发现柴火不太够用了，怎么办呢？大家七嘴八舌地讨论，有的说再去山上弄点柴火，有的说去邻居家借点，有的说去市场买点。师父却说："为什么不把水倒出来一些呢？"

这个故事告诉我们，任何事情不一定都要做加法，有时候轻装上阵效果会更好，有舍方有得，有时候放弃一些未必是坏事。

8. 三个人

有三个人出远门，一个人拿着伞，一个人拄着拐杖，一个什么都没有拿。回来的时候，拿伞的淋透了，拄拐杖的摔伤了，什么没拿的啥事都没有。这是因为，拿伞的不怕雨淋，结果淋透了；拄竹棍的胆子大，什么路都敢走，结果摔跤了；什么没有拿的，下雨的时候就躲着雨走，走路的时候就小心翼翼，结果什么事都没有。

这个故事告诉我们，输赢不在于自己有什么，而在于自己没什么。

9. 找表

父亲焦急地在家里翻箱倒柜地找自己的手表，他找了半天都没有找到，就气急败坏地出门了。儿子就在家里帮父亲找，不多一会儿，他就找到了手表。等父亲回来问儿子如何找到的，儿子说："我只是安静地坐在那儿听，就听到了手表滴答滴答的声音，就这样找到它了。"

这个故事告诉我们，心静下来了，我们才能看见外物。就像一盆浑水平静下来以后，水就会变得非常清，能够照见一切东西一样。

10. 猫与猪

猫和猪是非常好的朋友，有一天，它们一起玩耍，猫不小心掉沟里了，猪就找来一根长绳子。这时候，猫让猪把绳子扔下去，结果，猪就把整个绳子都扔下去了。猫不解地问："你把绳子都扔下来，如何把我拉上去啊？"猪反问道；"那怎么做？"猫说："你应该自己拿着绳子的一头。"猪听完猫这样说，也跳进沟里，拿住绳的一头说："这样可以了吗？"猫哭笑不得。但是，有这样的好朋友，猫也很开心。

这个故事告诉我们，有些好朋友尽管脑子不是很灵活，但是，他们对朋友总是很真心，这样的人也是非常值得珍惜的朋友。

11. 班花

有一位长相并不是很出众的女孩，在班级女生投票选班花的竞选会上，发表演讲时说："如果你们选我当上班花，若干年后，你们就可以自信地告诉你们未来的老公说，你当年比班花长得还好看。"结果，这名女孩全票当选班花。

这个故事告诉我们，成功有时候不在于你自己有多优秀，而在于你让别人有多优秀。成就别人，就是成就自己。

12. 马克·吐温

马克·吐温有一次参加宴会时与一位女士对坐，出于礼貌，他对那位女士说："您真漂亮！"可是，那位女士不但不领情，还傲慢地说："很遗憾，我没有办法恭维您！"马克·吐温温和地回了一句："没有关系啊，您可以像我一样说句谎话啊！"女士羞愧难当。

这个故事告诉我们，对别人的无礼，换来的往往是对自己更大的伤害。

13. 比你快

一天，有两个人在森林里一起走，突然，他们发现远处一只老虎正向他们跑来。第一个人从背包里找出运动鞋要换上，第二个人说："你换什么鞋都跑不过老虎啊。"第一个人说："我只要跑过你就可以了。"

这个故事告诉我们，参照物不同，结果往往就会大相径庭。有时候消灭自己的往往不是敌人，而是身边的朋友，所以交友要慎重，知人知面不知心啊。

14. 小白兔钓鱼

小白兔连续钓了两天鱼，都是一无所获。第三天，小白兔继续去钓鱼，刚到河边，突然从河里跳上来一条大鱼，向小白兔嚷嚷道："你再用胡萝卜做鱼饵，我就揍扁你！"

这个故事告诉我们，自己喜欢的，不一定别人也喜欢，不要老是以自己的想法去猜度别人的心思。

15. 袋鼠

动物管理员们发现袋鼠常从笼子里跑出来，就不断加高笼子的高度，从10米到20米，再到30米、100米。长颈鹿就和几只袋鼠闲聊道："笼子都100米高了，这些人以后还会不会继续加高笼子？"袋鼠们说："这不好讲，就看他们是否继续忘了关笼子门了！"

这个故事告诉我们，方向错了，再努力也没有用，做什么有时比怎么做更重要！

16. 乌鸦

一只鸽子看到乌鸦要飞走了，就问："你为什么要走啊？"乌鸦回答说："这里的人都不喜欢我的叫声，所以我再换个地方。"鸽子说："没有用的，你这样叫，在哪儿都不会有人喜欢的。"

这个故事告诉我们，改变了自己，就改变了自己的世界。

17. 三个儿子

三个儿子经常看到父母争吵，妈妈经常被打得遍体鳞伤。老大想，妈妈太遭罪了，以后我结婚一定要对老婆好。老二想，这样成天打来打去的，有啥意思啊，以后我不结婚了。老三想，老婆就是要被老公打的啊！

这个故事告诉我们，面对同样的现象，不同的人有不同的观点。

18. 相亲

有一天，一个小伙在咖啡店里等自己的朋友。突然，一个漂亮的女孩走过来问他："你是王阿姨介绍来相亲的吗？"小伙抬头看看这个女孩，正是自己喜欢的那种类型，所以，他就将错就错说："是啊！"他们结婚那天，小伙向女孩坦白道，那天他不是去相亲的。女孩也笑着答道，那天她也不是去相亲的……

这个故事告诉我们，机会来了，要毫不犹豫地抓住，失去了，可能永远都找不回来了。

19. 蝎子

有位禅师看到一个蝎子掉水里了，就伸手去救它，反被蝎子蜇了一下。禅师继续伸手去救它，又被蜇了一下。旁边有人说："它老蜇你，别救它了。"禅师说："它蜇我是它的天性，我救它行善是我的天性。我不能因为它的天性，而改变了我的天性。"

这个故事告诉我们，每个人都有自己的初心，能够不被他人和环境所左右，而坚持初心，才是最可贵的！

劳模励志故事

美丽的旅途有我不寂寞

（全国劳模　赵艳芳）

我很庆幸自己没有生长在一个相对更富裕的家庭，否则，我就不会有现在这样积极进取的人生观了。我的爸妈是地道的农村人，所以，我也是地地道道的农村女娃。我当过食品厂工人，也做过代课教师，最后做了导游。

我喜欢带着游客游览祖国的大好河山，我喜欢用我自己的语言，把家乡的壮美山河介绍给我的每位游客朋友，也正是这份工作成就了我的未来。

26岁那年，我拿到了国家旅游局颁发的全国导游资格证。当得知考试通过后，我喜出望外，拿起了手机，找到了长春导游沙黎明的电话，发了条短信给她："黎明姐，我导游证考下来了，想去长春发展，可以吗？"（一次带团去辉南龙湾群国家森林公园，我是她的地接导游，跟了一天团下来，我俩住在同一房间。她跟我说："小芳，你这口才，在这小地方当导游有点可惜了，将来你如果想到长春发展，你给我打电话，我带你。"）因为好久都不联系，她已经忘了我是谁了，经过一番询问，得知我是龙湾的导游，她回了一条信息："没问题的，你来吧，小芳。"就是这条短信改变了我，让我走向了从一个农村娃变成全国优秀导游员、吉林省金牌导游员，甚至是全国劳模的道路。

　　我背着一个小包，带了一套换洗衣物，就来到长春火车站大钟底下，等着我的师傅沙黎明。师傅对待游客热情，在介绍景点时，她总是侃侃而谈，经典故事娓娓道来，她有条不紊地把长春的概况、特点、景点介绍得恰到好处。她是我心中的偶像，我想成为她的骄傲。共同的身世、共同的经历让我们彼此更亲近，正所谓近朱者赤，近墨者黑，师傅给我的影响不单单是学识上的，还有为人处世上的，她为人善良、宽容，她常说我是她的关门弟子，可这门怎么也关不上，只因为她太善良，总是乐于助人。所以我今天说，恩师是我的财富，是我的恩人，一辈子感激不尽的恩人。

　　第一个团跟下来，我就坚定了要留在长春市场的信心。下团已是深夜11点，师傅领着我找公寓，安排妥当已是深夜12点。就这样，第二天我去买了笔和本子，在公寓里整理导游词。我买了一张伪满皇宫的门票，在里面一待就是一整天。我悄悄地跟在一个又一个导游的后面，偷听着他们的导游词。俗话说，三人行，必有我师，从每个导游身上，我都学到了他们的精华。在没有正式接团的前期，每天都有花销，但我没有收入，只能尽可能地节省。我记得很清楚，那个时候我五天就花了四块钱，一袋伊利牛奶、一包三鲜方便面能分成两顿吃，第一顿干嚼面，第二顿就打开料包冲水喝。我有时一天只吃一顿饭，一个红薯两块钱，饿的时候吃两口，不饿的时候就不吃了。为了省下租公寓的80元钱，我每天给公寓打扫卫生，将厨房、卫生间、客厅打扫得干干净净，公寓老板为了感谢我，免了我的房租。后来带团了，我也很少出去逛街，因为出去逛街就得花钱。现在想想，我那时对自己有点狠，可在当时，我一心只想多赚点钱，混出个样来，出人头地，不被别人看轻了。

　　我是个农村孩子，为了自己的理想努力奋斗。三百六十行，行行出状元，我要抓住机会，我要刻苦钻研。没有比人更高的山，没有比脚更长的路。世上无难事，只怕有心人。我要在导游事业上努力工作，为旅游事业发展贡献力量，在平凡的工作岗位上做出不平凡的成绩。只要肯努力，到处是机遇。

　　省会长春到处都是精英，我和30多名应届大学生同时竞聘，我被留下了，这也印证了那句话：文凭不代表水平，学历不代表能力。为了能让自己快速地进入这个行业，我不怕苦。我是从山沟沟里走出来的孩子，我深知渺小的我来城里找一份工作有多不容易，自己不努力证明自己，有谁知道你存在的意义？所以，我格外珍惜每一次学习的机会。

我知道能吃苦，才能拥有美好的明天，成功路上没有捷径，唯有勤学苦练。明白了这个道理，我选择了最笨的办法。别人学 4 个小时，我每天学 14 个小时；别人学 8 个小时，我就学 18 个小时；别人晚上睡觉了，我弄不明白就是不睡觉。我是一个严重路痴又极度晕车的导游，在刚刚步入省会城市长春做导游那阵子，每次出团，我的三大件一件都不能少——方便袋、风湿膏、晕车药。有一次我感冒发烧，吃过药后，体温仍高达 39.2 度，室友发现后，将我背到卫生所打了一针。第二天早上，我依旧拿起了麦克风，扛着导游旗，精神抖擞地站在游客面前："各位游客大家好，我是你们的导游！"看到他们对我笑，我无比自信。每次出去带团，很多导游尝遍了当地的特色小吃，而囊中羞涩的我只能将工作化为精神食粮，我会把入住的每一个团队都仔细地查上一遍，万般叮嘱他们要注意安全。

从 2006 年开始，我作为全程陪同导游，跑遍了大半个中国。那段日子很艰苦，由于对道路不熟悉，经常要步行去酒店、景点，有时一走就是大半天；有些导游词不熟练，我就买个小录音机，在公寓里反复地练习、反复地听、反复地写；不知道怎么坐公交车，又怕被别人笑话，我就一个人站在站点前反复琢磨。因为外地车辆来本地旅游，司机对道路不熟悉，为了加深印象，严重路痴的我都要先亲自走上一遭，熟悉道路，再认真做好每一次接待工作。有了一定的工作经验后，我在长春站稳了脚跟。

2012 年的导游大赛彻底改变了我的人生，在国家舞台上，我以 88.88 分的总成绩，获得了全国第 23 名、吉林省第一名、东北三省第一名。为了更好地宣传龙湾、展示龙湾，取得好的名次，我做了充分的准备。掌握 1800 道知识问答题，是我最大的绊脚石，我每天的工作就是背题、写题、整理导游词，我总说好记性不如烂笔头，到了后期，我找五六个朋友分时间段在网络上对我进行提问，回答错误的就标出来。为了不影响家人和邻居，卫生间就成了我练习快板的地方，我把快板的尾部套上线手套，这样响声不至于影响到家人和邻居。我每天在家对着镜子一遍一遍地反复练习，然后不断地找问题。机会总是留给有准备的人，这次大赛，我获得了喜人的成绩。

当我站在国家的舞台上，我这样讲道："我的导游格言是我以家乡为荣，家乡以我为傲！"说到这里的时候，我的声音是高亢的，因为我知道我做到了，我把家乡的美景宣传出去了，这体现了我的人生价值，局里给了我一次破天荒的现金奖励。

2015 年我走进了人民大会堂，光荣地被评为全国劳动模范，接受了中共中央国务院领导的接见。获得这样的殊荣，我是吉林省旅游界的第一人，也是吉林省林业系统第一人。我手捧着荣誉证书，回顾我的坎坷人生，再一次泪如雨下。我做到了，通过自己的努力，我给自己交了一份满意的答卷。我真的很庆幸，在我最迷茫的时候，我选择了脚踏实地，我交到了良师益友。我用我自己的方法改变了我的人生。荣誉带给我的不是沾沾自喜，更多的是一份前行的动力。脚踏实地，勤劳务实，做服务行业的排头兵，做导游界的领头羊，才是我的新目标。

（文中材料由赵艳芳提供。）

励志语：

1. 没有比人更高的山，没有比脚更长的路。
2. 只要肯努力，到处是机遇。
3. 自己不努力证明自己，有谁知道你存在的意义？
4. 成功路上没有捷径，唯有勤学苦练。

感悟

职工文化培育出的职工总会擦去自己心灵窗户上的"灰尘"，所以，他们总能更客观、更准确地看待外部世界，而不至于因自己眼不亮、心不明而使自己的认识扭曲。他们无论贫穷还是富有，总是昂起头来，因为，快乐总会

使他们变得可爱。这些职工不会只是盯着别人的缺点不放，也不会有事没事老是琢磨别人，而是把更多的心思用在完善自己身上，提高自身的综合素质。他们不会把幸福和快乐建立在别人的痛苦之上，也不会只追求外在的物质享受，而是关注内心的充实和精神境界的提升。

他们总是拥有积极乐观的生活态度，他们总能平静下来，所以，他们总会听到自己内心的声音。他们不会钻牛角尖，而是一条路走不通，就考虑走其他的路。他们坚持原则也懂得变通。他们总能控制自己的情绪，不仅靠眼睛看世界，更靠心理解世界。他们懂得让心静下来，这样不仅能听到更真实的外在世界，更能听得见自己的内心。

机遇来了，他们总会毫不犹豫地想办法抓住它。他们一般不会因为他人和外部环境而改变自己的初衷，他们总是坚持自己，所以总能书写人生传奇。他们总是帮助别人、成就别人，帮助别人也是帮助自己，成就别人也是成就自己。他们总会把别人的需要放在第一位，尤其会首先考虑大局的利益。他们总是在做大我，而不仅仅是小我。大我追求的是人生境界，小我看重的是个人的利益。他们对有利于大我的事情都会毫不犹豫地去做，对于完善大我的事情都会坚持。

阳货篇

《论语·阳货篇》告诉我们：做人要有自己的底线。

做幸福的自己

原文及译文

阳货篇

1. 阳货欲见孔子，孔子不见，归孔子豚。孔子时其亡也，而往拜之。遇诸涂。谓孔子曰："来，予与尔言。"曰："怀其宝而迷其邦，可谓仁乎？"曰："不可。""好从事而亟失时，可谓知乎？"曰："不可！""日月逝矣，岁不我与！"孔子曰："诺，吾将仕矣。"

阳货想见孔子，孔子不见，他便赠送给孔子一只熟小猪，想要孔子去拜见他。孔子打听到阳货不在家时，往阳货家拜谢，却在半路上遇见了。阳货对孔子说："来，我有话要跟你说。"（孔子走过去。）阳货说："把自己的本领藏起来而听任国家迷乱，这可以叫作仁吗？"（孔子回答）说："不可以。"（阳货）说："喜欢参与政事而又屡次错过机会，这可以说是智吗？"（孔子回答）说："不可以。"（阳货）说："时间一天天过去了，年岁是不等人的。"孔子说："好吧，我将要去做官了。"

2. 子曰："性相近也，习相远也。"

孔子说："人的本性是相近的，由于习染不同才相互有了差别。"

3. 子曰："唯上知与下愚不移。"

孔子说："只有上等的智者与下等的愚者是改变不了的。"

4. 子之武城，闻弦歌之声。夫子莞尔而笑，曰："割鸡焉用牛刀？"子游对曰："昔者偃也闻诸夫子曰：'君子学道则爱人，小人学道则易使也。'"子曰："二三子，偃之言是也！前言戏之耳。"

孔子到武城，听见弹琴唱歌的声音。孔子微笑着说："杀鸡何必用宰牛的刀呢？"子游回答说："以前我听先生说过，'君子学习了礼乐就能爱人，老百姓学习了礼乐，就容易听指挥。'"孔子说："学生们，言偃的话是对的。我刚才说的话，只是开个玩笑而已。"

5. 公山弗扰以费畔，召，子欲往。子路不说，曰："末之也已，何必公山氏之之也？"子曰："夫召我者，而岂徒哉？如有用我者，吾其为东周乎！"

公山弗扰据费邑反叛，来召孔子，孔子准备前去。子路不高兴地说："没有地方去就算了，为什么一定要去公山弗扰那里呢？"孔子说："他来召我，难道只是一句空话吗？如果有人用我，我就要在东方复兴周礼，建设一个东方的西周。"

6. 子张问仁于孔子。孔子曰："能行五者于天下为仁矣。""请问之。"曰："恭、宽、信、敏、惠。恭则不侮，宽则得众，信则人任焉，敏则有功，惠则足以使人。"

子张向孔子问仁。孔子说："能够处处实行五种品德。就是仁人了。"子张说："请问哪五种。"孔子说："庄重、宽厚、诚实、勤敏、慈惠。庄重就不致遭受侮辱，宽厚就会得到众人的拥护，诚信就能得到别人的任用，勤敏就会提高工作效率，慈惠就能够使唤人。"

7. 佛肸召，子欲往。子路曰："昔者由也闻诸夫子曰：'亲于其身为不善者，君子不入也。'佛肸以中牟畔，子之往也，如之何？"子曰："然，有是言也。不曰坚乎，磨而不磷；不曰白乎，涅而不缁。吾岂匏瓜也哉？焉能系而不食？"

佛肸召孔子去，孔子打算前往。子路说："从前我听先生说过：'亲自做坏事的人那里，君子是不去的。'现在佛肸据中牟反叛，你却要去，这如何解释呢？"孔子说："是的，我有过这样的话。不是说坚硬的东西磨也磨不坏吗？不是说洁白的东西染也染不黑吗？我难道是个苦味的葫芦吗？怎么能只挂在那里而不给人吃呢？"

8. 子曰："由也，女闻六言六蔽矣乎？"对曰："未也。""居！吾语女。好仁不好学，其蔽也愚；好知不好学，其蔽也荡；好信不好学，其蔽也贼；好直不好学，其蔽也绞；好勇不好学，其蔽也乱；好刚不好学，其蔽也狂。"

孔子说："由呀，你听说过六种品德和六种弊病了吗？"子路回答说："没有。"孔子说："坐下，我告诉你。爱好仁德而不爱好学习，它的弊病是受人愚弄；爱好智慧而不爱好学习，它的弊病是行为放荡；爱好诚信而不爱好学习，它的弊病是危害亲人；爱好直率却不爱好学习，它的弊病是说话尖刻；爱好勇敢却不爱好学习，它的弊病是犯上作乱；爱好刚强却不爱好学习，它的弊病是狂妄自大。"

9. 子曰："小子何莫学夫诗？诗，可以兴，可以观，可以群，可以怨。迩之事父，远之事君，多识于鸟兽草木之名。"

孔子说："学生们为什么不学习诗呢？学诗可以激发志气，可以观察天地万物及人间的盛衰与得失，可以使人懂得合群的必要，可以使人懂得怎样去讽谏上级。近可以用来侍奉父母，远可以侍奉君主；还可以多知道一些鸟兽草木的名字。"

10. 子谓伯鱼曰："女为《周南》《召南》矣乎？人而不为《周南》《召南》，其犹正墙面而立也与！"

孔子对伯鱼说："你学习《周南》和《召南》了吗？一个人如果不学习《周南》和《召南》，那就像面对墙壁而站着吧？"

11. 子曰："礼云礼云，玉帛云乎哉？乐云乐云，钟鼓云乎哉？"

孔子说："礼呀礼呀，只是说的玉帛之类的礼器吗？乐呀乐呀，只是说的钟鼓之类的乐器吗？"

临风倒挂

12. 子曰："色厉而内荏，譬诸小人，其犹穿窬之盗也与？"

孔子说："外表严厉而内心虚弱，以小人作比喻，就像是挖墙洞的小偷吧？"

13. 子曰："乡愿，德之贼也。"

孔子说："没有道德修养的伪君子，就是破坏道德的人。"

14. 子曰："道听而途说，德之弃也。"

孔子说："在路上听到传言就到处去传播，这是道德所唾弃的。"

15. 子曰："鄙夫可与事君也与哉？其未得之也，患得之；既得之，患失之。苟患失之，无所不至矣。"

孔子说："可以和一个鄙夫一起侍奉君主吗？他在没有得到官位时，总担心得不到。已经得到了，又怕失去它。如果他担心失掉官职，那他就什么事都干得出来了。"

16. 子曰："古者民有三疾，今也或是之亡也。古之狂也肆，今之狂也荡；古之矜也廉，今之矜也忿戾；古之愚也直，今之愚也诈而已矣。"

孔子说："古代人有三种毛病，现在或许都没有了。古代的狂者不过是愿望太高，而现在的狂妄者却是放荡不羁；古代骄傲的人不过是难以接近，现在那些骄傲的人却是凶恶蛮横；古代愚笨的人不过是直率一些，现在的愚笨者却是欺诈啊！"

17. 子曰："巧言令色，鲜矣仁。"

孔子说："花言巧语，一副讨好人的脸色，这样的人是很少有仁德的。"

18. 子曰："恶紫之夺朱也，恶郑声之乱雅乐也，恶利口之覆邦家者。"

孔子说："我厌恶用紫色取代红色，厌恶用郑国的声乐扰乱雅乐，厌恶用伶牙俐齿来颠覆国家。"

19. 子曰："予欲无言。"子贡曰："子如不言，则小子何述焉？"子曰："天何言哉？四时行焉，百物生焉，天何言哉？"

孔子说："我想不说话了。"子贡说："你如果不说话，那么我们这些学生还传述什么呢?"孔子说:"天何尝说话呢? 四季照常运行,百物照样生长。天说了什么话呢?"

20. 孺悲欲见孔子,孔子辞以疾。将命者出户,取瑟而歌,使之闻之。

孺悲想见孔子,孔子以有病为由推辞不见。传话的人刚出门,(孔子)便取来瑟边弹边唱,(有意)让孺悲听到。

21. 宰我问:"三年之丧,期已久矣! 君子三年不为礼,礼必坏;三年不为乐,乐必崩。旧谷既没,新谷既升,钻燧改火,期可已矣。"子曰:"食夫稻,衣夫锦,于女安乎?"曰:"安!""女安,则为之! 夫君子之居丧,食旨不甘,闻乐不乐,居处不安,故不为也。今女安,则为之!"宰我出。子曰:"予之不仁也! 子生三年,然后免于父母之怀。夫三年之丧,天下之通丧也,予也有三年之爱于其父母乎!"

宰我问:"服丧三年,时间太长了。君子三年不讲究礼仪,礼仪必然败坏;三年不演奏音乐,音乐就会荒废。旧谷吃完,新谷登场,钻燧取火的木头轮过了一遍,有一年的时间就可以了。"孔子说:"(才一年的时间,)你就吃大米饭,穿起了锦缎衣,你心安吗?"宰我说:"我心安。"孔子说:"你心安,你就那样去做吧! 君子守丧,吃美味不觉得香甜,听音乐不觉得快乐,住在家里不觉得舒服,所以不那样做。如今你既觉得心安,你就那样去做吧!"宰我出去后,孔子说:"宰予真是不仁啊! 小孩生下来,到三岁时才能离开父母的怀抱。服丧三年,这是天下通行的丧礼。难道宰子没有从他的父母那里得着三年怀抱的爱吗?"

22. 子曰:"饱食终日,无所用心,难矣哉! 不有博弈者乎? 为之,犹贤乎已。"

孔子说:"整天吃饱了饭,什么事也不做,不行的呀! 不是还有玩博和下棋的游戏吗? 干这个,也比闲着好。"

23. 子路曰:"君子尚勇乎?"子曰:"君子义以为上。君子有勇而无义为乱,小人有勇而无义为盗。"

子路说:"君子崇尚勇敢吗?"孔子答道:"君子以义作为最高尚的品德,君子有勇无义就会作乱，小人有勇无义就会偷盗。"

24. 子贡曰："君子亦有恶乎？"子曰："有恶。恶称人之恶者，恶居下流而讪上者，恶勇而无礼者，恶果敢而窒者。"曰："赐也亦有恶乎？""恶徼以为知者，恶不孙以为勇者，恶讦以为直者。"

子贡说："君子也有厌恶的事吗？"孔子说："有厌恶的事。厌恶宣扬别人坏处的人，厌恶身居下位而诽谤在上者的人，厌恶勇敢而不懂礼节的人，厌恶固执而又不通事理的人。"孔子又说："赐，你也有厌恶的事吗？"子贡说："厌恶偷袭别人的成绩而作为自己的知识的人，厌恶把不谦虚当作勇敢的人，厌恶揭发别人的隐私而自以为直率的人。"

25. 子曰："唯女子与小人为难养也，近之则不孙，远之则怨。"

孔子说："只有女子和小人是难以教养的，亲近他们，他们就会无礼，疏远他们，他们就会报怨。"

26. 子曰："年四十而见恶焉，其终也已。"

孔子说："到了四十岁的时候还被人厌恶，他这一生也就完了。"

《论语》解读

职工文化培育出的职工不会降低自己的做人底线，来换取所谓的一官半职。这些职工不会与不同道的人共事，他们不会在企业需要自己的时候而隐藏自己的才能，这叫仁；也不会在需要做事的时候而错过任何机会，这叫智。他们不会荒废自己的大好时光，也不会做违心的事情。

职工文化培育出的职工与其他职工的本性是相近的，但是他们受到职工文化的教化、感化和同化之后，才与其他职工有了差别。

他们都喜欢用礼仪文化提升自己的修养，这样既可以学会爱人，也可以更好地领会并执行企业的决策。他们为了传播正能量，点亮自己，照亮别人，即使自己受点委屈也在所不惜。

他们都是仁人志士，处处践行五种品德：庄重、宽厚、诚实、勤敏、慈惠。他们因为庄重所以就不会遭受侮辱，因为待人宽厚总能得到人们的拥护，因为诚信总能得到企业信任而得到重用，因为做事勤敏总会有功劳，因为对人们多施恩惠总能引领人们。他们都是君子，不会被小人带坏，因为他们有坚定的人生信仰，有高尚的道德修养，只要时机成熟，他们总会脱颖而出。

他们都是喜欢学习的人，这是他们提升自己、成为君子的必由之路。他们既爱好仁德，也爱好学习，所以他们就不会受人愚弄；他们既爱好智慧，也爱好学习，所以他们就不会行为放荡；他们既爱好诚信，也爱好学习，所以他们就不会伤害自己；他们既爱好直率，也爱好学习，所以他们就不会说话尖刻；他们既爱好勇敢，也爱好学习，所以他们就不会叛逆；他们既爱好刚强，也爱好学习，所以他们就不会狂妄自大。

他们一般不会外表严厉而内心虚弱，因为那是小人的表现，与挖墙洞的小偷无异。他们一般不会做没有道德修养的伪君子，因为那是破坏道德的人。他们一般不会在路上听到传言就到处去传播，因为这是道德所唾弃的。

他们一般不会与卑鄙恶劣的小人一起共事，因为这些人没有得到利益的时候，总是唯恐得不到；得到利益的时候，又总怕失去。这些人总是患得患失，就没有什么坏事是做不出来的。

他们既不会有古代人的一些毛病，也不会沾染新的毛病：古代的狂者不过是愿望太高，而新的狂妄者却是放荡不羁；古代骄傲的人不过是难以接近，现在那些骄傲的人却是凶恶蛮横；古代愚笨的人不过是直率一些，现在的愚笨者却是欺诈。他们一般厌恶正道被邪恶取代，厌恶靡靡之音混乱视听、扰乱心智、取代高雅艺术，厌恶花言巧语的小人。

他们总是学会自己领悟一些人生道理，而不只是靠别人教诲。他们都是大孝之人，总是遵从礼仪道德行事，总是喜欢高雅艺术，总是做仁人志士，对父母总是疼爱有加。

他们一般会与小人保持距离，太亲近了，这些人就会无礼；疏远了，这些人就会报怨。他们一生都会坚持修身养性，几乎不会改变。

智慧人生

人生哲理

1. 做了没做过的叫成长，做了不乐意做的叫改变，做了不敢做的叫突破。

2. 你求助于上帝，说明上帝有能力；上帝不帮你，说明你有能力。

3. 年龄越大，不在于你交了多少朋友，而在于有多少真心对你的朋友。

4. 有人逼迫你突破自己，你要感谢他，这说明你遇到了贵人，你也许因此就会发生质的变化和提升。

5. 没有人逼迫你的时候，你要学会自己逼迫自己，只有自己想改变，你才会真正改变。

6. 蜕变很难，有时也很痛苦，但每一次蜕变都会有成长的惊喜。

7. 决定一个人是否幸福的根本不在于拥有金钱的多少，而在于得到多少爱。

劳模励志故事

技能成就梦想

（全国劳模、中华技能大奖获得者　郑贵有）

我的籍贯是河北省怀安县，1956 年，父母为支援北部边疆建设来到内蒙古包头市，新建昆都仑水库。1958 年，父母招工进入"一五"期间国家 156 个重点项目、共和国第一门火炮诞生的地方——国营内蒙古第二机械制造总厂，也就是现在改制后的内蒙古北方重工业集团有限公司。父亲在厂运输处汽车队当了一名汽车司机，母亲在厂基建处工程队当了一名抹灰工。可以说我是真正的"兵二代"。

入职 25 年来，我从一名学徒工成长为一名全国劳模，父母对我的影响非常大。虽然父母的文化程度都不高，但是，他们在工作、生活中的那种敬业、踏实、本分、执着、敢担当、讲奉献的精神深深地影响了我。

小时候，父亲常常跟我讲工厂里他看到的、听到的事，说厂里8级工匠有多牛、有多吃香，并告诉我长大后多学点技术，将来能自立、能够养家糊口，因此，我从小就有了这个念头，初中毕业选择就读北重集团技工学校车工专业。

经过三年的在校刻苦学习，我以全班第三名成绩进入机电公司。这是一个北重集团下属的民品子公司，以承担北重集团内部设备大修任务为主，以承揽非标冶金成套设备加工为主产品。由于产品的性质所决定，公司常常是一边生产一边研发，这对一线工人的技术能力是一个巨大的挑战。这里的技术工人要比干通用件、标准件岗位的工人见识多、成长快。

在学徒期间，我将别人娱乐休闲的时间用在了学习上，涉猎了《车工工艺学》《金属切削理论》《刀具切削与刃磨》《一般复杂工件加工方法》等专业理论。实操方面我不耻下问，虚心向老师傅们学习、请教，不断提高自己的实际操作技艺。从工件的装夹、刀具的刃磨到切削参数的选用，我总是经对比后进行实践，果真是起到事半功倍的效果。要干好车工，靠的是"三分手艺、七分刀具"。一看到别的师傅刀具磨得好，我也不好意思问，等下班后，便偷偷地看，试着磨。其实，这偷艺还真是有点让人脸红。

入厂仅三个月，师傅因事办理了停薪留职手续，我提前破格出徒，独立操作设备了。由于机电公司多是承担全厂的设备大修任务，工件精度高，对工人的技术要求非常高，取得好的成绩是非常不容易的。曾有老师傅说过，要想在机电公司什么活都能干、都会干、都能拿下来，没有5、6年的锻炼是干不出来的。

在实际工作中，多看、多想、多问、勤动手，成为我工作的座右铭。在工作中做到别人不愿干的活我干，别人不愿钻的技术我钻，别人不愿放弃的业余时间我放弃，只有这样，你才能比同龄人进步得快、成长得快，并能得到领导的认可。

我在单位有个绰号——"拼命三郎"。工友们都说我干起活来就像拼命三郎，从不惜力。但身高一米八三的我，也有扛不住的时候。记得是 2003 年 9 月，机电公司承担集团 350 支出口马来西亚火车轴的加工任务。由于任务重、工期短，车工班采取人停机不停的两大班生产作业，作为一名班长、一名党员，我要以车间生产任务为重，带头主动上大夜班，连续奋战 18 天，最终高效、保质、保量地完成了任务。由于劳累过度，我发高烧住院治疗。

还有一次是 2006 年 7 月机电公司承担山东莱钢大 H 型钢连铸连轧项目，车工班承担近 20 多个品种、2000 多件不锈钢管接头的加工任务。我带领全班成员连续奋战 11 天，每天加班到 10 点，最后一天带领全班成员加班干到凌晨 1 点，最终保质保量地完成了任务。由于劳累，我高烧住院治疗。

回忆起两次发高烧的经历，我想起来都害怕。因为不知原因的持续一周高烧 40 度以上，让家人和同事非常担忧。每次经专家会诊后综合给出的病因，都是劳累过度、免疫力低下……

在求知、求艺探索前行的路上，没有捷径可走。创新的路，永远是艰难的路，但始终是成功者的路、辉煌的路……

2012 年底，已运行多年的 3.6 万吨黑色金属垂直挤压机的主油缸在维修时需要进行机械加工。在北重集团，此次维修加工难度之大、技术复杂，是一个在机加制造中从未遇到的难题，在加工过程中的技术难题不可预测。经过慎重论证，项目维修指挥部做出了维修方案。同时，为配合维修，北重集团拨专款近千万元购进一台专用设备。当领导把这个艰巨的主油缸机加维修项目任务交给我时，我一时犹豫了……

此次维修的油缸高 3.4 米，重 23 吨，技术要求是表面粗糙度 Ra0.4，圆度、圆柱度 6 丝。两人多高又这么重的一个大家伙，头重脚轻，如何把它请上床子是个大难题，我琢磨了好几天怎么装夹、用什么刀具、如何把油缸固定卡紧，如何确保油缸加工的同轴度技术要求。面对主油缸这一庞然大物，我当时心里直打鼓，一是部件体积太高，二是这个部件有一个缠绕的工序，闯过一道道关口，缠绕完之后，随着加工工序的行进，内孔随之发生着微妙的变化。三是部件加工到一半需要掉头干，掉过头来接刀是个难点，需要不停找正，且精准度要求特别高。面对这个难题，我仔细思考加工过程中每个环节可能会遇到的问题。我白天在单位冥思苦想方案，晚上在家挑灯夜战苦学，有时梦境中都会出现思考的问题。

我进行了粗车—缠绕—半精车—磨削—精整加工等工序，同时，采用设计特殊卡具增加稳定性，减少刀具径向切削力，双向分段加工方法。经过前前后后两个多月的鏖战，这个庞然大物终于被我雕琢成图纸上的形状。经检测，各项尺寸均符合要求，圆度、圆柱度保证在了 4 丝以内，节省外委加工资金 62 万元。

三年后的 2015 年 6 月，北重集团特种钢管分公司大修设备时拆开这个主油缸，仍然还是完好无损。这在北重集团机械加工史上增添了浓重的一笔。

2015 年 1 月 15 日，以我名字命名的"郑贵有载大口径重载液压缸缸体加工法"被编入《中国兵器工业集团公司创新竞赛成果荟萃》一书。我自己还撰写了《超大口径重载液压缸缸体加工技术》论文，并获 2015 年度内蒙古北方重工集团学术论文二等奖。创新成果"超大口径重载液压缸缸体加工技术"获 2016 年内蒙古自治区职工优秀技术创新成果二等奖。

有付出，就会有回报。从 2006 年起，我先后被授予"自治区五一劳动奖章""自治区第二届技师、高级技师突出贡献奖""自治区劳动模范""自治区金牌工人""自治区优秀共产党员"" 兵器集团优秀共产党员"、"兵器集团技术能手""自治区技术能手""自治区草原英才""自治区北疆工匠""中国兵器首席技师""全国技术能手"等荣誉称号，享受国务院政府特殊津贴。

以我的名字命名的"郑贵有国家级技能大师工作室"正式挂牌运行以来，坚持以创新为突破口，积极在技术攻关、技术创新和工艺改进上大力开展工作，承担了国家、兵器、北重集团多项军民品重点项目的试制和加工任务。截至目前，创新团队共完成技术攻关和技术创新达 80 余项，其中国家发明专利 1 项，国家实用新型专利 11 项，申报专利 3 项，4 项创新成果获自治区、兵器集团职工优秀创新成果，6 项工艺攻关获北重集团企业技术进步奖；总结、提炼特色操作法 13 项；撰写论文 11 篇；实施合理化建议及承诺改善 200 多条，为公司节创经济价值达 680 余万元。创新团队先后举办了 15 期技能培训班、12 场高技能人才技艺现场演示会，向工友们传授高超技艺和绝技绝活，使 1000 多名技能人才受益。创新团队直接培养的 10 多名中青工，现都已经成为车间生产骨干，多名成员成为公司关键技能带头人。

工作室先后被命名为"包头市（劳模）职工创新工作室"、包头市"鹿城英才"工程—创新创业团队、包头市"工人先锋号""内蒙古自治区职工创新工作室""内蒙古自治区草原英才工程"—高技能人才团队、"国家级技能大师工作室""全国示范性劳模和工匠人才创新工作室"。

2015 年 4 月，我被中共中央、国务院授予"全国劳动模范"荣誉称号。2016 年 12 月 8 日，我在第十三届高技能人才表彰大会上被授予"中华技能大奖"，在中南海接受了党和国家领导人的亲切接见。2016 年 1 月在内蒙古自治区总工会十届三次全委会上，我被选为内蒙古自治区总工会兼职副主席，成为全区首位一线工人兼职副主席。

（文中材料由郑贵有提供。）

励志语：

1. 多看、多想、多问、勤动手，成为我工作的座右铭。

2. 别人不愿干的活我干，别人不愿钻的技术我钻，别人不愿放弃的业余时间我放弃。

3. 创新的路，永远是艰难的路，但始终是成功者的路，辉煌的路。

4. 有付出，就会有回报。

感悟

职工文化培育出的职工总是通过做没做过的事情让自己成长，通过做自己不愿意做的事情来改变自己，通过做自己不敢做的事情来突破自己。当有人逼迫他们去突破自己的时候，他们总是心怀感恩，他们把这些人当成自己

生命中的贵人，因为他们总会因此而改变和蜕变。当没有人逼迫他们的时候，他们总是自己逼迫自己，因为真正的改变是自己想改变。他们蜕变的过程是很痛苦的，但每一次的蜕变都会让他们有成长的惊喜。他们认为人生真正的成功不是财富，而是有多少人在真正关心自己、爱自己。这些职工总会把自己作为产生一切问题的出发点，也把自己作为解决一切问题的出发点，更把自己作为发现一切问题的出发点。他们遇到了问题首先不会推卸责任，从而逃避责任，相反，他们总会先从自身找原因。所以，他们总是敢于担当自己的责任。他们对于任何问题都会积极主动选择方法，因为他们坚信，方法总比困难多。他们更为了不得的是，他们总会不断去发现新的问题，从而不断开拓新的世界。他们认为，发现问题比解决问题更重要。

职工文化培育出的职工明白人生的一个秘密：金钱不会让他们幸福，幸福的关键是他们自己活在充满爱的环境里。这些职工不会把金钱作为自己人生追求的最高目标，也不会一切以金钱作为标准。实践证明，古今中外任何做出重大成就的人，一般不会把金钱看作生活的唯一。他们心中总能有大爱，不仅爱自己的亲朋好友，而且爱人类、爱祖国、爱世界。他们心中的大爱总能成为他们不竭的人生动力和快乐的源泉。他们看重的幸福不仅是他们给予别人大爱，同时也是他们能够得到别人的大爱。这些职工总能在平凡中做出不平凡的业绩，根源也在于他们心中的大爱，他们爱自己的职业、爱自己的事业、爱自己的岗位、爱自己的工作，为了这些爱，他们甚至可以牺牲很多很多的时间和精力，而且乐此不疲。这就是他们成就一番伟业的秘密！

微子篇

《论语·微子篇》告诉我们：
做人要学会在逆境中保持
自己高洁的品格。

成就别人

就是成就自己

原文及译文

微子篇

1. 微子去之，箕子为之奴，比干谏而死。孔子曰："殷有三仁焉。"

微子离开了纣王，箕子做了他的奴隶，比干被杀死了。孔子说："这是殷朝的三位仁人啊！"

2. 柳下惠为士师，三黜。人曰："子未可以去乎？"曰："直道而事人，焉往而不三黜？枉道而事人，何必去父母之邦？"

柳下惠当典狱官，三次被罢免。有人说："你不可以离开鲁国吗？"柳下惠说："正直地工作，到哪里不会被多次罢官呢？不正直地工作，为什么一定要离开本国呢？"

3. 齐景公待孔子曰："若季氏，则吾不能；以季、孟之间待之。"曰："吾老矣，不能用也。"孔子行。

齐景公讲到对待孔子的礼节时说："像鲁君对待季氏那样，我做不到，我用介于季氏孟氏之间的待遇对待他。"又说："我老了，不能用了。"孔子离开了齐国。

4. 齐人归女乐，季桓子受之，三日不朝，孔子行。

齐国人赠送了一些歌女给鲁国，季桓子接受了，三天不上朝。孔子于是离开了。

5. 楚狂接舆歌而过孔子曰："凤兮凤兮，何德之衰？往者不可谏，来者犹可追。已而，已而！今之从政者殆而！"孔子下，欲与之言。趋而辟之，不得与之言。

楚国的狂人接舆唱着歌从孔子的车旁走过，他唱道："凤凰啊，凤凰啊，你的德运怎么这么衰弱呢？过去的已经无可挽回，未来的还来得及改正。算了吧，算了吧。今天的执政者危乎其危！"孔子下车，想同他谈谈，他却赶快避开，孔子没能和他交谈。

6. 长沮、桀溺耦而耕，孔子过之，使子路问津焉。长沮曰："夫执舆者为谁？"子路曰："为孔丘。"曰："是鲁孔丘与？"曰："是也。"曰："是知津矣。"问于桀溺。桀溺曰："子为谁？"曰："为仲由。"曰："是鲁孔丘之徒与？"对曰："然。"曰："滔滔者天下皆是也，而谁以易之？且而与其从辟人之士也，岂若从辟世之士哉？"耰而不辍。子路行以告。夫子怃然曰："鸟兽不可与同群，吾非斯人之徒与而谁与？天下有道，丘不与易也。"

长沮、桀溺在一起耕种，孔子路过，让子路去寻问渡口在哪里。长沮问子路："那个拿着缰绳的是谁？"子路说："是孔丘。"长沮说："是鲁国的孔丘吗？"子路说："是的。"长沮说："那他是早已知道渡口的位置了。"子路再去问桀溺。桀溺说："你是谁？"子路说："我是仲由。"桀溺说："你是鲁国孔丘的门徒吗？"子路说："是的。"桀溺说："像洪水一般的坏东西到处都是，你们同谁去改变它呢？而且你与其跟着孔丘那种躲避坏人的人，为什么不跟着我们这些躲避社会的人呢？"说完，仍旧不停地做田里的农活。子路回来后把情况报告给孔子。孔子很失望地说："人是不能与飞禽走兽合群共处的，如果不同世上的人群打交道，还与谁打交道呢？如果天下太平，我就不会与你们一道来从事改革了。"

7. 子路从而后，遇丈人，以杖荷蓧。子路问曰："子见夫子乎？"丈人曰："四体不勤，五谷不分，孰为夫子？"植其杖而芸。子路拱而立。止子路宿，杀鸡为黍而食之，见其二子焉。明日，子路行以告。子曰："隐者也。"使子路反见之，至，则行矣。子路曰："不仕无义。长幼之节，不可废也；君臣之义，如之何其废之？欲洁其身，而乱大伦。君子之仕也，行其义也，道之不行，已知之矣。"

子路跟随孔子出行，落在了后面，遇到一个老丈，用拐杖挑着除草的工具。子路问道："你看到我的老师了吗？"老丈说："我手脚不停地劳作，五谷还来不及播种，哪里顾得上你的老师是谁？"说完，便扶着拐杖去除草。子路拱着手恭敬地站在一旁。老丈留子路到他家住宿，杀了鸡，做了小米饭给他吃，又叫两个儿子出来与子路见面。第二天，子路赶上孔子，向他报告这件事。孔子说："这是个隐士啊。"叫子路回去再看看他。子路到了那里，老丈已经走了。子路说："不做官是不对的。长幼间的关系是不可能废弃的；君臣间的关系怎么能废弃呢？想要自身清白，却破坏了根本的君臣伦理关系。君子做官，只是为了实行君臣之义的。至于我们的政治主张行不通，早就知道了。"

8. 逸民：伯夷、叔齐、虞仲、夷逸、朱张、柳下惠、少连。子曰："不降其志，不辱其身，伯夷、叔齐与！"谓："柳下惠、少连，降志辱身矣，言中伦，行中虑，其斯而已矣。"谓："虞仲、夷逸，隐居放言，身中清，废中权。我则异于是，无可无不可。"

古今被遗落的人才有：伯夷、叔齐、虞仲、夷逸、朱张、柳下惠、少连。孔子说："不降低自己的意志，不辱没自己的身份，这是伯夷、叔齐吧。"又说："柳下惠、少连是被迫降低自己的意志，辱没自己的身份，但说话合乎伦理，行为合乎人心。"又说："虞仲、夷逸过着隐居的生活，说话很随便，能洁身自爱，离开官位合乎权宜。""我却同这些人不同，可以这样做，也可以那样做。"

9. 太师挚适齐，亚饭干适楚，三饭缭适蔡，四饭缺适秦，鼓方叔入于河，播鼗武入于汉，少师阳、击磬襄入于海。

太师挚到齐国去了，亚饭干到楚国去了，三饭缭到蔡国去了，四饭缺到秦国去了，打鼓的方叔到了黄河边，敲小鼓的武到了汉水边，少师阳和击磬的襄到了海滨。

春雨新簧傍石生

10. 周公谓鲁公曰："君子不施其亲，不使大臣怨乎不以。故旧无大故，则不弃也。无求备于一人！"

周公对鲁公说："君子不疏远他的亲属，不使大臣们抱怨不用他们。旧友老臣没有大的过失，就不要抛弃他们，不要对人求全责备。"

11. 周有八士：伯达、伯适、仲突、仲忽、叔夜、叔夏、季随、季骝。

周代有八个有教养的人：伯达、伯适、伯突、仲忽、叔夜、叔夏、季随、季骝。

《论语》解读

职工文化培育出的职工都是仁人志士，他们即使放弃被重用的机会，也不会放弃自己高洁的品格。这些职工即使在事业上受到小人打压，也会坚持自己独立的人格，坚持走正道而不走邪道！

他们都是有德行之人，不管对于过去还是未来，他们都会始终如一地坚定自己的人生追求，他们一般不会向不正之风低头，总是不断点亮自己，照亮别人，传播正能量，温暖你我他，遇到问题一般不是去回避，而总是想办法去解决。他们不喜欢与总是躲避困难的人在一起共事，因为那样会降低自己的人生志向，他们更愿意与喜欢挑战自己、不断求新求变的人在一起共事。

他们不仅有高超的知识技能，而且懂得高深的人生大道，对人总是彬彬有礼。他们为了践行和传播人生大道总是不遗余力、始终如一。他们不管做什么事情都要遵循人生大道，保持自身品格高洁，严格遵循人伦道德，承担自己该承担的责任。

他们即使被人冷落也不会降低人生志向，能洁身自爱，不会对所谓的官场或官位有什么兴趣，一切顺其自然。他们对于无道的企业和昏庸的领导，总是躲之而唯恐不及。

他们一般不会疏远自己的亲朋好友，总是帮助别人、鼓励别人和成就别人，实际上，成就别人就是成就自己。

智慧人生

故事中的人生智慧

1. 老人发糖

有一位老人喜欢清静，可是楼下总有小孩玩耍吵闹，让他不得安宁。有一天，他把那些小孩召集过来说："我喜欢热闹，希望你们每天都过来玩耍。为了表示我对你们的感谢，每个人发三块糖。"这些孩子拿到糖都非常高兴，老人几乎每天都发糖给孩子们。后来，这位老人就逐步减少发糖的数量，直到再也不发糖给孩子们了。孩子们一看老人不发糖给他们了，就非常生气，决定不再给这位老人"热闹"了。

这个故事告诉我们，反其道而用之，会取得意想不到的效果。

2. 两匹马

两匹马各自拉着一车货，一匹马不惜力气走得很快，一匹马偷懒磨滑慢悠悠地走。主人就把走得慢的马车上的货全部挪到走得快的马车上，走得慢的马心中暗喜。后来，主人发现一匹马就能拉车，养两匹马太浪费了，就把偷懒磨滑的马给杀掉吃了！

这个故事告诉我们，最终消灭或者淘汰你的，不是别人，而是自己；自己放弃了自己，就彻底没有希望了！

3. 卖拉面

有两家常年在一起卖拉面的摊主，两家生意都不错。几年后，一个摊主在当地买了房子，而另一个摊主则没有能力买房子。原来，买不起房子的摊主生意虽然不错，但每次出锅的面条太烫，每个顾客至少都需要吃上15分钟才能吃完。而买上房子的摊主则总会把刚出锅的面条放在凉水里泡一会儿，再把面条端给顾客吃，顾客就吃得很快。

这个故事告诉我们，方便别人就是方便自己，成就别人也是成就自己！

4. 加油站

在一个小镇上，有一个商人建了一个加油站，生意很好。又有第二个商人办了一家餐馆，生意也不错。第三个商人开了一家商店，生意也很好，小镇越来越繁荣。

在另一个小镇上，一个人商人建了一个加油站，生意不错。又一个商人看到加油站生意好，也建了一个加油站，生意还可以。结果，第三个、第四个商人也纷纷建了自己的加油站。最后，大家的生意越来越不好做。

这个故事告诉我，走自己的路，让别人也有路可走；老是走别人的路，最后堵死的是自己的路。

5. 野猪和马

野猪和马常在一起吃草，野猪非常不友好，经常把青草弄脏，把清水搅浑。马为了报复野猪，就请猎人来帮忙。但是，猎人有一个条件，就是马要套上辔头让猎人骑。马答应了猎人的条件，猎人帮助马教训了野猪。之后，猎人就把马领回家，拴在了马槽边，从此马就失去了自由！

这个故事告诉我们，小不忍则乱大谋，有得必有失。

6. 速度

骑自行车用力蹬一个小时也就走 10 公里左右，开汽车一个小时可以跑 100 公里左右，坐高铁一个小时就走了 300 公里左右，乘飞机一个小时能跑 1000 公里左右。

这件事告诉我们，同样一个人，使用的载体不同，速度大相径庭；平台有多大，视野和事业有多大！

劳模励志故事

劳模精神成就精彩人生

（全国人大代表、全国劳模　刘小萍）

我于 1992 年进入陕西风轮纺织股份有限公司细纱车间乙班赵梦桃小组工作。这个小组的前身是原西北国棉一厂细纱乙班四组，是陕西省政府 1963 年以第一任组长、党的"八大"代表、著名全国劳动模范赵梦桃同志的名字命名的。我进入小组后，得到了"梦桃精神"的熏陶，这个光荣的集体，这种浓厚的氛围，使我暗下决心，我要向梦桃学习，向劳模学习。"接班传旗，永葆先进"、继承和发扬"梦桃精神"是我们小组每一代组员的神圣职责，更是成为我的崇高追求和坚定不移的信念。

"梦桃精神"为我们树立了一座高耸云天的人生丰碑，是我们取之不尽、用之不完的力量源泉和精神宝藏。我刻苦钻研本职岗位生产技术，并自学了值车、摇车等技能，成为能落纱、能值车、会摇车的多面手，先后创新、总结出了"高支纱落纱操作法""高支纱清洁操作法"和"压力棒机台清洁操作法"三项操作工法，大大提高了质量和效率，提高了产品市场竞争力。我在小组里先后担任团小组长、工会组长、党小组长，2007 年担任生产组长，同年我当选为陕西省十一届人大代表，获得中华全国总工会授予的"全国五一劳动奖章"荣誉称号。

在我们全体组员的共同努力下，小组在经历了国企改革、新时期市场变化等一系列严峻考验后，队伍更加稳定，生产指标年年领先，贡献更加突出，"梦桃精神"得以弘扬，小组 2008 年、2009 年获得全国总工会"全国工人先锋号"和"女职工建功立业先锋岗"荣誉称号。我本人连续多次荣获企业"优秀班组长""优秀党员"等称号，2010 年荣获"全国劳动模范"，2013 年当选十二届全国人大代表。

我在岗位上是操作工，在管理上是班组长，既要完成自己的生产任务，还要做好小组的管理工作，也就是自己做好的同时，还要带领大家都做好。小组长的职务是企业里最低的，但工作的压力是很大的，这份责任在我心里是沉甸甸的。为了这个集体，我自己凡事都是以身作则，带头苦干。

2009 年，小组主要生产精梳 60 支和 135 支纱，是我们企业生产难度最大、出口量最大、创汇最多的产品。这个时候，十几名新生代组员陆续进来，全组 19 名成员，平均年龄 28 岁，其中"80 后""90 后"占 90% 以上，是清一色的女职工、小组历史上最年轻的一届组员。在外人看来，我们小组有着众多的荣誉光环，组长一定会当得轻松自如。其实不然，新世纪既是新征程的起步，更是新奋斗的开始、新问题的出现、新考验的到来，新时期的企业班组工作面临的挑战更大。

社会的深刻变革、市场的激烈竞争、纺织行业效益下滑等，以及多元的社会观念，都对组员的思想意识、择业观念、价值取向产生了很大影响，在客观上降低了纺织业的社会认同度和企业的凝聚力。最主要的是我们带领的是全新的组员，这些新人在你还没有充分思想准备的时候，就一下来到了你的面前，她们对小组的传统、生产要求、管理制度等等，总是横挑鼻子竖挑眼，一时间，小组的许多工作都受到影响。这个事实让我清楚地认识到，搞好新生代员工，特别是做好新时期女职工的"传帮带"，是新时期我们纺织企业班组工作的关键一环。这个矛盾解决不好，不仅生产任务难完成，"接班传旗，永葆先进"的使命也很难继续。

我把新生代组员们的思想状况概括起来，主要是"三不"问题，即"个人的追求与小组的期望不融合、工作习惯和制度要求不对路、综合素质和集体目标不适应"。这种状况下，如何让她们跟上小组的步伐，成为我的一个"心病"。我发动骨干们一起讨论，分析认为新生代组员具有文化程度高、观念新、思想活跃、兴趣广泛等诸多特点，问题在于如何让她们的思想和"梦桃精神"有效对接，扬长避短，发挥她们的优势。在这个基础上，我提出"三个标准""四有利"的管理思路，就是"先清楚、再想到、后制定""四有利"。

"先清楚"是指做工作或搞活动前，先清楚她们的个人经历、性格习惯、兴趣爱好和思想追求。我专门建立了组员情况"小档案"，把了解到和与她们平时接触中感受到的每个人的情况记下来，安排工作和搞活动时先看、先想，随时提醒自己。

"再想到"是指要想到当前的社会热点和时尚潮流，想到要开展的工作或活动是否具有针对性，想到这项活动能否激发她们的兴趣和热情，想到是否符合她们积极的想法和正当的要求。为了做到这一点，我注意多读报、多看书、多上网，及时了解和掌握社会热点、时尚潮流和青年思想、观念动态，包括熟知一些常用网站、会说常见的网络术语。

"后制定"是指在以上"清楚"和"想到"的基础上，再"制定"出更符合她们实际、更受欢迎的方案，确保活动的良好效果。

"四有利"是指有利于促进她们和企业、小组的了解与融合、有利于她们认知企业精神和小组的规章制度、有利于提高她们的生产技术和综合素质、有利于优化和培育她们积极健康的心理与情趣。想她们所想，知她们所求，并根据她们的想法和要求有针对性地设计、开展活动，但这不是一味地迎合和消极地顺应，而是把她们所想所求中合理、健康和积极的东西，加以积极引导和充分发挥，提升她们的成就感，加速她们和集体的融合。

通过贯彻这些管理思路，新生代组员的精神面貌有了令人可喜的变化。伴随着企业改革的大潮，我们一起得到历练，在时代潮流中不断学习，汲取了新的成长养分，获得了新的更强大、更持久的动力，小组不仅生产计划继续年年领先，思想工作、班组建设、基础管理等，也都在改革中提高，在适应中前进，在创新管理中升华，始终保持着全国先进班组的荣誉。

我们小组既是一个无私奉献的团队，更是一个快乐工作的集体。作为新时期小组的带头人，我经常提醒自己"五不忘"：说话做事不忘组长身份和责任，遇到困难不忘依靠全体组员和骨干，同志遇到问题不忘登门看望送关爱，处理问题不忘与人为善、尊重他人，公出归来不忘马上去上班。自己首先做好小组关心人、体贴人和爱护人的全部制度落实：如谈心家访、换车帮助、生病探望等；其次做到"三关三更"，就是关爱要更加周到，关心要更加真诚，关怀要更加实在，用真诚的爱心来暖热行业差距给新生代员工带来的对纺织行业的"信念冷却"。

要让自己看得远，就必须站在巨人的肩膀上，这个巨人就是知识，知识就是力量。学习是我不变的追求，掌握更多新知识是保持自己不断进步的重要基础。一个新时代的劳模，过去的成绩固然令人为之自豪，但更多的是需要不断的进取，既要出色地完成本职工作，还要虚怀若谷，善于学习提高，善于聆听时代声音，以知识的多样性不断充实自己，进一步开阔视野，以更多的知识来武装自己，创造更多的人生出彩的机会和条件，才能更好地破解工作中的难题，提高工作能力和水平。我利用工余时间，尽可能多地学习政治理论、文化科学和法律知识，并把学到的东西运用到自己的工作中去，创新班组管理理念、方法，进一步完善生产组织模式。

2012年我有幸进入中国劳动关系学院劳模本科班学习，2013年我通过了陕西省面向基层一线优秀工人农民招录公务员考试，招录到陕西省总工会工作。新的环境、新的职责、新的平台，鞭策着我更加努力学习。我会用新的知识，用我在基层的经历和一线职工的真挚的情感，来更好地服务基层，服务职工，为他们搭建舞台，更好地回报社会，在新时代新征程中，在为实现中国梦的不懈奋斗中，书写更加壮丽的人生华章！

（文中材料由刘小萍提供。）

励志语：

1. 自己凡事都以身作则，带头苦干。
2. 要让自己看得远，就必须站在巨人的肩膀上，这个巨人就是知识。
3. 学习是我不变的追求。

感悟

职工文化培育出的职工总能看到人性的弱点，这些职工一般不会让企业觉得他们可有可无，而是让企业觉得永远离不开他们，所以，他们总能得到企业的赏识和重用。他们一般不会按常规出牌，一般不会按老路子出手，他们总能另辟蹊径。这些职工不会只是把眼光放在别人身上，更不会琢磨如何超越别人、战胜别人，而是想着如何最大限度地激发自身的潜能、如何全面提升自身的价值。他们总会对自己"精心雕琢"，总会做更加完美的自己。

职工文化培育出的职工总能为别人考虑，所以，别人也总会为他们考虑。他们一般不会让外界过多地改变自己，而是自己改变自己。他们总是愿意付出，所以，他们总能收获满满。这些职工总能站得高、看得远，不计较一时一处的得失，总会换位思考，总会成就别人，成就别人也是成就自己。他们不会被动等待别人来要求自己，而总是积极主动地做好工作，同时，用大量的时间琢磨如何更好地改进自己的工作，如何更好地提升自己的业务水平和综合素质，他们把学习看得比什么都重要。他们愿意为完善自己做一切努力。

职工文化培育出的职工明白：很多时候，人们不是败在缺陷上，而是败在优势上。所以，他们总能胜不骄、败不馁。他们一般不会一味走别人的路，因为那样必将堵死自己的路。他们总是对未来充满希望，希望一切都能变得更加美好，所以，他们总是先从改变自己开始。这些职工一般不会躺在过去的功劳簿上自吹自擂，也不会目中无人、自高自大，更不会满足于已有的能力和水平，而是永不知足地不断努力。他们总是把创新看成事业的生命线，不断思考新问题，不断探索新领域，不断推出新成果。他们总能书写人生的辉煌，与他们不断挑战自己是分不开的。

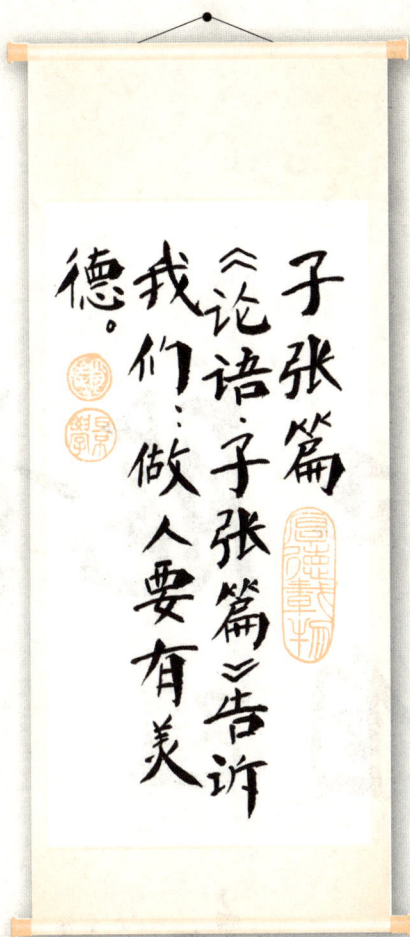

子张篇

《论语·子张篇》告诉我们：做人要有美德。

做正能量
的自己

庞渊

原文及译文

子张篇

1. 子张曰："士见危致命，见得思义，祭思敬，丧思哀，其可已矣。"

子张说："读书人遇见危险时能献出自己的生命，看见有利可得时能考虑是否符合义的要求，祭祀时能想到是否严肃恭敬，居丧的时候想到自己是否哀伤，这样就可以了。"

2. 子张曰："执德不弘，信道不笃，焉能为有？焉能为亡？"

子张说："实行德而不能发扬光大，信仰道而不忠实坚定，（这样的人）有他不为多，没他不为少。"

3. 子夏之门人问交于子张。子张曰："子夏云何？"对曰："子夏曰：'可者与之，其不可者拒之。'"子张曰："异乎吾所闻：君子尊贤而容众，嘉善而矜不能。我之大贤与，于人何所不容？我之不贤与，人将拒我，如之何其拒人也？"

子夏的学生向子张寻问怎样结交朋友。子张说："子夏是怎么说的？"答道："子夏说：'可以相交的就和他交朋友，不可以相交的就拒绝他。'"子张说："我所听到的和这些不一样：君子既尊重贤人，又能容纳众人；能够赞美善人，又能同情能力不够的人。如果我是十分贤良的人，那我对别人有什么不能容纳的呢？我如果不贤良，那人家就会拒绝我，又谈何拒绝人家呢？"

4. 子夏曰："虽小道，必有可观者焉；致远恐泥，是以君子不为也。"

子夏说："虽然都是些小的技艺，也一定有可取的地方，但用它来达到远大目标就行不通了。"

5. 子夏曰："日知其所亡，月无忘其所能，可谓好学也已矣。"

子夏说："每天学到一些过去所不知道的东西，每月都不能忘记已经学会的东西，这就可以叫作好学了。"

6. 子夏曰："博学而笃志，切问而近思，仁在其中矣。"

子夏说："博览群书，广泛学习，坚守自己的志趣，恳切地发问，多考虑当前的问题，仁就在其中了。"

7. 子夏曰："百工居肆以成其事，君子学以致其道。"

子夏说："各行各业的工匠住在作坊里来完成自己的工作，君子通过学习来掌握道。"

8. 子夏曰："小人之过也必文。"

子夏说："小人犯了过错一定要掩饰。"

9. 子夏曰："君子有三变：望之俨然，即之也温，听其言也厉。"

子夏说："君子有三变：远看他的样子庄严可怕，接近他又温和可亲，听他说话语言严厉不苟。"

10. 子夏曰："君子信而后劳其民；未信，则以为厉己也。信而后谏；未信，则以为谤己也。"

子夏说："君子必须取得信任之后才去役使百姓，否则百姓就会以为是在虐待他们。要先取得信任，然后才去规劝；否则，（君主）就会以为你在诽谤他。"

11. 子夏曰："大德不逾闲，小德出入可也。"

子夏说："大节上不能超越界限，小节上有些出入是可以的。"

12. 子游曰："子夏之门人小子，当洒扫应对进退，则可矣，抑末也。本之则无，如之何？"子夏闻之，曰："噫，言游过矣！君子之道，孰先传焉？孰后倦焉？譬诸草木，区以别矣。君子之道，焉可诬也？有始有卒者，其惟圣人乎！"

子游说："子夏的学生，做些打扫和迎送客人的事情是可以的，但这些不过是末节小事，根本的东西却没有学到，这怎么行呢？"子夏听了，说："唉，子游错了。君子之道先传授哪一条，后传授哪一条，这就像草和木一样，都是分类区

幽居山水雨雾间

别的。君子之道怎么可以随意歪曲呢？能按次序有始有终地教授学生们，恐怕只有圣人吧！"

13. 子夏曰："仕而优则学，学而优则仕。"

子夏说："做官还有余力的人，就可以去学习，学习有余力的人，就可以去做官。"

14. 子游曰："丧致乎哀而止。"

子游说："居丧，充分表现他的悲哀就够了。"

15. 子游曰："吾友张也为难能也，然而未仁。"

子游说："我的朋友子张可以说是难得的了，然而还没有做到仁。"

16. 曾子曰："堂堂乎张也，难与并为仁矣。"

曾子说："子张外表堂堂，难于和他一起做到仁的。"

17. 曾子曰："吾闻诸夫子，人未有自致者也，必也亲丧乎！"

曾子说："我听老师说过，人不可能自动地充分发挥感情，（如果有，）一定是在父母死亡的时候。"

18. 曾子曰："吾闻诸夫子，孟庄子之孝也，其他可能也；其不改父之臣与父之政，是难能也。"

曾子说："我听老师说过，孟庄子的孝，其他人也可以做到，但他不更换父亲的旧臣及其政治措施，这是别人难以做到的。"

19. 孟氏使阳肤为士师，问于曾子。曾子曰："上失其道，民散久矣。如得其情，则哀矜而勿喜！"

孟氏任命阳肤做典狱官，阳肤向曾子请教。曾子说："在上位的人离开了正道，百姓早就离心离德了。你如果能弄清他们的情况，就应当怜悯他们，而不要自鸣得意。"

20. 子贡曰："纣之不善，不如是之甚也。是以君子恶居下流，天下之恶皆归焉。"

子贡说："纣王的不善，不像传说的那样厉害。所以君子憎恨居于下流，一居下流，天下一切坏名声都归到他的身上。"

21. 子贡曰："君子之过也，如日月之食焉。过也，人皆见之；更也，人皆仰之。"

子贡说："君子的过错好比日月蚀。他犯过错，人们都看得见；他改正过错，人们都仰望着他。"

22. 卫公孙朝问于子贡曰："仲尼焉学？"子贡曰："文武之道，未坠于地，在人。贤者识其大者，不贤者识其小者。莫不有文武之道焉，夫子焉不学？而亦何常师之有？"

卫国的公孙朝问子贡说："仲尼的学问是从哪里学来的？"子贡说："周文王、武王的道，并没有失传，还留在人们中间。贤能的人可以了解它的根本，不贤的人只了解它的末节，没有什么地方无文王武王之道。我们老师何处不学，又何必要有固定的老师传授呢？"

23. 叔孙武叔语大夫于朝曰："子贡贤于仲尼。"子服景伯以告子贡。子贡曰："譬之宫墙，赐之墙也及肩，窥见室家之好；夫子之墙数仞，不得其门而入，不见宗庙之美、百官之富。得其门者或寡矣，夫子之云，不亦宜乎！"

叔孙武叔在朝廷上对大夫们说："子贡比仲尼更贤。"子服景伯把这一番话告诉了子贡。子贡说："拿围墙来作比喻，我家的围墙只有齐肩高，老师家的围墙却有几仞高，如果找不到门进去，你就看不见里面宗庙的富丽堂皇和房屋的绚丽多彩。能够找到门进去的人并不多。叔孙武叔那么讲，不也是很自然吗？"

24. 叔孙武叔毁仲尼。子贡曰："无以为也，仲尼不可毁也。他人之贤者，丘陵也，犹可逾也；仲尼，日月也，无得而逾焉。人虽欲自绝，其何伤于日月乎？多见其不知量也。"

叔孙武叔诽谤仲尼。子贡说："（这样做）是没有用的！仲尼是毁谤不了的。别人的贤德好比丘陵，还可超越过去，仲尼的贤德好比太阳和月亮，是无法超越的。虽然有人要自绝于日月，对日月又有什么损害呢？只是表明他不自量力而已。"

25. 陈子禽谓子贡曰："子为恭也，仲尼岂贤于子乎？"子贡曰："君子一言以为知，一言以为不知，言不可不慎也。夫子之不可及也，犹天之不可阶而升也。夫子之得邦家者，所谓立之斯立，道之斯行，绥之斯来，动之斯和。其生也荣，其死也哀，如之何其可及也？"

陈子禽对子贡说："你是客气罢，仲尼怎么能比你更贤良呢？"子贡说："君子的一句话就可以表现他的智识，一句话也可以表现他的不智，所以说话不可以不慎重。夫子的高不可及，正像天是不能够顺着梯子爬上去一样。夫子如果得国而为诸侯，或得到采邑而为卿大夫，那就会像人们说的那样，教百姓立于礼，百姓就会立于礼，要引导百姓，百姓就会跟着走；安抚百姓，百姓就会归顺；动员百姓，百姓就会齐心协力。（夫子）活着是十分荣耀的，（夫子）死了是极其可惜的。我怎么能赶得上他呢？"

《论语》解读

职工文化培育出的职工总是在别人有困难的时候挺身而出，看见有利可得的时能够考虑是否符合义的要求，在隆重正式的场合总是心怀恭敬。

他们都非常贤良，一般不会对别人不宽容，因为他们贤良，所以别人一般也不会拒绝他们，他们也不会拒绝别人。他们不仅注重知识技能的提升，更注重文化修养的完善，所以他们被人称作君子。

他们总是每天都学习自己以前不知道的东西，时时处处复习，不忘记已经学会的东西，所以他们都是好学之人。他们总是博览群书，坚守人生志向，有不明白的地方总是向别人请教，然后再结合实际考虑是否能够实行，所以他们都是仁人志士。他们不仅能够尽职尽责完成分内的工作，还不断学习人生大道。

他们有过错不会掩饰自己。他们都是君子，远看他们的样子总是庄重、严肃，接近他们的时候总是感觉温和可亲，听他们说话的时候总是感觉语言严厉不苟。

这些职工总是先取得领导的信任才去进谏领导，否则领导会以为是在诽谤他。他们总是在重大问题上不会有丝毫的马虎，但是在一些小事上不会太过于关注。他们不仅知识技能高，而且文化修养更高，不仅会做事，更会做人。

他们总是努力做仁人志士，尽管有时会遇到困难，但他们不会有畏难情绪。他们不仅对父母尽孝，而且对于父母的朋友也非常尊敬和爱护。

他们在得势的时候不会离开正道，所以人们总是愿意追随他们。如果别人遇到灾难，他们不仅理解和同情别人，而且还会帮助别人，绝不会幸灾乐祸。

他们不会因为别人犯了错误就全盘否定别人，因为人无完人。他们总是时时处处注重学习，他们都是贤能之人，总是学习最根本的学问，而不只是了解常识，尤其人生大道无处不在，所以他们无处不在学习，人人事事皆可以成为他们的老师。

他们的学问总是非常高深，有时不容易被人觉察到。如果把学问比作围墙，一般人的学问只有肩膀高，站在墙外就容易看见里面的好东西，但是，他们的学问有好几人高，甚至找不到进去的大门，根本就看不到里面的富丽堂皇和绚丽多彩。能够找到门进去的人并不多，所以了解他们高深学问的人也不多。别人的贤德如果像山，是可以超越的；而他们的贤德就像太阳和月亮，几乎是无法超越的。有些人有时要把自己的贤德比作太阳和月亮，很多情况下都是自不量力。

他们都是贤能之人和君子，一句话就可以表现人的智慧，也可以表现人缺乏智慧，所以他们说话总是很慎重。

他们的为人处世几乎高不可及，就像天空不能够顺着梯子爬上去一样。如果他们得到重用，他们让人们立于礼，人们就会立于礼；他们引导人们，人们就会愿意跟着走；他们安抚人们，人们就会归顺；他们动员人们，人们就会齐心协力。

他们总是像日月星辰一样，不断点亮自己，照亮别人，总是成为人们学习的榜样和奋斗的目标。

智慧人生

两种人

大雨之后一般有这么两种人，一种人会抬起头欣赏美丽的彩虹，越看越开心；另一种人会低头看雨后泥泞不堪的道路，越看越闹心。任何事情都有两面性，就看你喜欢哪一面。一面可能让你看到了失望，另一面可能让你看到了希望。实际上，看哪个面，有时完全取决于你，取决于你的心情。

有句话讲，举重就是举起来放下去；负重就是举起来不放下。放下还是不放下，也是取决于你。还有句话讲，爱人要用加法，恨人要用减法，感恩就要用乘法，复仇就要用除法。

有人说，一个人的命运变了，是因为运气变了；运气变了，是因为风水变了；风水变了，是因为气场变了；气场变了，是因为德行变了；德行变了，是因为心念变了。因此，一念一世界，善恶乃一念之间。

得失不是人生最重要的事情，人要学会拥有一颗平常心。有舍便有得，不舍便不得。乞丐过的日子是得的日子，善人过的日子是舍的日子。一个人欲望不能太多，否则负重太多，只能艰难前行。大舍是一种人生境界，大舍必有大得。

劳模励志故事

学习改变命运　技能成就人生

（党的十八大代表、全国人大代表、全国劳模、中华技能大奖获得者　冯鸿昌）

我是厦门港务控股集团有限公司一名普通的码头工人。1997年，18岁的我从技工学校毕业后，从南靖农村独自来到厦门经济特区。面对陌生的城市、陌生的工作环境，我和所有进城务工人员一样彷徨起来，企业的老师傅告诉我："掌握技术就一定会有立足之地！"我找到了努力奋斗的方向。在集团公司党、团组织和社会各界的关心、培养、教育下，我积极参加职工岗位练兵、技能培训等活动，努力提高理论知识，增强实践技能水平，从一名临时的学徒工锻炼成长为技术状元、高级技师，从一个中技毕业生成长为党的十八大代表、十三届全国人大代表、全国劳动模范、中华技能大奖获得者，享受国务院政府特殊津贴，还当选全国青联副主席、福建省总工会兼职副主席、厦门市总工会挂职副主席。

我深深体会到，新时代的科技日新月异，技术不断发展。作为一名新时期的产业工人，我必须把学习当作第一智慧、第一本源，通过知识改变自己的命运，通过学习成就自己的未来。

记得刚到码头实习时，第一次面对大海、高耸的港口机械和一排排堆积整齐的集装箱，我的心中充满无限的激情和感慨。当时我心里就想：能在这么壮观的环境里工作，真是太棒了！可是，现实并不是我想象的那样。公司当时刚刚起步，只有4台桥吊、8台龙门吊，而且有一半还是国外二十世纪七十年代生产的设备。设备故障率居高不下，一直制约着公司的生产。师傅们整天忙着给设备"治病"，从头到脚一身黑色油迹，工作又脏又苦，但他们总是勤勤恳恳、任劳任怨。即便是在这样高工作量的情况下，师傅们对我这个小学徒，仍然不厌其烦地手把手儿地细心教导。他们在生活上对我无微不至的关怀，使我感受到家一般的温暖。每当我在工作中出现一些问题，或者与同事有一些意见分歧时，同事和师傅们总是以博大的心胸包容着我、呵护着我，并以自己的言传身教，为我讲述了一堂堂生动的人生讲座。跟着师傅们，我既学技术，又学做人。在他们的身上，我感受到了什么叫爱岗敬业，我深深地为自己能够在这样一个温馨的团队里工作而感到骄傲和自豪。

分配到龙门吊维修班组，跟着师傅们对设备进行维修，随着接触的东西慢慢多了起来，我对设备中的大车、小车、转场、吊具等设备的机构开始有了感性认识，也产生了浓厚的兴趣。每次看到老师傅用双手熟练地排除故障，我就跃跃欲试。但是，真正把工具拿在手上，我却不知从何下手。看着我着急的样子，我的师傅周梁成总会说："我们公司集装箱装卸机械设备的技术含量都是比较高的，虽然你学的是汽车维修专业，有一些原理相通，但这还远远不够。要做一个合格的港口设备维修工人，你还要继续努力学习维修方面的理论知识，提高自己的实践技能。"周师傅的一番话启发了我，我深深感受到了自身在技能实践的不足。从此，在每一次的维修中，我都埋头苦干，不仅认真跟着师傅们对设备进行维修和保养，更多的是争取有动手维修的机会。每次完成一项维修任务，我都将师傅们在工作中对故障的判断、维修要领、处理方法一一记在本子上，逐一进行琢磨，以期达到理解。我在心里坚信着：做事勤快、不怕吃苦是自己年轻的资本，只要不断努力，我一定能够早日掌握设备的维修技术，做一名合格的港口技术工人。

要想在这个现代化的社会中立足，我除了学习，别无他路。在这个维修班组集体的鼓励下，我暗下决心，要加强技术的学习和掌握。然而，问题来了，所有的技术资料只有日文和英文两个版本，对于只有技校文化程度的我，要想读懂它们谈何容易！但各项维修技术的参数，尤其是柴油机的大修工作又非它不可。怎么办？虽然自己刚参加工作，工资收入还比较少，但我还是省吃俭用，买了一个"快译通"，对着图纸，一个单词、一个单词地对照，对一些专业英语，我虚心地向技术人员请教。在他们的帮助下，经过一段时间的努力，我终于将柴油机大修中需要的主要技术参数、公差配合要求等逐一注释出来，并整理出一份比较完整的中文资料。

我的努力领导都看在眼里。有一天，部门领导找我，决定让我负责一台卡特比勒进口柴油机的大修工作。说句实话，当时那种用语言无法表达的压力，至今我还记忆犹新。虽然此前曾跟着师傅们参与过几台龙门吊柴油机的大修工作，可如今让我独立主持大修工作，我心中确实没有把握。怀着忐忑不安的心情，面对着两吨多重的大型柴油机，几百个大大小小的零部件，我该如何下手呢？师傅周梁成从我的眼神中看出了我的心思，他语重心长地对我说："你参与维修过好几台发动机，又有翔实的数据材料，大胆去做吧！我们相信你能行的。"领导的支持、师傅的信任和同事们的配合，不断增强了我的信心。

那一段日子，我们一日三餐嘴里吃着饭，心里总琢磨着工装架上的发动机，一门心思只想着如何通过这次维修，让发动机达到大修的技术要求。想好方案后，我们开始动手了。虽然我是第一次组织大修，但班组里的同事们全力信任和支持我，和我一起拆洗、测量零件，根据各部件的配合公差要求进行细致的检测，并做好记录。在大修过程中，遇到一些较易损伤的零部件，我们想办法设计出了几种不同规格的专用工具，使零件拆装工作更加方便了。在近一个星期紧张的拆卸、装配、调试、检测、再调试、再检测后，我们终于顺利完成了任务。经过多次的历练，几年来，我们龙门吊维修班组圆满完成了数十台进口柴油机的大修、中修等工作。过后，部门又决定让我负责12台龙门吊的日常保养、维修工作。这对我又是一项新的考验和挑战，同时也为我提高维修技术水平提供了更为广阔的空间。

学习是创新与发展之源。多年来，厦门的经济高速发展，港口生产日益繁忙，随着公司的发展壮大，新的集装箱装卸设备也陆续增加。新增的设备对我们工作的业务技能要求越来越高，我更是感受到自身专业知识的薄弱。我们工程部是一个技术人才集中的群体，在这个集体中，既有理论知识非常丰富的大学生，又有实践技术高超的老师傅。班组的学习氛围非常浓厚。大家在做好本职工作之余，经常钻研设备的技术图纸，进行充电。大家聚在一起谈论最多的话题是：你今天上班都修了哪些设备？你的维修记录输进设备管理系统了没有？谁谁"承包"的设备昨天晚上出现了什么故障？谁谁最近专升本了，在哪里读业大……

龙门吊维修班组给我的成长提供了一个非常丰富的学习平台，在这样一个环境的带动下，我虚心地向有实践工作经验的老师傅学习、向技术人员请教，积极参加公司组织的各类技术、业务培训和交流。参加工作不久后，我还报名参加了学校《机械制造与自动化技术》专业高职班的系统学习。多年来，我白天上班、闲暇学习。利用业余时间学习，成为我七小时以外的最主要活动。通过自学和集体学习交流，我拓宽了知识面，锻炼了自己的工作技能，提高了自己独立思考的能力。2001 年，我取得了国家劳动和社会保障部计算机辅助设计 CAD 操作模块的四级职业资格证书。掌握机械制图和计算机辅助设计后，在设备维修工作中的零件加工图纸绘制、机械设备改造外加工件制图，我基本能够做到得心应手，工作效率提高了许多。我还利用自己在机械制图、机械设计等方面的特长，和班组的伙伴们一起，把一些不合理的零件或机构，进行变更设计和改造，大大提高了设备的可靠性。

码头设备维修是一项艰苦而又考验、锻炼意志能力的工作。作为一名新兵，我和维修团队成员共同经受高温和风雨的考验，保证机械设备的正常运转。每当听到维修的设备重新发出了轰鸣，看到码头的作业又重新恢复了正常，我们就会感到由衷的欣慰和自豪。"业精于勤荒于嬉"，维修技术的长进就在于更多地参与和动手，设备故障的排除都要在现场找到答案，这是我们长期实践得出的共同心得。我们维修小组成员严格执行部门制定的设备保养、检查制度，建立起了比较完善的机械设备履历和技术资料。通过班组的共同努力，龙门吊的完好率有了大幅度的提高，确保了码头生产的安全顺畅。

在参加 2001 年度厦门市第七届职工技术竞赛中，我运用日常维修工作中积累的实践经验，细致认真做好每一道题，仔细排除好每一个故障，经过几个回合的比赛，我以总分第一名的成绩，获得了行业港务类"技术状元"的荣誉称号。公司团队的学习精神鼓舞了我，2007 年 7 月，经过公司与厦门市高级技工学校培训中心一年多的校企联合培训，在涂清林老师、陈延平老师的悉心指导和帮助下，我与近 20 名同事顺利地完成了高级机修钳工课程的学习，取得高级钳工的职业资格证书。同年的 12 月，我通过了厦门市劳动和社会保障局的高技能人才认定，被确认为高级技师职业资格。2011 年作为全国劳模，我被组织免试保送中国劳动关系学院劳模本科班学习，已经顺利毕业了。正是坚持学习、不断进取，让我掌握了技术，在厦门这座美丽的城市扎下了根。

（文中材料由冯鸿昌提供。）

励志语：

1. 掌握技术就一定会有立足之地。
2. 通过知识改变自己的命运，通过学习成就自己的未来。
3. 既学技术，又学做人。

感悟

职工文化培育出的职工总有自己坚定的人生信念，这是他们前进的永恒动力，也是支撑他们实现人生梦想的坚强基石。我国著名作家丁玲说过，人只要有一种信念，什么苦难都能忍受，什么环境都能适应。把人与人之间彻底拉开差距的就是人的信念。中共中央、国务院联合印发的《新时期产业工人队伍建设改革方案》提出改革的目标任务是"造就一支有理想、守信念、懂技术、会创新、敢担当、讲奉献的宏大的产业工人队伍"。其中，有理想、守信念是首要目标。我国不缺少工匠，缺少的是具有坚定人生信念的工匠，缺少的是大国工匠。大国工匠之所以称作大国工匠，关键在"大"字，即大

担当、大境界、大追求。职工文化培育出的职工总能心怀感恩地去做人做事，充满感恩的人才是最幸福的。这些职工不会太在意人生的得失，他们总会节制自己的欲望，不断修炼自己，提高自身综合素质，总是传播正能量，温暖你我他。他们总能为别人着想，所以，他们才总能得到别人的关心和支持，总能心想事成。

职工文化培育出的职工总能正确对待自己的得与失。这些职工总能看淡功名利禄，总能注重身心修养和境界的提升。他们都是正能量的人，身边总能吸引一批正能量的志同道合的朋友。他们不会放过任何一个学习的机会。他们的学习，一方面是为了全面提升自己的业务水平，达到精益求精；另一方面是为了领悟人生的道理，体会生命的奇妙。业务知识的学习是向外学，向老师和师傅学，向学校和课本学，向一切可以学习的人和事学。但是，人生智慧的学习是向内学，向自己和内心学，向人生和生命学，这种学习更多是一种修行和反思。这个方面的学习才是最高境界的学习。世上最大的对手不是别人，而是自己。战胜了自己，就战胜了一切。

尧曰篇

《论语·尧曰篇》告诉
我们：做人要有大境
界、大追求。

点燃生命之光

原文及译文

尧曰篇

1.尧曰："咨！尔舜，天之历数在尔躬，允执其中。四海困穷，天禄永终。"舜亦以命禹。曰："予小子履，敢用玄牡，敢昭告于皇皇后帝：有罪不敢赦，帝臣不蔽，简在帝心。朕躬有罪，无以万方；万方有罪，罪在朕躬。"周有大赉，善人是富。"虽有周亲，不如仁人。百姓有过，在予一人。"谨权量，审法度，修废官，四方之政行焉。兴灭国，继绝世，举逸民，天下之民归心焉。所重：民、食、丧、祭。宽则得众，信则民任焉，敏则有功，公则说。

尧说："啧啧！你这位舜！上天的大命已经落在你的身上了。诚实地保持那中道吧！假如天下百姓都陷于困苦和贫穷，上天赐给你的禄位也就会永远终止。"舜也这样告诫过禹。（商汤）说："我履谨用黑色的公牛来祭祀，向伟大的天帝祷告：有罪的人我不敢擅自赦免，天帝的臣仆我也不敢掩盖，您心里也是晓得的。我本人若有罪，不要牵连天下万方，天下万方若有罪，都归我一个人承担。"周朝大封诸侯，使善人都富贵起来。（周武王）说："我虽然有至亲，不如有仁德之人。百姓有过错，应该由我来承担。"认真检查度量衡器，周密地制定法度，全国的政令就会通行了。恢复被灭亡了的国家，承续已经断绝的后代，提拔被遗落的人才，天下百姓就会真心归服了。所重视的四件事：人民、粮食、丧礼、祭祀。宽厚就能得到众人的拥护，诚信就能得到别人的任用，勤敏就能取得成绩，公平就会使百姓高兴。

2.子张问于孔子曰："何如斯可以从政矣？"子曰："尊五美，屏四恶，斯可以从政矣。"子张曰："何谓五美？"子曰："君子惠而不费，劳而不怨，欲而不贪，泰而不骄，威而不猛。"子张曰："何谓惠而不费？"子曰："因民之所利而利之，斯不亦惠而不费乎？择可劳而劳之，又谁怨？欲仁而得仁，又焉贪？君子无众寡，无小大，无敢慢，斯不亦泰而不骄乎？君子正其衣冠，尊其瞻视，俨然人望而畏之，斯不亦威而不猛乎？"子张曰："何谓四恶？"子曰：

"不教而杀谓之虐；不戒视成谓之暴；慢令致期谓之贼；犹之与人也，出纳之吝谓之有司。"

　　子张问孔子说："怎样才可以治理政事呢？"孔子说："尊重五种美德，排除四种恶政，这样就可以治理政事了。"子张问："五种美德是什么？"孔子说："君子要给百姓以恩惠而自己却无所耗费；使百姓劳作而不使他们怨恨；要追求仁德而不贪图财利；庄重而不傲慢；威严而不凶猛。"子张说："怎样叫要给百姓以恩惠而自己却无所耗费呢？"孔子说："让百姓们去做对他们有利的事，这不就是对百姓有利而不掏自己的腰包嘛！选择可以让百姓劳作的时间和事情让百姓去做。这又有谁会怨恨呢？自己要追求仁德便得到了仁，又还有什么可贪的呢？君子对人，无论多少，势力大小，都不怠慢他们，这不就是庄重而不傲慢吗？君子衣冠整齐，目不斜视，使人见了就让人生敬畏之心，这不也是威严而不凶猛吗？"子张问："什么叫四种恶政呢？"孔子说："不经教化便加以杀戮叫作虐；不加告诫便要求成功叫作暴；不加监督而突然限期叫作贼，同样是给人财物，却出手吝啬，叫作小气。"

　　3. 孔子曰："不知命，无以为君子也；不知礼，无以立也；不知言，无以知人也。"

　　孔子说："不懂得天命，就不能做君子；不知道礼仪，就不能立身处世；不善于分辨别人的话语，就不能真正了解他。"

玉堂春色

《论语》解读

职工文化培育出的职工总能担当大任，有大境界和大追求。这些职工总是遵循和践行人生大道，他们总是不断点亮自己，照亮别人，所以，人们总愿意跟随他们和信任他们，他们总会成为人们学习的榜样。

他们总会成全别人，成全别人也是成全自己，他们总是光明磊落，坦坦荡荡做人，小心谨慎做事。他们一般不会畏惧小人和恶人，也不会为小人和恶人隐瞒，他们总是用心分辨是非。

他们自己有错总是勇于承担，而不会牵连别人；别人有错他们也不会总是抱怨，而是会帮助别人、理解别人。他们总是成人之美，成就别人也是成就自己。他们珍爱亲人手足之情，更珍惜仁德之人之好。

他们总是敢做敢当，敢于对自己做的事情负责。他们明白：世上只怕"认真"二字，他们总是认真做人，细心做事，所以，他们做什么总是非常顺利。他们总是不遗余力传播正能量，温暖你我他，结识各方仁人志士，所以，人们总是非常信服他们和崇拜他们。

他们一般不会不给别人讲清道理，就训斥别人；不会不了解别人，就要求别人成功；不会不做周密计划，就限期别人完成任务。他们总是遵循和践行人生大道，所以，他们总被人们称为君子；他们总是崇尚仁义道德，所以，他们为人处世总能游刃有余；他们总是善于分辨别人的话语，所以，他们总能理解别人。

智慧人生

责任决定一切

一个人如果仅仅有能力而缺乏责任心，他的能力就会大打折扣，甚至会"英雄无用武之地"。有些人总是把自己的能力看得太重，以为有了高超的能力就会到处受欢迎，其实不然。电视剧《士兵突击》中的成才，他的所有军事科目几乎都非常优秀，但是没有连队愿意要他。而很多方面看似笨拙的许三多却成了"兵王"，原因就在于许三多有责任心。企业也需要有责任心的人。有些职工之所以被重用和提拔，不仅在于他们的能力强，更在于他们有很强的责任心。

一个人会有不同的角色，也会承担不同的责任。在家里，我们要做父母的孝子或孝女、爱人的好丈夫或好妻子、子女的父母，我们肩负着赡养父母的责任、爱丈夫或妻子的责任、教育子女的责任。在企业，领导有领导的责任，下属有下属的责任，同事有同事的责任；我们不仅要对企业有责任，还要对客户有责任，更要对社会、对民族、对国家有责任。一个人生活在社会中，就要在各个方面尽到自己的责任。正是这些责任，让我们每一个人更有价值。责任有时会让我们感觉到很累，但是，责任也不断推动我们成长、成熟和成功。

责任的培养与一个人的习惯有着密切的关系。首先，人要有担当意识。遇到问题不要逃避，更不要推诿扯皮，尽管人们都有趋利避害的本性，但人还是需要有知难而进、迎难而上的勇气和魄力。心底无私天地宽，当一个人有大局意识，敢于面对困难和解决困难的时候，他们的收获往往是最多的。其次，要有正确的态度。对待问题的态度，决定了解决问题的效果。人只要有解决问题的坚定信心和责任心，他的能力一般就会突飞猛进。再次，要营造积极向上的环境。俗话讲，孩子是父母的一面镜子，上梁不正下梁歪。在家里和企业，父母和领导的示范作用非常重要，家庭和企业的环境也非常重要。只有家长和领导做有责任心的人，只有家庭和企业营造积极向上的氛围，才会有利于孩子和下属责任心的培养和形成。最后，人需要有爱心。一个人不仅要爱自己、爱家人、爱同学、爱同事，还要爱社会、爱祖国、爱世界。

劳模励志故事

绽放的花儿最美丽

（党的十八大代表、全国劳模　高美丽）

我出生在一个地地道道的河南农民家庭，小时候家里极其困难。为分担家务和农活，2000年十六岁那年，我就外出打工了，一直干到结婚生子，我才回到家乡。2006年春，河南商丘市汇丰棉业有限公司招聘员工，当时我的孩子还小，家庭又需要照顾，汇丰公司就在家门口，既可以照顾家，又能挣钱，我就抱着试试看的态度来到汇丰公司应聘。从那以后，我就开始与汇丰公司共同成长了。因为有在外工作几年的经历，加上我踏实、敬业，我很快胜任了这项工作。我认为，踏踏实实工作、坚守岗位比什么都重要。在工作中，我也悟出了很多干好本职工作的经验和方法。十几年的工作历程，让我深深感到，干好本职工作需要做好以下几点。

1. 用感恩的心态对待工作

无论干什么工作，首先都应该懂得感恩。感恩的心就是责任心。因为只有懂得感恩，才能承担起属于自己的一份责任。我一直感恩所从事的工作，是它给我提供了实现人生价值的平台，使我能够在工作中成就梦想。

我初到公司的时候，一切还没有就绪，设备还没有完全安装完毕，办公楼还没有启用，初到的员工要负责打扫卫生、整治厂区。在劳动中，我不怕脏、不怕累，不放过每一个角落，不漏过每一个细节。老板见我工作认真、吃苦能干，人又勤快，就有意识地对我进行重点培养，派我和20名姐妹们到江苏常州航月纺织有限公司培训。

初到常州，在闷热的工作环境里，需要八小时不停地走动，反复练习"接头"和"换粗纱"动作，我们都很不适应。但我格外珍惜这次培训机会，上班跟老师刻苦学习和训练，认真记住每一个要领，仔细揣摩每一个动作，下班还留下来练习。在培训中，我学得比谁都认真，比谁都专心，有时为纠正"拔管"手势，我甚至忘记了吃饭；有时想把"掐头"做到位，我每天都练习到深夜。培训期间，参加培训的姐妹们一下班就出去玩，我一次也没有出去过，总是一个人在揣摩、推敲，反复做着重复的动作。功夫不负有心人，不到两个月的时间，我便可以提前上岗了。航月公司的教练见我勤学习、肯钻研，学到了真本事，就有意挽留我。我想，是家乡的企业给了我培训的机会，让我把技术学到了手，我要脚踏实地地工作，回报我的企业和家乡，我要为企业、为家乡做贡献。

2. 以敬业奉献、严谨负责的态度对待工作

随着社会的进步，人们的知识背景越来越趋同，学历文凭已不再是单位挑选员工的首要条件。很多单位考察员工的第一条件是敬业，其次才是专业水平。我们要把单位当成家，把工作当成事业，时刻想着公司，想着集体，对待工作一丝不苟，做好自己应做的工作，主动尽责，把自己融入到企业中，关心企业成长，与企业同甘苦，不断把自己的好想法、好建议奉献给企业，做企业的参与者，而不是简单地把自己当成看客、打工仔，努力成为优秀员工。只有时刻记挂着公司，公司才能时刻记挂着你。

从航月公司培训回来后，我向陈总主动请缨，要求负责公司新员工的培训工作。当时陈总还有点犹豫，认为我才接受培训不到两个月，就算能提前上岗，毕竟没有工作经验，况且，23 名新员工又没有任何技术和工作经验，交给我还是有点不放心。我看到陈总有点犹豫，就说："陈总，我保证不出一个月，就让这些姐妹上岗。"陈总看到我的决心很大，他又没有更合适的人选，就把培训新员工的任务交给了我。接过任务后，我才有些后怕，毕竟这些姐妹们没有任何技术和工作经验，万一完不成培训任务，不是费时费力了吗？不是给公司正常投产找麻烦了吗？到时自己失脸为小，公司损失为大。后怕归后怕，开弓没有回头箭，既然承接了任务，就已经没有退路了，我只有顶着压力想办法去完成。

农历五月，天气已经很热了，我和姐妹们每天坚持在大仓库里反复练习"接头""掐头"等动作，对每个动作的要领我都要反复示范，汗水湿透了衣

服也全然不顾。小姐妹们让我休息一下,我说:"公司把培训的任务交给了我,我有压力啊!我恨不得一下子把你们都教会。"有的几遍就掌握了动作要领,有的十几遍甚至几十遍示范都掌握不了要领,我总是不厌其烦,耐心地手把手地教,硬是在短短 13 天里,把这 23 名新员工培训成能独立操作的挡车工。当我告诉陈总培训任务完成的时候,陈总大吃一惊,他简直不相信自己的耳朵,以为我是开玩笑。新员工试机操作时,陈总才不得不相信这是真的。他说:"美丽,你真了不起,在常州最快还得两个月,没想到,你不到半月就能让她们上岗了,公司给你嘉奖。"这 13 天里,我忍受着天气的炎热,从没叫过苦,指甲掐劈了,手指练肿了,我从没喊过痛,从没告诉过任何一位小姐妹。

多年来,我一直认为公司交给我的事是大事,始终坚持思想工作做到前、艰巨任务抢在前、完成任务干在前、遵守制度走在前、关心工友想在前。在我带出的 80 多名徒弟中,他们的按期上岗率达到 100%,其中有的已经成为操作尖子和技术能手。郭书霞是我带出的第一批细纱挡车工,她被称为我的"大徒弟"。经我的言传身教,她的业务素质与操作技术水平都是出类拔萃的,已担任了细纱带班班长一职。徒弟焦钦梅说:"我刚进厂的时候什么都不会,是美丽手把手把我教会的。她态度特别好,一遍教不会,再教第二遍,有的人她教十几遍才教会,就那都没见她烦过。"

3. 勤于钻研,掌握一技之长

工作要干一行、爱一行、专一行,勤于思考、善于钻研,做就要做到最好。作为一名优秀的员工,一定要有自己的特长,要找准自己的定位,把工作开展得有声有色。在工作中要有自己的追求,不要只是简简单单完成了事,而要把工作当成长远的事业来做,不断进取,刻苦钻研业务,争取做到最棒。做自己工作领域的专家,才能做到不是让工作来挑你,而是你来挑工作,才能永远立于不败之地。

上岗后,我一直没有放松对业务的钻研,为了减少空锭率,我反复思索,认真揣摩,并把这个思路应用到实践中,创造了独特的接线方法,使空锭率降低为零。在公司大力推广后，产量由原来的每月 200 吨提升到 280 吨，仅此一项，公司每月增效 20 多万元。为了减少污染，我还发明了滤尘沉淀法，把排出的皮棉杂质全部过滤沉淀到水中，在水中发酵后，可当农家肥料，这样不但减少了污染，而且创造了良好的经济效益和社会效益。

2010 年，公司扩大规模，新设备上满后，细纱断头较多。为了解决这一问题，公司组织了以厂长和我为骨干的攻关小组。接到这一任务后，我一方面查阅资料，一方面请教熟悉的专家，并大胆试验，通过凸轮反装，解决了许多专家没有解决的问题。凸轮反装的成功运行，不仅使千锭每小时断头 58.3 根减少到 29.7 根，而且减少了人工成本，使原来的每人操作一台车变为现在每人最低操作两台车。不仅提高了质量，而且增加了效益。目前我们员工每人最低操作五台车，最高七台车。我们细纱生产车间每当进入夏季，温度居高不下，根据以往的经验，职工认为很正常，通过维修后，温度下降 1℃ –2℃，但效果不明显。我经过几天仔细观察，终于找出了原因。原来是棉絮阻碍风口，导致风不通畅。针对这个情况，我提出了加大空隙的建议，被公司采纳后，细纱车间温度下降 10℃，不仅为员工创造了舒适的工作环境，而且每小时还节省了 10 多度电。

在公司这么多年，我在领导的关心、工友的帮助和自己的不断努力下，踏实工作，爱岗敬业，履职奉献，赢得了领导的认可和兄弟姐妹们对我的支持。先后多次被公司授予"岗位能手""企业标兵""优秀车间主任"，被镇政府授予"先进工作者"，被县妇联授予"三八红旗手"，被县总工会授予"五一劳动节奖章""技术能手"，被县委授予"优秀共产党员"，被商丘市委授予"感动商丘十大新闻人物""商丘市爱岗奉献道德模范""商丘好人""中国好人"。2008 年 11 月，国务院农民工工作联席会上，我有幸被授予"全国优秀农民工"称号。2009 年，我又有幸作为"全国优秀农民工"四位代表之一，参加了全国第一次表彰农民工大会，登上了国庆 60 周年观礼台，受到了党和国家领导人的亲切接见。2012 年当选党的十八大代表，2015 年被评为全国劳动模范。

（文中材料由高美丽提供。）

励志语：

1. 无论干什么工作，首先都应该懂得感恩。

2. 只有时刻记挂着公司，公司才能时刻记挂着你。

3. 不要只是简简单单完成了事，而要把工作当成长远的事业来做。

追梦让我品尝到了快乐

（党的十八大代表、全国人大代表、全国劳模　王晓菲）

我是德州恒丰集团的一名职工，先后获得党的十八大代表、全国劳动模范、国务院特殊津贴专家、山东技能类泰山领军人才、首届山东青年技能形象大使、十三届全国人大表等荣誉称号。

我成长在一个普通农民家庭，2003 年 7 月参加工作，十五年时间的历程，有汗水，也有泪水；有心酸，也有喜悦。我小时候的梦想就是长大之后要上大学，做一名优秀的人民教师。然而，生活的现实很残酷，在上高中时，我的两个哥哥正在上大学，我看到父母每次为筹措学费而焦虑，便主动放弃了考大学的机会。2003 年，19 岁的我踏进德州棉纺织厂的大门，成为一名纺织女工。当我看到大门口光荣榜上那一幅幅劳模的彩照，特别是聆听了全国劳模殷红、全国纺织状元任英的事迹报告后，尤其得知全国劳动模范也可以上大学后，不服输的我重新燃起上大学的梦想。我暗下决心：有一天，我也要像她们一样上光荣榜、当劳模、上大学！

从此，我选择了一条艰苦的成才之路，三尺车弄成为了练兵场。纺织厂都是三班倒，每当上夜班，我头晕恶心，困意难以抵挡，一个班下来，我的腿像是灌注了铅一样沉重。回到宿舍，我经常累得连饭都不想吃，倒头含泪就睡。一梦醒来，我一遍一遍地问自己："这难道就是陪伴自己一生的事业和梦想吗？我还行吗？"然而，当我回到家，看到父母为我们兄妹操劳而日益增多的白发，我开不了口。回到岗位，看到老师们关爱鼓励的眼神，看到同事们技术娴熟的操作，想到橱窗里劳模的大照片，我告诉自己，我能行，一定能行！班后练兵操作，别人被辅导员逼着练习，我慢慢变得投入、认真、执着，不言苦，不放弃！很快，我成为了车间的操作尖子，成为了种子队员。高强度、高标准的集训，对我无疑是一个新的考验，车间里隆隆的机器声使我心烦意乱；飘舞的花毛粘上汗水，让我奇痒难耐；一个动作，要千百次地重复，枯燥、单调、乏味，我又一次开始怀疑自己。恋爱对象注意到了我的情绪，托人要把我调出德棉，到更清闲的地方去上班。面对这份浓浓的爱，面对种下梦想的岗位，我又一次做出了抉择，我要立足三尺车弄，坚定岗位成长，实现自己的梦想。

2008年3月，细纱工序操作全国大赛的消息传来，我兴奋异常，我一定要抓住这一次难得的机会，拼一回，搏一回，冲击全国比武"状元梦"。我坚持每天班后练兵，即使下夜班也不回去，回到宿舍我就背应知知识。我清醒地认识到，要过五关斩六将，才能拿到全国大赛的入场券，我必须拼了！第一关是集团内部的选拔赛，作为老纺企，操作比武，高手林立，竞争激烈而残酷，我不卑不亢，沉着应战，脱颖而出，获得了参加全省预选赛的资格。第一战的胜利，对我是很大的鞭策。从那时起，我衣服口袋里天天装着《细纱挡车工操作法》，就连床头、墙壁上也贴着一张张写满操作要领的小纸条，我有空就学，有空就背，每天除了短短四五个小时的睡眠时间，就是练操作、背应知。终于，在山东省预选赛上，我抢到了参加全国大赛的入场券。而后，我就全力以赴投入到练兵中。因为集体宿舍人多，我怕分散精力，就连晚上我也是一个人在会议室背应知，一直到深夜十一二点才回宿舍。大家都为我的身体担心，但我却感觉不到一点苦和累，浑身有使不完的劲儿。

大赛前夕，正值中秋佳节，宿舍的同伴们都回家了。每当回到空无一人的宿舍，已经两个多月没有回家的我，想到年迈的父母，就泪流满面。可是，决战就在眼前，在这分秒必争的时刻，我只能把思念埋在心底，坚持才能胜利。9月17日，全国大赛开幕，高手对决，快、准、优，基础知识还要扎实，我一一应对，个个出彩，一举夺魁，实现了我的纺织"状元梦"！

"状元梦"实现了，"大学梦"又提上了奋斗征程。当我得知可以报考电大时，那沉寂多年的大学梦猛然惊醒，我毫不犹豫地报了名。三班三运转地忙碌着，再利用业余时间到学校上课，我每天坚持着宿舍、车间、学校三点一线的生活，虽然苦着、累着，但我坚持着，从不迟到早退。最为困难的是，每当下了夜班，接着去上课时，由于劳累、困乏，我常常跟不上老师的教学思路。为了跟上课程，我就课后再向其他同学学习，或是通过网络向在线老师请教。终于，我将三年的课程用两年的业余时间全部学完，2010年7月拿到了梦寐以求的毕业证。由于表现良好，2014年3月份，我还被市总工会推荐到全国总工会直属学校——中国劳动关系学院劳模本科班脱产学习四年，期间我克服种种困难，将刚满三岁的女儿托付给婆婆公公照顾。载着各级领导和家人的殷殷嘱托，我顺利完成四年的大学课程，在最后的毕业论文设计环节，我以在恒丰纺织实习期间掌握的实际工作情况为例，研究了人才招聘和培训工作，最终答辩获得优级好评。我通过自己的不懈努力，现已成为一名优秀的本科毕业生，终于在工作多年以后圆了我的大学梦。为了更好地提高自己的综合能力，我又以劳动模范的特殊身份破格考入恒丰商学院深造，与恒丰集团的高才生一起深造，追求自己更美好的梦想！

如果说追梦让我品尝到了甘甜的快乐，那么，劳动让我体味到了人生的价值。娴熟的技能让我2010年成为车间的操作辅导员，我积极参与到导师带徒活动中，把三尺车弄变成了技能大讲堂。针对不同的年龄、性格的员工，我制定出不同的培训方案，因人而异，常常喊哑了嗓子、磨破了手，但是，我用自己永不放弃的精神带出了100多位优秀人才。尤其是看到新工由原来需要3个月学习操作，缩短到只要1个月就能顺利上岗，我心里感到无比欣慰，这也是我对公司多年培养的最好回报。

梦想之路，一步步走过来，铿锵而有力。只要你坚持自己的梦想，永不放弃，就一定会收获成功的喜悦。

（文中材料由王晓菲提供。）

励志语：

1. 我能行，一定能行！

2. 追梦让我品尝到了甘甜的快乐，劳动让我体味到了人生的价值。

3. 只要你坚持自己的梦想，永不放弃，就一定会收获成功的喜悦。

感悟

职工文化培育出的职工责任心有多强，他们的能力就会有多大！这些职工总是有强烈的责任心，所以他们总能脱颖而出、出类拔萃！强大的责任心坚定着他们的人生信念，也正是这样的责任感、责任心，激励着他们不断前进。责任有时候会让他们很累，甚至因此付出很多，但是，这种责任心是他们"无所不能"的根源。他们的责任心与他们的习惯息息相关。他们凡事不逃避，敢于面对困难。他们坚定解决问题的态度，培养起他们强大的责任心。他们还有大爱，不仅爱自己，爱家人、爱同学同事以及更多的人，还会爱天爱地爱万物。

职工文化培育出的职工是敢于承担责任的职工，更是不断向自己挑战的职工。这些职工明白，世界上最高的山不是珠穆朗玛峰，而是自己；最大的对手也不是别人，而是自己。战胜了自己，就战胜了一切。别人与他们交往既放心又舒心，放心的是他们一般不会给别人带来压力甚至威胁，舒心的是他们总能给别人带来意想不到的收获和快乐。他们的厚道、朴实、谦逊和靠谱，总能给别人带来安全感和幸福感。他们总是帮助别人、成就别人。帮助别人、成就别人，也是帮助自己、成就自己。

这些职工总会把企业的发展当作自己的责任。这样的职工越多，企业才越有希望。在一个企业，如果人人都说：企业效率不高，是我的责任；企业风气不好，是我的责任；企业竞争力不强，是我的责任……人人都能主动负责，这样的企业不兴盛都难！在这样的企业，每个职工都把责任拉到自己身上来，而不是推出去。每个职工都能从自己身边做起，对企业负责，对工作负责，这样的企业才是有希望的企业。职工文化培育出的职工总是从身边的小事做起，他们总能看见身边的小事，所以他们总会看到大事、做成大事。有责任的职工是了不起的职工，了不起的职工才会成就了不起的企业。要实现李克强总理在 2018 年政府工作报告中提出的"全面开展质量提升行动，推进与国际先进水平对标达标，弘扬工匠精神，来一场中国制造的品质革命"的目标，必须拥有一批对企业有责任、对社会有责任、对民族有责任、对国家有责任的职工队伍。

后 记

　　2016 年 3 月，清华大学出版社出版了由我们编写的《职工文化学》，这本书成为国内第一本职工文化专业教材，不仅入选全国职工书屋推荐书目，而且还成为中国劳动关系学院研究生的职工文化专业课程的首选教材。这不仅是对习近平总书记提出的"打造健康文明、昂扬向上的职工文化"要求的积极响应，也是学习和贯彻《中共中央关于加强和改进党的群团工作的意见》提出的"引导广大职工弘扬劳模精神、劳动精神、工人阶级伟大品格，增强主人翁意识，打造健康文明、昂扬向上的职工文化"的具体成果，更为当前落实和推动《新时期产业工人队伍建设改革方案》提出的"大力弘扬劳模精神、劳动精神、工匠精神，引导产业工人爱岗敬业、甘于奉献，培育健康文明、昂扬向上的职工文化"提供了具体思路。

　　加强职工文化建设不仅是党和国家提出的一项重大政治任务，更是一项重大管理变革。职工文化是党的群众路线在管理实践中的具有应用，高手在民间，智慧在群众当中。职工文化是一种素质文化，企业文化是一种管理文化。企业文化成就的一流管理水平可以打造一流的企业，职工文化培育的一流职工素质也可以造就一流的企业。

　　劳动关系是职工与企业之间的关系，既是职工与企业之间的利益关系，也是法律关系，更是文化关系。文化关系就是职工文化与企业文化之间的关系。按照《易经》的说法，太极生两仪，即一阴一阳，阴阳交替运行，揭示了万事万物的运行规律。职工文化与企业文化，好比一阴一阳，职工文化与企业文化交替运行，也揭示了企业的运行规律。企业文化反映了企业的管理智慧，职工文化体现了职工的劳动智慧。在当前我国供给侧结构性改革的时代背景下，劳动智慧具有更加重要的时代价值和现实意义，因为，产品的竞争力最终取决于职工的竞争力。

职工既是中国特色的一个管理概念，还是一个政治概念。在《宪法》《公司法》《劳动法》等我国几乎所有的法律法规中，用的都是职工，而不是员工。职工这个概念，反映了工人阶级是我国的领导阶级的国情及其社会主义性质。习近平总书记在 2013 年同全国劳动模范代表座谈时强调，全心全意依靠工人阶级不能当口号喊，不能当标签贴。2016 年"两会"期间，习近平总书记在参加上海代表团座谈时指出，如何调动一线工人、制造业工人和农民工的积极性和创造性，是很重要的问题。因此，加强职工文化建设是全心全意依靠工人阶级的具体表现。

与职工文化相比，企业文化是 20 世纪 80 年代自西方传入我国的一种管理理论，现在已经受到企业的高度认可。国内外几乎所有优秀企业都非常重视企业文化，很多企业都有专门的企业文化管理部门和岗位。但是，职工文化还没有引起企业的足够重视。还有不少人对职工文化有偏见，有的认为职工文化是企业文化的一部分，有的认为职工文化等同于职工文体活动，有的认为职工文化只是工会的事情，等等。

实际上，职工文化与企业文化好比车之两轮、鸟之两翼，缺一不可。职工与企业是同等的法律主体，职工文化与企业文化也是同等的战略地位。职工文化提供企业发展的动力，企业文化提出企业发展的方向。对于企业发展而言，发展动力与发展方向同等重要。职工文化的关键在"文化"两字，文化就是人化和化人。职工文化是先进职工群体创造出来的，这就是人化。先进职工文化还要用来教化、感化和同化广大职工群众，全面提升职工群众整体素质，催生更多的先进职工，这就是化人。职工文体活动是形式，职工文化是内容，形式要为内容服务。而且，职工文体活动只是展示先进职工文化的一种形式，除此之外，还会有职工创争活动、职工道德讲堂、职工班组活动、职工岗位活动等形式。

职工文化反映的是广大职工群众的聪明智慧和思想素质，在一定程度上决定着企业及其产品的竞争力。职工文化不仅是工会的事情，更应该成为党政一把手工程。在党建工作日益加强的形势下，职工文化作为党建职工思想政治工作的有力抓手，应该纳入到与企业文化同等的战略地位。尤其在习近平总书记在党的十九大报告中提出的"强起来"的新时代，职工文化有着更加重要的战略价值。

没有强大的企业，难有强大的国家；没有强大的职工，难有强大的企业。作为培育强大职工队伍的有力抓手，职工文化大有用武之地。习近平总书记在党的十九大报告中提出，文化兴国运兴，文化强民族强；中国共产党从成立之日起，既是中国先进文化的积极引领者和践行者，又是中华优秀传统文化的忠实传承者和弘扬者。

在2018年"两会"期间，除了李克强总理在2018年政府工作报告中强调"弘扬中华优秀传统文化"的重要性之外，习近平总书记于2018年3月20日在第十三届全国人民代表大会第一次会议上再次强调："推动中华优秀传统文化创造性转化、创新性发展，让中华文明的影响力、凝聚力、感召力更加充分地展示出来。"

从这个意义上讲，职工强，企业强；职工文化强，企业文化强。职工文化是本，企业文化是末。没有一流的职工，难有一流的企业；没有一流的大国工匠，难有一流的大国重器；没有一流的职工文化，难有一流的企业文化。企业文化是做事的文化，职工文化是做人的文化，做事先做人，人能做多好，事才可能做多好。以儒家为主导的中华传统文化的核心就是教人做人的文化。《论语》则集中体现了儒家教人做人的基本信条。

在习近平总书记以及党和国家积极号召学习中华优秀传统文化的时代背景下，我们从职工文化视角对《论语》进行了全面解读，希望引导广大职工按照《论语》的基本要求，认识自己、成就自己，成为独一无二的更好的自己；不断修炼自己和提升自己，不断向自己挑战，战胜了自己，就战胜了一切。我国在振兴实体经济和跻身世界制造业强国的进程中，不仅需要向发达国家学习，更需要发扬精益求精的工匠精神。精益求精不仅是做事的态度，更是做人的高度。习近平总书记在党的十九大报告中提出弘扬劳模精神和工匠精神，劳模精神是学习优秀的他人的精神，工匠精神是做更好的自己的精神。学习优秀的他人，是为了成为优秀的自己。因此，工匠精神是基础，劳模精神是方向。《论语》在引导广大职工成为独一无二的更好的自己方面，有非常丰富的智慧。

本书能够顺利出版，首先感谢中华全国总工会原副主席倪健民先生、中华全国总工会副主席巨晓林先生（兼职）、大庆油田工会主席王昆先生和中国邮政集团工会副主席廉福臣先生的热心指导和鼓励；其次感谢北京当代中工文化传播有限公司总经理王昌峰先生的精心策划和帮助；再次感谢著名书画家唐渊先生、赵景学先生和袁树茂先生的鼎力相助和支持。特别需要感谢的是我们的21位特殊学生（他们都是中国劳动关系学院劳模本科班学生，有的是党的十八大、十九大代表，有的是全国人大代表，有的是中华技能大奖获得者，他们都有一个共同的名字：全国劳模。），他们在本书编写过程中贡献了很多智慧，提供了他们感人肺腑的励志故事。特别是党的十九大代表、全国劳模程祖彬同学先后在我们编写的《职工文化学》和这本书中都承担了重要的参编任务。这21位同学分别是：党的十九大代表、全国劳模程祖彬，全国劳模、中华技能大奖获得者柳祥国，党的十八大代表、全国人大代表、全国劳模、中华技能大奖获得者冯鸿昌，党的十八大代表、全国劳模高美丽，全国劳模贾向东，全国劳模姜玲，全国人大代表、全国五一劳动奖章获得者焦文玉，党的十八大、十九大代表、全国劳模刘美莲，全国人大代表、全国劳模刘小萍，全国人大代表、全国劳模穆合塔拜·沙迪克，党的十八大代表、全国劳模宋殿琛，全国劳模王海军，党的十八大代表、全国人大代表、全国劳模王晓菲，全国五一劳动奖章获得者许玉英，全国劳模杨雪雁，全国人大代表、全国劳模张金海，全国劳模张立红，全国劳模赵艳芳，全国铁路劳模赵侦峰，全国劳模、中华技能大奖获得者郑贵有，全国劳模朱玉华。

还需要感谢的有：中华全国总工会办公厅邹震主任，中华全国总工会宣教部王晓峰部长，中国国防邮电工会杨军日主席，中华全国总工会基层工作部李忠运副部长（现挂职新疆维吾尔自治区总工会副主席），中国劳动关系学院屈增国书记，中国劳动关系学院刘向兵校长，中国劳动关系学院工会学院杨冬梅院长，工信部直属机关工会姚小林主席及直属机关党委统战群工部刘斯楠副部长，中国煤炭地质总局纪委汤念楚书记，北京市延庆区委常委、宣传部、统战部祁金利部长，中国新兴集团李强副总经理，神华宁煤集团工会马金明主席及工会宣教部、女工部张晓威部长，福建省厦门市总工会法律保障部蒋丽琴部长，山东省寿光市总工会党组孙荣新书记，广东省阳春市总工会陈成忠副主席，中国国际图书贸易集团有限公司工会成德主席，四川能投教育投资有限公司韩云文董事长，中铁电气化局集团宣传部张世永副部长，以及所有关心和支持职工文化的领导和朋友。

最后，感谢中华工商联合出版社的付德华编辑和俞芬编辑对本书付出的心血和智慧。我们在《论语》解读过程中参阅了同行及学界的相关著述，在此也一并表示最衷心的感谢！尽管我们在编写过程中尽了最大努力，但仍难免有不尽如人意甚至疏漏之处，敬请各位同仁批评指正！

编著者

2018 年 3 月

主要参考文献

钱穆：《论语新解》，生活.读书.新知三联书店，2005 年

杨伯峻：《论语译注》，中华书局，1980 年

李泽厚：《论语今读》，生活.读书.新知三联书店，2004 年

李零：《丧家狗——我读〈论语〉》，山西人民出版社，2007 年

钱逊：《论语浅解》，北京古籍出版社，1988 年

南怀瑾：《论语别裁》，复旦大学出版社，2006 年

杨朝明：《论语诠解》，山东友谊出版社，2013 年

乔东：《企业职工文化理论与实践》，中国工人出版社，2013 年

乔东，李海燕：《职工文化学》，清华大学出版社，2016 年

职工文化微信公众号

职工文化网